Bibliodrama als Seelsorge

Nicolaas Derksen, Claudia Mennen, Sabine Tscherner
Propstei Wislikofen – Wislikofer Schule für Bibliodrama und
Seelsorge in der Schweiz

Bibliodrama als Seelsorge

Im Spiel mit dunklen Gottesbildern

Ein Praxisbuch

Schwabenverlag

VERLAGSGRUPPE PATMOS
PATMOS
ESCHBACH
GRÜNEWALD
THORBECKE
SCHWABEN

Die Verlagsgruppe
mit Sinn für das Leben

Für die Schwabenverlag AG ist Nachhaltigkeit ein wichtiger Maßstab ihres Handelns.
Wir achten daher auf den Einsatz umweltschonender Ressourcen und Materialien.

Alle Rechte vorbehalten
© 2016 Schwabenverlag AG, Ostfildern
www.schwabenverlag-online.de

Umschlaggestaltung: Finken & Bumiller, Stuttgart
Gestaltung, Satz und Repro: Schwabenverlag AG, Ostfildern
Druck: CPI books GmbH, Leck
Hergestellt in Deutschland
ISBN 978-3-7966-1695-2 (Print)

INHALT

ZUM GELEIT 11

EINFÜHRUNG 17

BIBLIODRAMA UND SEHNSUCHT, GOTTESBEZIEHUNG
UND GOTTESVERGESSENHEIT 21

Wundererzählungen als Perspektive 22
Sprachlosigkeit 22
Widerspenstigkeit als Voraussetzung, offen zu sein
für Wunder 23
Die ganze Wahrheit erzählen 24
    Raumeinteilung 25
Schreien 26
    Raumeinteilung 27
Gewalt in einer Wundergeschichte 28
    Raumeinteilung 30
Was bewirkt Bibliodrama? 31
Voraussetzungen, um Wunderperspektiven wahrnehmen
zu können 31

Außerhalb von Beziehungen ist kein Heil
Bibliodramatische Begegnung mit Amos und seinem
Prophetenbuch 33
Einführung 33
Zielsetzung dieses Kapitels 34
Die ersten vier Kapitel des Buches Amos 35
Bibliolog mit Amos, Kapitel 5 36
    Hinführung 36
    Text und Rollen von Kapitel 5 37
    Stimmen während des Bibliologs und Wahrnehmungen
    des Leiters 39

Einführung in Amos, Kapitel 6 40
Erstes Bibliodrama-Spiel zu Amos, Kapitel 7 40
   A Text lesen 41
   B Rollen sammeln 42
   C Gespräch über den Text: Austausch von persönlichen
   Erfahrungen mit dem Text 42
   D Nochmal den Text lesen 43
   E Raumeinteilung 43
   F Rolle wählen und einen Platz in dieser Raumeinteilung
   suchen 43
   G Erste Rollenrunde 44
   H Spiel 46
   I Pause 49
   J Nachgespräch 49
   K Nochmal den Text lesen 50
Zweites Bibliodrama-Spiel zu Amos, Kapitel 8 50
   Text 50
   Raumeinteilung 52
   Spiel und Wahrnehmungen des Spielleiters und Entwicklungen
   im Spiel 52
   Nachgespräch 56
   Vertiefung der Erfahrungen 56
   Weitere Feedbacks von Teilnehmenden und Reflexion des
   Spielleiters/Seelsorgenden 58
Sonntagmorgen. Drittes Bibliodrama-Spiel zu Amos,
Kapitel 9 61
   Text 61
   Gespräch über den Text: Austausch von persönlichen
   Erfahrungen mit dem Text 62
   Raumeinteilung 63
   Spiel, Wahrnehmungen des Spielleiters und Entwicklungen
   im Spiel 64
   Nachgespräch, teilen von Brot und Wein und Abschluss 66
   Schlussbemerkungen und Fragen 67

Du stellst meine Füße auf weiten Raum (Psalm 31,9)
Raum, Raumeinteilung, Raumwirkung
Eine Praxistheorie 69
Einleitung 69
Drei Räumlichkeiten 69
    Der konkrete Weg, um zur Raumeinteilung zu kommen 71
    Beispiel einer Raumeinteilung 72
Drei Komponenten 74
Heterotopie und Utopie 77
Schlussbemerkung 81

Mehr als ein Familiendrama?
Mehr als ein Familiendrama!
1. Teil: Eine bibliodramatische Erfahrung mit Isaak, Rebekka, Esau, Jakob und deren Verheißung in Genesis 27,1–28,9 83
Verortung 83
Raumeinteilung 86
Spiel 87
Die Leitung 93

Muss das sein, das mit der Sünde?
Mehr als ein Familiendrama!
2. Teil: Eine bibliodramatische Erfahrung mit Lukas 15,11–32 96
Einführung 96
Das kommunikative Angebot 97
Erinnern ist Erlösung, vergessen ist Exil! 98
Raumeinteilung 99
Erfahrung mit Drehbuchautoren 99
Mehr als ein Familiendrama: Haus der möglichen Kommunikation 101
Schlussbemerkung 103

Will ich diesen Gott kennenlernen?
Bibliodramatische Erfahrung mit Psalm 139............ 104
Einleitung 104
Der Mensch vor dem allwissenden Gott (Psalm 139) 104
Raumeinteilung 106
Spielerfahrungen 106
Reflexion 112
    Verlangsamung 113
    Hass, Ärger, Feinde und Wut 113
    Wut auf die Kirche 115
    Sich von Gott unterbrechen lassen 116
Schlussbemerkung 116

Den Glauben teilen wie das Brot
Ein Bibliodrama mit der Frohbotschaft des
Gekreuzigten, 1 Korinther 1,14–31 117
Einführung 117
Text 117
Raumeinteilung 119
Spiel und Spielerfahrungen 119
Nachgespräch 121
Morgenmeditation 122
Wirkung 125
Eine wichtige eigene Erfahrung zum Schluss 126

BIBLIODRAMA UND GEWALT 129

Wie gehören die Rache Gottes und seine
Verheißung zusammen?
Bibliodramatische Erfahrung mit Jesaja 35,1–10 130
Einleitung 130
Raumeinteilung 131
Erfahrungsbericht und Reflexion 131

Reflexion über Gewalt, Recht und Unrecht, Heil und Unheil, Rache und Vergeltung in der Bibel und im Bibliodrama 134
Vorgeschichte 134
Der Film »Antonias Welt« 134
Meine Gedanken 136
Gottes Gedanken?! 137
Schlussbemerkung 139

Gott ist schuldig! Bibliodramatische Wahrnehmung der Anklage gegen Gott 140
Einführung 140
Das Leiden dieser Welt und die Schriften 140
Der Film »God on trial« 141
Raumeinteilung 143
Dialog zwischen dem Ankläger (A) und dem Verteidiger – den Stimmen (S) 143
Gott ist schuldig 147
Psalm 88 148
Raumeinteilung 150
Erfahrung und Reflexion 150
Schlussbemerkung 152

Noch einmal: mehr als ein Familiendrama! Eine Geschichte zum Davonlaufen
3. Teil: Die Bindung von Isaak oder das Opfer Abrahams
Eine Bibliodrama-Meditation zu Genesis 22,1–19 154
Text 154
Einführung 155
Familiengeschichte und Heilsgeschichte 156
Und doch eine Osternachtsgeschichte! 157
Die Rollen in dieser Geschichte 158
Raumeinteilung 162

BIBLIODRAMA UND PRAXIS 163

Die Texte der Osternacht – ein Geschenk an die Welt .. 164
Bedeutung der Ostertexte 164
Raumeinteilungen für Bibliodrama-Spiele und zur
Predigtvorbereitung 169
Konkrete Raumeinteilungen 170

Bibliodramatische Kleinformen für den Glaubensweg, um religiöse Erfahrungsräume in Gruppen zu öffnen: Glaubenskommunikation, verbal und nonverbal 177
Ziel, Zielgruppen, Rahmenbedingungen, Lernziel 177
Modell 1: Bibliodramatische Kleinform mit Tagestext 178
Modell 2: Bibliodramatische Kleinform mit einem Thematext
und Verben 179
Modell 3: Bibliodramatische Kleinform mit
Bewegungs-Wörtern...................................... 180
Modell 4: Bibliodramatische Kleinform mit Meditation
mit einem Psalm... 181
Modell 5: Bibliodramatische Kleinform mit Bildmeditation 182

Anhang 185
Anmerkungen 185
Bildnachweis 186
Gespielte und zu den Spielen besprochene Bibeltexte 187
Literatur... 188
    Literatur über unser Modell 189
Wie es zum Bibliodrama kam.............................. 191
Ausbildung zur Bibliodrama-Leitung....................... 192

ZUM GELEIT

Wir Menschen können bekanntlich nicht nicht wollen. Wir können und müssen ein Verhältnis zu uns selbst gewinnen – und wer nicht handelt, wird »behandelt«. Im dunklen Zusammenspiel von Schicksal und Freiheit gilt es, »Format« zu gewinnen, sich selbst formatieren zu lassen und zu formatieren. Dass dies eine unendliche Geschichte ist, erfahren alle stets im kleinen und großen Grenzverkehr zwischen Bewusstsein und Unbewusstem – eine unendliche Geschichte, spannend und langweilig, belastend und beglückend, herausfordernd und gefährdend, also dramatisch. Vom griechischen Ursprungssinn her heißt ja »Drama« nichts anderes als »Handlung«. Aber schon in den griechischen Tragödien (und gleichzeitig bei den Propheten Israels) verbindet sich mit dem Oberbegriff »Handlung« die ganze Spannung eines hoch konfliktbeladenen und Gestalt erst suchenden Prozesses, klassisch bekanntlich in fünf Akten. Im (aktiven beziehungsweise passiven) Mitspielen des Geschehens stellt sich zunächst heraus, wer die handelnden Personen sind und welches Format sie haben. Man denke nur an Antigone oder Ödipus. Immer gilt es dabei, die schicksalshaft vorgegebenen Rahmenbedingungen zu erproben und womöglich zu sprengen, um schließlich doch in »Widerstand und Ergebung« die eigenen Grenzen angesichts des Unbegrenzten auszuloten. Auf den Brettern, die die Welt bedeuten, wird dargestellt, was im Inneren der Betrachter geschieht – ein spiritueller Reinigungs- und Klärungsprozess, wie schon Aristoteles betonte. So gesehen ist der Mensch als Mensch ein religiöses Wesen: Er befindet sich Auge in Auge mit überwältigenden Mächten und Verhältnissen, angesichts derer er im »heiligen Spiel« seine Position erst finden und seine Wegstrecke gehen muss. Die großen Themen von Geburt und Tod, von Sexualität und Zerstörung, von Liebe und Schuld – sie erzählen, abhängig von Zeitindex und Kultur, von dem Drama der Menschwerdung.

Das lässt sich bekanntlich im Makrobereich erkennen: im Verhältnis von Völkern und Kulturen, im Soziodrama zwischen Reich und Arm und in all den Verteilungskonflikten im Großen und im Kleinen. Seit der Zeit um circa 500 vor Christus, in der mit den griechischen Tragödiendichtern und den altjüdischen Propheten auch die großen Stifterfiguren wie Zarathustra, Buddha und Konfuzius auftreten, entdeckt der Mensch freilich die Kraft und den Mut, »Ich« zu sagen. Dieser Individualisierungsschub führt zum Bewusstsein der Freiheit und Individualität. Nicht zufällig ist es Sokrates, der den Begriff »Seelsorge« prägt. Hier wird also psychodramatisch gedacht, hier treten Einzelne auf die Bühne des Lebens und spielen ihre Geschichte. Hier treten nicht nur Götter auf, sondern »der Gott« – und es spielen sich all die Tragödien und Komödien ab, die man menschliches Leben nennt. Im Christlichen wird diese Entwicklung dadurch verschärft und konkretisiert, dass mit dem unverwechselbar Einzigen aus Nazaret jeder einzelne Mensch sich erwählt wissen darf – für das Abenteuer einer unverwechselbar eigenen Geschichte. Indem der Mensch von Gott persönlich sich beim Namen gerufen weiß, wird er Person und darf sich als Ebenbild, als Stellvertreter und Stellvertreterin Gottes entdecken. Was Sigmund Freud in der Psychoanalyse »die Expedition in das innere Ausland« nennt, hat hier seine Ursprungsimpulse: Das Abenteuer der Selbstwerdung beginnt mit der Beziehung zu anderen, zum ganz Anderen und zu sich selbst. Die Frage nach Identität und Bleibe gewinnt eine neue Konkretisierung und Zuspitzung. Hier entsteht jene Kultur der Introspektion mit Gewissenserforschung und Selbstwahrnehmung, die heute säkular ganz selbstverständlich erscheint. Nicht zufällig sind es Christen wie Paulus und dann vor allem Augustinus, die die ersten Autobiografien der Menschheit schreiben: So wichtig und ernst genommen weiß sich der nichtige Mensch vom lebendigen Gott, dass er eine eigene Geschichte nicht nur hat, sondern selbst schreiben kann und muss. Das Bewusstsein der Selbstgestaltung und Selbstverwirklichung bildet sich aus und begründet das, was man »moderne Welt« nennt. Bis hin zur Aufklärung und auch heute noch in einem neuen kulturellen Gesamtbewusstsein betrachtet, ist diese Aufgabe präsent, ein Verhältnis zu sich selbst zu gewinnen und damit zu anderen und zur Welt, und dies in einer wechselseitigen Entdeckungs- und Gestaltungsgeschichte. Der Glaube an den personalen Gott, der das Ganze der Welt in Güte und Weisheit gestaltet und vollenden will, und der so wie in Jesus Christus in jedem Menschen Verbundenheit, Gemeinschaft und Freundschaft stiftet und sucht, ist der Stoff, aus dem seit Christi Geburt die Psychodramen der Selbstwerdung und Weltgestaltung sind.

Immer sind diese Sozio- und Psychodramen also auch Theodramen.

Zum Geleit

Wie immer im Einzelnen das Geheimnis der Wirklichkeit, das Menschen Gott nennen, auch bestimmt wird – grundlegend ist die Erfahrung vom eigenen Selbst und der Selbstwerdung durch Überwältigung von Größerem. Ursprünglich sind es Naturgewalten von außen (Gewitter, Fruchtbarkeit etc.) und, fortschreitend bewusster, Überwältigungen von innen (Sexualität, Tod und das Geheimnis der Freiheit), die die Menschen nötigen, sich in ihrem Verhältnis zu sich selbst und zu anderen zu bestimmen – und zum Ganzen der Welt, zum Jenseits von Welt und Mensch. Besonders die biblischen Erfahrungen und Vorstellungen von einem Göttlichen, das selbst Liebe ist und sich in Freiheit und Liebe an die Menschen binden will, drängen zum Abenteuer beziehungsstarker Menschwerdung. Dass sich das Geheimnis, das sich in Jesus Christus gezeigt hat wie nirgends sonst, im eigenen Leben und somit im Zwischenraum der Beziehung offenbaren will, dass es Gemeinschaft stiftet und »Bundescharakter« hat – das wird seit 2000 Jahren in jenem Laboratorium erprobt und vermessen, das wir Christentum nennen. Die Theodramatik, dass Gott selbst sich auf den Weg macht und den Menschen sucht und sich in Jesus Christus mit ihm vereinigt, ist dabei die interreligiöse Pointe. Nicht nur die Transzendenzbewegung der Menschen nach »oben« und »unten« ist es, die nun prägend ist; auch nicht nur das Faszinosum des »Zwischen« von Mensch und Mensch, von Mensch und Welt. Biblisch und christlich ist es die Deszendenz, die Erfahrung jenes Gottes, der von sich aus »herunterkommt« und sich in den Niederungen des Irdischen zeigt, sich selbst absolut zurücknimmt und dadurch Beziehungsraum schafft, Lebensraum und Weltraum. Die Bewegung von unten nach oben und grundlegender noch, von oben nach unten – diese Gestalt von Kreuz und Mandala ist es, die den Raum eröffnet, in dem das Theo- und Psychodrama des Menschwerdens in der Welt sich abspielt und wo es durchgespielt sein will.

Entsprechend wird der Text und Kontext eigener Lebens- und Glaubensgeschichten zusammenbuchstabiert mit biblischen Text- und Kontextgeschichten. Die Vorlage des biblischen Textes wird zum kreativen Medium der Selbst- und Weltgestaltung, und umgekehrt wird das eigene Leben und Verhalten im Lichte der biblischen Geschichten neu beleuchtet und offenbart. So wie die biblischen Geschichten in dem Geist verstanden und gelebt werden wollen, in dem sie geschrieben sind, so wird nun auch das eigene Leben in demselben Geist verstanden und ausgerichtet sein – ein schöpferisches Zusammenspiel, in dem Christenmenschen Gottes Geist selbst am Werk sehen, den wirkenden Gott in seiner fortwährenden Schöpfungs- und Inkarnationstreue. So wie die biblischen Texte ihrerseits gelebte Sozio- und Psychodramen mit Gott und der Welt im Wort einfangen und festhalten, so wollen sie ihrerseits verflüssigt, nachgestellt, variiert und weitererzählt werden im Text und Kontext des eigenen Lebens und Verhaltens. So geschieht Evangelisierung als lebendiger Wandlungsprozess. Indem jede und jeder die eigene Rolle wählt und im Gesamtstück des Zusammenspiels findet, kann nicht nur deutlich werden, welchem Drehbuch und welcher Regie das Ganze folgt, vielmehr tritt auch das Profil der übernommenen einzelnen Rollen hervor. Deutlicher wird, wozu jeder und jede berufen ist und wer sie geworden sein wollen, wenn sie gewesen sind. Im Geheimnis des wirkenden Gottes, der im Zusammenspiel »Geistesgegenwart« schenkt und volle Präsenz, werden schlummernde Kräfte wachgerufen, Widerstände anschaulich und bearbeitbar und Fortschritte möglich in der Auseinander-Setzung und im Zueinander-Setzen.

Diese bibliodramatische »Inszenierung« ist auch deshalb so wichtig, weil sie das Besondere des Christlichen erfahrbar macht und ausgestaltet: den Umgang nämlich mit Gewalt. Es gibt wohl keine Religion bis heute, die derart das Thema »Gewalt« in den Mittelpunkt stellt wie das Christentum: Der gekreuzigte Mitmensch als Gottesbild, das Opfer mitmenschlicher Gewalt im österlichen Licht als der zentrale Ort der Selbstmitteilung Gottes und seiner Offenbarung mitten unter uns. Christentum ist »Gewalt-Anschauung« wie keine andere Religion. »Sie werden auf den schauen, den sie durchbohrt haben.« Bekanntlich ist in biblischer Sicht die Menschheitsgeschichte von Anfang an eine Mordgeschichte »jenseits von Eden«, mit Verfallsdatum und Verheißungsvermerk. Nach dem Brudermord, der nicht nur einmal am Anfang geschah, sondern ständig geschieht, sind es ausgerechnet die Kinder Kains, die trotz aller Gewalttätigkeit einen zivilisatorischen Boden schaffen, der zum Leben und Überleben hilft. Sie erfinden unter anderem die Schmiedekunst, das Zitterspiel und den Städtebau (Genesis 4,19). Aber die Realgeschichte bleibt, jedenfalls aus biblischer und christlicher Sicht, unterschwellig durchzogen von jenen Kaskaden und

Eskapaden struktureller Gewalttätigkeit, ohne die man realistisch nicht von Mitmenschlichkeit sprechen kann. Zivilisation ist dünnes Eis beziehungsweise vulkanisches Gelände! In christlicher Perspektive ist genau dies das Geheimnis Jesu: Auf der Spur der Propheten Israels beantwortet er Gewalt nicht mit Gewalt und lässt sich lieber zum Opfer machen, um endlich alle blutigen und blutrünstigen Opfer und Gewaltrituale der Menschheit zu beenden. So wird das österliche Wort vom Kreuz Christi zum Signal und zur Signatur der Befreiung überhaupt. Für die einen eine Dummheit nur, für andere ein Ärgernis, »uns aber Gottes Kraft und Weisheit« (1 Korinther 1,18). Entsprechend gehört zur Figuration des Bibliodramas der Mut, verdrängte Konflikte sichtbar zu machen, harmonistische Erblindungs- und Verblendungszusammenhänge zu zerreißen und jenem Geist der Freiheit Raum zu geben, der der Geist Christi ist. Alle biblischen Geschichten sind ja, bei Licht besehen, nicht nur Bundes-, sondern eben auch Befreiungsgeschichten, die heilen und verbünden. So können auch die Geister geschieden werden, und es wird klarer, was guter Wille ist und was böser. Der »gute Wille«, bloß auf Versöhnung aus, wird als Ideologie entlarvt, denn wenn ich immer das Gute will, wer tut dann das Böse? Es sind immer die anderen, und schon dreht sich die Gewaltspirale zwischen Scham, Angst und Wut. In den biblischen Dramen und deren Aktualisierung kann ebenso die Angst wie die Lust an der Gewalt offenbar werden, weil Gesamtklima und Perspektive getragen sind von dem Geist zuvorkommender Akzeptanz und Empathie, der biblisch zum Beispiel mit dem derzeit beliebten Begriff »Barmherzigkeit« beschrieben wird. Dies aber ist das Gegenteil von faulem Frieden oder schöngeistigem guten Wollen. Dramatisch wird ja gerade aufgedeckt und »offenbar« gemacht, wo die sogenannte Realität falsch und verblendet ist – »jenseits von Eden« – und wo sie jener Wirklichkeit entspricht, die ihre Sonne wohltuend und freigiebig aufgehen lässt über Guten und Bösen und die nichts als zuvorkommend ist.

Was mit diesen Gedanken hier nur skizzenhaft angedeutet wird, wird in den Fallbeispielen und Reflexionen dieses Buches lebendig erzählt und anschaulich gemacht. Insofern sind diese spannenden Aufzeichnungen eine kleine Schule der Menschwerdung in christlicher Perspektive, eine Ermutigung zum nächsten, auch noch so kleinen Schritt in die größere Freiheit. Sie erzählen von dem Geheimnis, das in allem wirkt und jedem Menschen eine Würde gibt, wie sie größer nicht gedacht werden kann. Zugleich sind diese Aufzeichnungen eine Mystagogie ins Christliche. Sie tragen dazu bei, das Geheimnis der Kirche als versöhnte Einheit von Individualisierung und Sozialisierung des Lebens in Gerechtigkeit für alle erfahrbar zu machen.

So wünsche ich diesem Buch weite Verbreitung und allen Leserinnen und Lesern jenen Lerngewinn, den es mir beschert hat.

Wiesbaden, im Juni 2015
Gotthard Fuchs

EINFÜHRUNG

Seit unserer ersten Publikation über Bibliodrama und Seelsorge 1985 sind viele Jahre vergangen, in denen wir mit katholischen und evangelischen Frauen und Männern Bibliodrama gespielt haben. Darüber hinaus haben wir in zahlreichen Ausbildungsgängen Seelsorgende, katholische wie evangelische, ausgebildet. Ausbildungsinstitutionen in den Niederlanden, Deutschland und der Schweiz bilden bis heute Menschen nach unserem Modell aus. Die Anfänge fanden in den Niederlanden und in Deutschland am Theologisch-Pastoralen Institut statt. Dort hieß die Bibliodrama-Ausbildung »Die Wahrheit tun«. Spielen, eigene Glaubenserfahrungen machen, eine eigene Sprache für die Erfahrungen erlernen und umgeformt werden auf dem Glaubensweg – das waren und sind die Ziele der Ausbildung.

Dieses Modell wurde in den 80er-Jahren von Nicolaas Derksen und Herman Andriessen (gest. 2013) in den Niederlanden entwickelt. Heute findet es – seit 2000 – seine Weiterentwicklung vor allem in der Wislikofer Schule für Bibliodrama und Seelsorge in der Schweiz. Hier sind auch die bibliodramatischen Kleinformen entstanden, die im Buch »Geh in das Land, das ich dir zeigen werde« veröffentlicht wurden. An die Wislikofer Schule für Bibliodrama und Seelsorge ist seit 2005 auch der gleichnamige Verein angeschlossen. Das Bibliodrama-Spiel sowie die Ausbildung haben sich in den vergangenen Jahren nuanciert und weiterentwickelt. Uns wurde deutlich, dass sich die ganze Bibel spielen lässt, sowohl narrative Texte, Paulusbriefe, als auch Weisheitsliteratur und alle Prophetentexte. Die Bibel ist ein Lebensbuch, voller menschlicher Erfahrungen mit dem Geheimnis Gott und dem Geheimnis Mensch. Zu diesem Geheimnis gehört auch die Finsternis von Gott und die Finsternis des Menschen. Bibliodrama als Seelsorge führt Menschen tief in ihre Existenz als Berufene unter Gottes Wort. Menschen erfahren ihre Sehnsucht nach Leben, nach Beziehung, auch nach Beziehung zu Gott, nach dem Geheimnis des Lebens. Menschen kommen in Kontakt zur eigenen und gesellschaftlichen Gottesvergessenheit und deren Konsequenzen.

In diesem Buch werden Erfahrungen aus 35 Jahren Bibliodrama-Spielen erzählt. Diese werden unter seelsorglicher, theologischer und bibliodramatischer Perspektive reflektiert. In drei thematischen Blöcken werden wichtige Erfahrungen mit Bibliodrama und ihre Bedeutung für den Einzelnen, die Gruppe und die Kirche reflektiert. Es sind Erfahrungen, die aus dem Ansatz des Bibliodramas als Seelsorge entstanden sind. Wir haben dem Buch den Titel »Im Spiel mit dunklen Gottesbildern« gegeben. Unsere theologische, exegetische und seelsorgliche Arbeit an einer leibhaften Spiritualität steht im Kontext der gegenwärtigen Welt. Arbeiten an Glaubenskommunikation und Spiritualität bedeutet für uns, dass wir wegkommen aus dem nur privaten Bereich von Glauben und Gottesdienst und lernen, uns inmitten unserer Kultur und Gesellschaft zu bewegen, die von Gottes- und Menschen-Vergessenheit zeugen.

Im November 2014 erinnerte der Bischof von Rom, Papst Franziskus, die Europaparlamentarier in Straßburg daran, dass der Kern des europäischen Projekts das Vertrauen auf den Menschen als »mit transzendenter Würde begabte Person« bleiben muss. Die Menschenwürde ist unverhandelbarer Maßstab politischen Handelns, das der Verwirklichung der Menschenrechte dient. Diese sind unabhängig von Leistung, Erfolg, Geldbeutel, Cleverness der Einzelnen. Papst Franziskus ermahnte seine Zuhörer, dass das menschliche Leben nicht Gegenstand von Tausch und Verkauf sein dürfe. Es geht ihm um ein Europa, das sich nicht um die Wirtschaft dreht, sondern um die Heiligkeit der menschlichen Person; um ein Europa, das ein kostbarer Bezugspunkt für die ganze Menschheit ist. Im Zentrum der Welt solle nicht die Politik, nicht die Wirtschaft und auch nicht die Kirche stehen, sondern der Mensch.[1]

Der Papst spricht uns da aus dem Herzen, weil seine Worte an unsere Motivation, Bibliodrama zu spielen, anknüpfen. Wir arbeiten an einem Humanismus, in dessen Zentrum die Achtung der Würde der Person steht, an einem christlichen Humanismus, biblisch verankert. Wir arbeiten mit Menschen zusammen, denen das Bibliodrama hilft, aufrecht zu stehen mit dem Bewusstsein ihrer eigenen Würde und mit dem Mut, sich und anderen Gehör zu verschaffen. Wir suchen Glaubenskommunikation, die immer Kommunikation von Leben in Beziehung ist. Bibliodrama ist dabei behilflich, menschlich und glaubend verwurzelt in dieser Welt zu stehen und sie zu gestalten.

Das bedeutet auch, Augen und Ohren zu öffnen für das, was lebt und nicht lebt in dieser Welt. Vieles in dieser Welt und in meiner eigenen Geschichte hat mich, Nicolaas Derksen, in den 90er-Jahren dazu gebracht, immer häufiger biblische Texte aufzusuchen, in denen die Sprache ist von Gewalt, Hass, Feindschaft, Zorn und von Gottes Wut, Urteil, Recht und Gerechtigkeit. Ich begegnete diesen Themen immer wieder in persönlichen und seelsorglichen Kontakten, in der Gesellschaft, in der Zeitung, in der Literatur und im Film. Und in der Bibel selbst. Mir wurde deutlich, dass ich – und wir alle in der Kirche – zu wenig mit dieser Tatsache beschäftigt sind. Es sind Tabuthemen, die nur ungern angegangen werden. Paulus benutzt in diesem Zusammenhang das griechische Wort »upomene«, was bedeutet: darin stehend die Situation aushalten. Diese Einsichten habe ich auf meinem Entwicklungsweg zunehmend im Kontakt mit Leben und Glauben entdecken können: Bibel lesen und immer neu lesen und studieren, immer mehr Texte bibliodramatisch spielen, Filme sehen, Bücher lesen, Kultur einatmen. Leben und Glauben und all ihre Verflechtungen habe ich immer mehr verbinden können. Dadurch wurde ich ermutigt, die ganze Bibel ernst zu nehmen und zunehmend auch schwierige Texte, auch Hass- und Gewalttexte, für Bibliodrama auszusuchen. Die Tatsache, dass die Bibel alle Schrecken des menschlichen Lebens thematisiert, dass sie nichts weglässt, keine heile Welt beschwört, sondern alles Dunkle, allen Hass, alle Gewalt und Vernichtung unbeschönigt beim Namen nennt, hat mir verdeutlicht, dass wir als Christen eingeladen sind zu lernen, das *ganze* Leben wahr- und ernst zu nehmen. Und sehr mutig sind die biblischen Texte da, wo sie auch Gott von der Dunkelheit des Lebens und der Welt nicht ausnehmen. Die biblischen Geschichten zeigen keinen nur »lieben Gott« mit sauberen Händen. Nein, leidenschaftlich ist er und darum verwickelt in menschliche Gewaltgeschichten. Ein Reifen an Gottes Ambivalenzen, an seiner dunklen Seite, ist mir in den vergangenen Jahren immer wichtiger geworden. Deswegen muten wir den Bibliodrama-Teilnehmerinnen und -Teilnehmern auch solche Texte zu.[2]

Neben der Neuentwicklung von bibliodramatischen Kleinformen als Beitrag zur Glaubenskommunikation ist der Umgang mit dem Text im Raum ein zentrales Moment unseres Bibliodrama-Modells. So selbstverständlich für uns diese Form der bibliodramatischen Arbeit ist, so viele Fragen wirft sie anderen auf. Das hat uns dazu gebracht, nochmal die Bedeutung des Raums, der Raumeinteilung und der Raumwirkung zu reflektieren und zu begründen.

Alle Erfahrungen, die in diesem Buch beschrieben sind und besprochen werden, stammen aus der Periode unserer Zusammenarbeit an der Wislikofer Schule für Bibliodrama und Seelsorge. Viele Texte habe ich, Nicolaas Derksen, geschrieben. Andere Texte haben Claudia Mennen und Sabine Tscherner geschrieben und alle Themen, die in diesem Buch behandelt werden, haben wir zusammen erfahren und reflektiert. In diesem Sinne ist es ein Buch unseres Ausbildungsteams in Wislikofen und der Wislikofer Schule für Bibliodrama und Seelsorge.

Claudia Mennen, Sabine Tscherner, Anna Babl, Helga Schmitt, Peter Zürn und Karin Klemm haben intensiv daran gearbeitet, mein, Nicolaas Derksens, »Sprechdeutsch« in Schriftsprache zu verwandeln. Ihnen bin ich aufrichtigen Dank schuldig. Auch Claudia Lueg vom Verlag danken wir herzlich für die gute und vertrauensvolle Zusammenarbeit.

Nicolaas Derksen, Claudia Mennen, Sabine Tscherner
Propstei Wislikofen – Wislikofer Schule für Bibliodrama und Seelsorge in der Schweiz

# BIBLIODRAMA UND SEHNSUCHT, GOTTESBEZIEHUNG UND GOTTESVERGESSENHEIT

Wundererzählungen als Perspektive

Heilungsgeschichten sind, nach dem Wort von Franz Kafka, »die Axt für den zugefrorenen See von unseren zu Eis gewordenen Gefühlen. Sie lassen diese zu Eis gewordenen Gefühle schmelzen«. Sie öffnen uns, »sodass wir der ganzen Wahrheit Jesu ins Auge schauen können« (Anselm Grün, Benediktinische Spiritualität).

Sprachlosigkeit

Meine Erfahrung lehrt, dass Sprache von einer unglaublichen Sprachlosigkeit sein kann: Viele Menschen sind nicht in der Lage, ihre eigenen Erfahrungen sprachlich zum Ausdruck zu bringen. Noch schwerer fällt es, wenn es um Gefühle und Gedanken in Verbindung mit Glauben geht. Diese Sprachlosigkeit ist ein Faktum, gibt uns aber nicht die Erlaubnis, selbst sprachlos zu werden. Wir sind und bleiben in der Seelsorge die Initiatoren, um im Kontakt mit Menschen diesen biblischen Geschichten Gehör zu verschaffen. Je mehr wir selbst in dieser Welt von Glauben und Bibel wohnen und leben, je intensiver wir der existenziellen Grundlage all dieser Bibelgeschichten auf die Spur kommen und sie verbinden können mit unserem Leben, umso erfüllter können wir unsere Kreativität entfalten. Ich höre jetzt schon viele Kollegen sagen: »Du arbeitest schon immer mit Professionellen und Freiwilligen, die hoch motiviert sind und ihren Weg bereits auf dieser Spur gefunden haben. Unsere Realität mit Menschen an der Basis ist viel schwieriger, selbst wenn es um solche mit kirchlichem Hintergrund geht.« Ich weiß und nehme es auch ernsthaft an. Obwohl ich regelmäßig kleine Wunder mit Menschen in meiner Bibliodrama-Arbeit erfahre, sehe ich, dass viele Kollegen darunter leiden, dass Bibelarbeit manchmal so schwierig ist. Darum möchte ich zuerst kurz skizzieren, wie ich Menschen begegne.

Widerspenstigkeit als Voraussetzung, offen zu sein für Wunder

Der Frage, was Wundergeschichten bei Menschen von heute bewirken können, ist ziemlich einfach zu beantworten: viel, beinahe nichts. Du kannst es vergessen. Es hängt davon ab, ob Menschen sich dafür öffnen. In der Seelsorge, so wie bei allen Hilfsleistungen und Therapien, holen wir Menschen dort ab, wo sie sich in ihrem Leben befinden. Der eine Mensch sagt »Ja« zu den Bibelgeschichten, »Ja« zum Bibliodrama. Der andere Mensch zuckt mit den Schultern, wenn ich ein biblisches Angebot mache, bleibt aber noch kritisch offen. Ein dritter lässt wissen: »Ich weiß, dass du damit beschäftigt bist, aber mein Thema ist es nicht.«

Ich zeige vier mögliche Wirkweisen von Bibeltexten auf Menschen – sicher gibt es weitere. Es gibt wohlwollend kirchlich gläubige Menschen. Sie hören ab und zu oder regelmäßig Bibelerzählungen. Sie hören zu. In der Grundhaltung von »Sch'ma Israel, Höre Israel«. Dann wissen sie aber noch immer nicht, wie diese Geschichten in ihnen wirken oder arbeiten. Sehr oft habe ich den Eindruck, dass sie, solange sie keine Bibelarbeit in Gruppen machen, sie all das mit wohlwollenden, »alten« Ohren hören und »alten« Gewohnheiten, aber den echten Perspektivenwechsel nicht mitmachen. Das soll nicht heißen, dass es ihnen nicht guttut: Das Hören generiert Vertrauen und das ist nicht nichts.

Dann gibt es noch motiviert gläubige Menschen, die gerne mit Bibel und Bibelerzählungen beschäftigt sind. Sie haben eine Verbindung zwischen ihrer Lebensgeschichte und diesen Glaubensgeschichten entdeckt; sie wollen diese gerne vertiefen, können damit leben, und es lässt sie nie mehr los. So geht es auch mir.

Weiter gibt es Menschen, die für eine Beerdigung in die Kirche kommen. Einige Menschen sind noch offen, die meisten jedoch bleiben für den Seelsorger hinter einer Mauer: Sie wollen nicht hören und sie machen den Vorsteher einsam; er oder sie muss geben, nur geben und bekommt keine Resonanz.

Daneben gibt es immer mehr Menschen, die einfach keinen religiösen, kirchlichen und gläubigen Hintergrund haben und von biblischen Geschichten überhaupt keine Ahnung haben. Die Volkskirche und alle

Gemeinschaftsformen, die damit zusammenhängen, sind verschwunden. Menschen, die viel mit der Bibel arbeiten, haben das einfach zu akzeptieren. Das bedeutet übrigens nicht, dass im Kontakt mit diesen Menschen keine Offenheit besteht. Im Gegenteil: Weniger Kirchlichkeit, weniger Kirchenbesuch, weniger Glaube im Sinne von Gottesdienst ist das eine. Etwas anderes ist es, dass junge Menschen immer neu sind und neu anfangen, dass in jedem Menschen das Verlangen nach Sinn lebt und dass dieses tiefe Verlangen jedem ein eigener Brunnen ist. Da wohnt ein Sehnen tief in uns… Verlangen und Hoffnung sind der Stoff, aus dem die Menschenseele geschaffen ist.

Die ganze Wahrheit erzählen

Das Zitat von Anselm Grün am Anfang des Artikels bezieht sich auf die blutflüssige Frau (Markus 5,21–43); sie ist am Ende und hat genug davon, krank und blutflüssig zu sein. Sie hat es satt, nie in die Nähe von Menschen, das heißt Männern, kommen zu können. Immer muss sie aufpassen, weil sie unrein ist. Elend genug. Alles, was sie an Energie und Geld besaß, hat sie ausgegeben. Nichts hat geholfen. Nur ihr Verlangen zu leben ist nicht tot. Im Gegenteil. Und was sie jetzt unternimmt, tut sie anonym. Sie nähert sich Jesus von hinten und berührt sein Kleid, weil sie glaubt, dass das genug ist, um gesund zu werden. Er wird es nicht merken. Und die anderen dürfen es nicht merken; denn sie würde die anderen verunreinigen und bestraft werden, wenn es entdeckt würde. Doch damit hat sie nicht gerechnet: Jesus ist wach, präsent, bei sich, konzentriert seine Aufmerksamkeit, obwohl Massen da sind. Er fühlt, auf welche Weise er berührt wird, dass da nicht etwas Zufälliges passiert. Da passiert etwas anderes. Da, sagt unser Text, geht eine Kraft von ihm aus. Er spürt, wie ein Mensch ihn wirklich berührt hat. Die Frau – ja, und ihr Blut fließt nicht mehr, dieser Brunnen ist ausgetrocknet. Er schaut sie durchdringend an. Und sie erzählt ihm die ganze Wahrheit. Hier zeigt sich Jesus für mich als Kommunikationskünstler: Freundlich zwingend will er, dass sie spricht, alles erzählt, mitten in dieser Menge von Männern, Frauen und Kindern, unter ihnen auch Schriftgelehrte und Pharisäer, die Leiter des Volkes. Und sie erzählt. Sie erzählt von ihrem Blutfluss, der sie unrein gemacht hat und damit von allen Menschen, vor allem Männern, isoliert. Unter den Augen und Ohren von Jesus berichtet sie vom Tabu des Blutflusses und der Unreinheit. Sie fasst es, freundlich gezwungen, in Worte. Und ihr ganzes Handeln wird von Jesus benannt: ein Akt von Verlangen, Vertrauen, Glauben. Dein Glaube hat dich gerettet. Hier passiert, was ich von Jesus gelernt habe: Glaubenskommunikation. Erst nonverbal, dann verbal – und das bringt Genesung und danach auch noch Rettung, Heil. Eine neue Perspektive für diese Frau – sowohl persönlich als auch gesellschaftlich. Anders gesagt: Jesus ist hier Seelsorger, Grenzgänger, einer, der lästig fragt. Und damit Rettung und Heil bringt.

Raumeinteilung

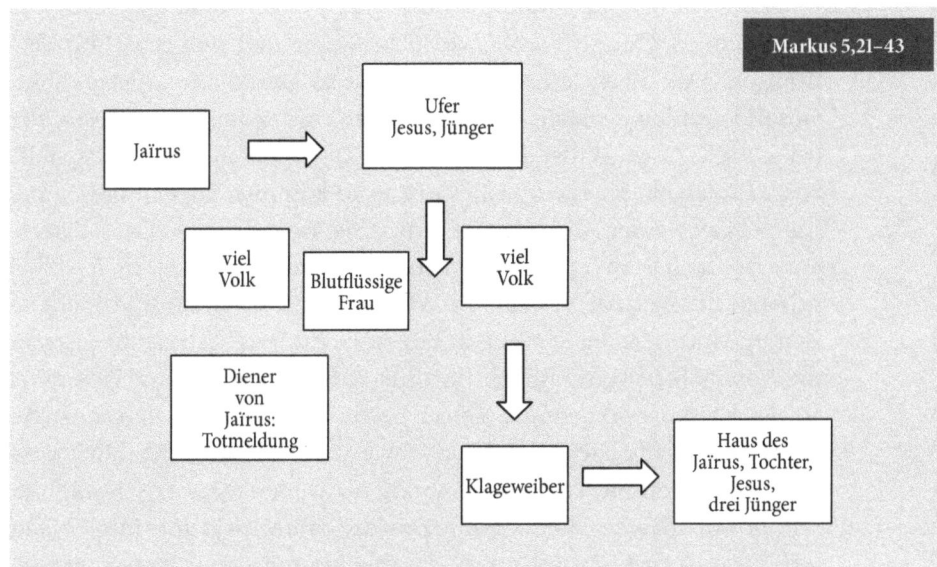

Bei Menschen, die sich angesprochen fühlen wegen ihrer Krankheit, werde ich solch eine Geschichte einfach erzählen, jedoch nicht, ohne vorher anzukündigen, dass ich ihnen gerne eine Geschichte erzählen möchte. Es geht darum, Vertrauen zu wecken um zu spüren, ob ihr Verlangen wach ist, oder um sie aufs Neue mit ihrem Verlangen in Kontakt zu bringen. Im Bibliodrama passiert dies manchmal. Menschen, die diese Rolle im Bibliodrama wählen, spüren ihr eigenes Verlangen, gesund zu werden, geheilt zu werden und, obwohl oft noch unbewusst, ihre Bereitschaft, dies geschehen zu lassen. Und meistens kommt dann, langsamer als im Evangelium, geleitet und gefragt vom Bibliodrama-Leiter oder der Seelsorgerin, eine ganze Geschichte auf den Tisch.

Schreien

Die ganze Wahrheit zu erzählen, ist immer eine Geschichte von Licht und Schatten. Eine Wundergeschichte, eine Heilungsgeschichte macht deutlich, dass es nie um eine märchenhafte Wirklichkeit geht. Wenn du neben dem Weg sitzt und nicht mehr in Bewegung bist als Mensch, als Familie, als Gruppe, als Gemeinde, als Kirche, dann bist du tot, bevor du gestorben bist. Lebend tot. In der Praxis dauert es lange, bevor wir das erkennen. Oder wir wollen es nicht wissen und sind genial im Verdrängen. Das macht auch deutlich, dass es keine billige Gnade gibt. Gesund werden – nach 38 Jahren Krankheit kommt von Jesus die berechtigte Frage: Willst du gesund werden? Denn eine neue Perspektive zu finden, zu erhalten, in Bewegung zu kommen oder in Bewegung gebracht zu werden, das ist harte Arbeit. Selbst »arbeiten«. Das ist etwas anderes als »leisten«. Es ist: selbst zum Vorschein kommen. In der Bibel gehören die meisten Verben, Tu-Wörter, zum Menschen und nicht so sehr zu Gott. Und auch nicht zu seinem Sohn Jesus. Ich denke jetzt an die Geschichten vom blinden Bartimäus, Sohn des Timäus, in Kapitel 10 des Markusevangeliums, genau bevor Jesus in Jerusalem einzieht. Bartimäus sitzt neben dem Weg – wie lange schon? –, er hört, dass Jesus vorbeikommt, er ruft, er schreit. Sie wollen, dass er schweigt, er schreit noch lauter: »Jesus, Sohn Davids, hab Mitleid mit mir.« Nicht nur Jesus, auch noch Sohn Davids. Das hat mit dem Messias zu tun. Und vielleicht erinnert der Blinde sich, dass er auch ein Sohn Davids ist, mindestens ein Sohn Abrahams. Jesus bleibt stehen, läuft nicht zurück, sagt nur: »Ruft ihn hierher.« Bartimäus springt auf, wirft seinen Mantel ab – der ihn bis jetzt auch behütet hat –, und vielleicht hat er sich darin auch verborgen – und läuft auf Jesus zu. Dieser fragt: »Was kann ich für dich tun?« Welcher Respekt für diesen Blinden! Nicht: »Ich weiß, was gut für dich ist«, sondern: »Was kann ich für dich tun?« »Sorge, dass ich sehen kann.« Er sieht. Allein schon durch das

Schreien, Aufspringen, Mantel-Wegwerfen, Gehen, Antworten. Und er geht, er folgt Jesus auf dem Weg. Sein Verlangen, sein Vertrauen, sein Glaube haben ihn bewegt, gerettet, geheilt. Diese Haltung von Rufen, Schreien, Sorgen-Loswerden, Gesehen-Werden, von Vertrauen, von Bestätigung-Geben und -Empfangen – das wird seine Lebenshaltung. Bartimäus folgt Jesus auf dem Weg.

Raumeinteilung

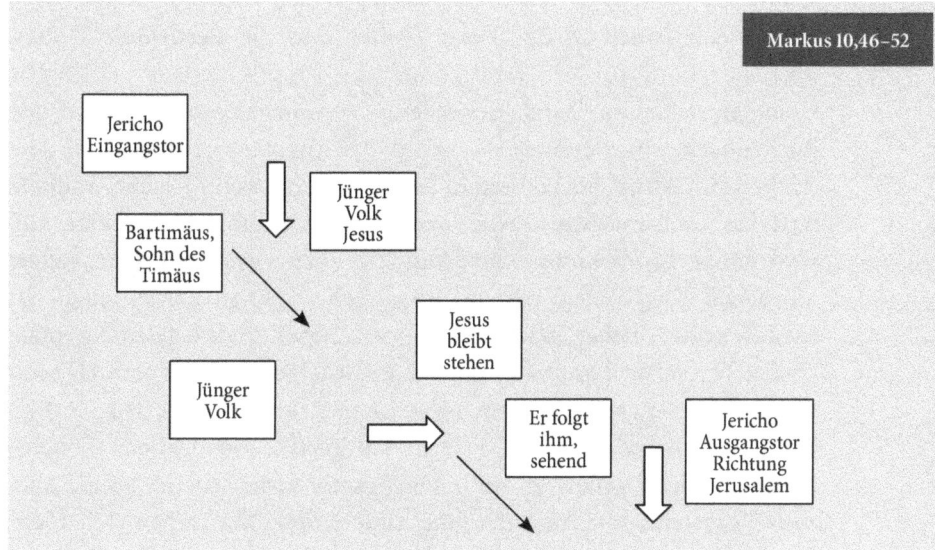

Sie sehen: Die meiste Arbeit wird von Seiten des blinden Bartimäus eingebracht. Heilungsgeschichten geben keine billige Gnade: Es kommt in erster Linie darauf an, dass du leben willst, Verlangen hast zu leben, zu gehen, zu sehen. Dich wieder zu erinnern, was deine Bestimmung ist: Mensch zu werden, so wie Gott dich gemeint hat. Ohne dieses Verlangen ist der Mensch lebend tot. Ich begegnete einer Frau, mit der ich in Israel diesen Text gespielt habe: Sie konnte damals nicht schreien. Ich fragte, was sie hinderte. Sie wusste es nicht. Ich glaubte ihr nicht und sagte das auch. Das Gespräch stockte. Keine Bewegung mehr. Ich wusste: Ich muss warten. Ein anderer stand dabei und sagte: »Ich habe damals geschrien, mein Gott, wie laut. Und es hat mir gutgetan und mich in Bewegung gebracht.«

Gewalt in einer Wundergeschichte

In der Bibel stehen viele Texte über Gewalt. Ich nehme jetzt als Beispiel die Geschichte aus dem Buch Exodus, Kapitel 14: Israeliten, Sklaven geworden im Dienste des Pharaos in Ägypten und seinem Volk, unterdrückt und erniedrigt. Sie wollen weg, unter der Leitung von Mose. Zehn Plagen für den Pharao und für das Volk sind nötig, bis die Israeliten fortkommen. Es hört sich an wie eine Kriegsgeschichte. Gott sagt: »Ich kämpfe für euch, Israeliten.« Aber sie wollen selbst kämpfen. »Nein, ich kämpfe für euch.« Sie bewegen sich Richtung Rotes Meer. Hinter den Israeliten der Engel Gottes und die Feuersäule Gottes: Rückendeckung für sie. Dann kommt das ägyptische Heer näher. Die Israeliten stehen am Rande des Meeres: Vor ihnen Wasser, hinter ihnen Rückendeckung, aber auch der Feind, die Ägypter. Sie stehen mit dem Rücken zur Wand. Sie können in keine Richtung mehr fliehen. Wütend sind sie und machtlos. Alle Machbarkeitsideologie hört hier auf. Und dann? Dann kommt die Wahrheit zum Vorschein: Hier stehen Menschen, die bangen, die von Angst beherrscht sind. Menschen, die zurück wollen, lieber Sklave sein als tot, lieber zurück nach Ägypten. Und lieber selbst kämpfen, die Not nicht teilen und aus den Händen geben. Für sich selbst sorgen. Was ist das für ein Satz, den Gott zu ihnen spricht: »Ich will für euch kämpfen.«? Sie wollen es selbst machen. Allein, gefangen, keine Perspektive mehr sehend, blind. Aber zum Vorschein kommt auch eine andere Seite. Es zeigen sich Menschen, die ihr Verlangen nach Freiheit bewahrt haben, die hoffen, sich umsehen, Ausschau halten nach Mose, sich leiten lassen. Auch Mose wartet, bis er die Stimme Gottes hört. Er wartet. Auf Gottes Stimme, um seine Hand ausstrecken zu können. Er hält die Wacht beim Nichts, und auch er lernt, dieser Wirklichkeit zu trauen: Warten beim Nichts. Warten auf sein Wort, das Wort des Ewigen, von Adonai, dem Einen.

Es wird deutlich im Bibliodrama-Spiel, dass Menschen im Volk einander sehen und Einfluss aufeinander nehmen. Sie helfen einander, motivieren, stimulieren einander zum Warten. Es gibt neben ängstlichen Menschen auch Menschen, die warten können, bis Rauch weht, bis der Geist Gottes ruft. Und dann streckt Mose auf sein Wort hin die Hand aus – er konnte warten und handelte nicht eigenmächtig –, und das Meer wird trocken und das Volk kann hindurchziehen. Der Eine im Himmel hat das Klagen des Volkes gehört – man muss auch Mut haben laut zu klagen –, und er streckt seine Hand aus und macht sein Angebot: »Ich komme nach unten, um euch zu retten.« Mose reagiert ganz frei auf das Angebot und streckt ebenfalls seine Hand aus: Angebot angenommen. Er muss nicht, er will befreien. Die eine Hand lässt die andere Hand frei. Wer nimmt sie an? Im Spiel wurde deutlich, dass nicht ein Kollektiv das Angebot annimmt. Nicht das Volk als Volk zieht durch den See – Menschen ziehen durch. Jeder Mensch für sich nimmt das Angebot an – beim Warten beim Nichts. Nur wenn du Verlangen nach Freiheit, nach wirklichem Leben hast, ziehst du hindurch. Wenn du ohne Perspektive bist und bleibst, kommst du nicht in Bewegung und wirst selbst umkommen. Nur die Menschen ziehen hindurch, die ihr Verlangen bewahrt haben, die warten können, die voll Hoffnung bleiben, die Vertrauen haben und es bewahren können, die warten können beim Nichts, die an unerwartete Perspektive glauben, die ihre Not aus der Hand geben können, die offene Hände haben, die teilen können mit Menschen um sie herum. Liebe und mache, was du willst, und suche, dann kannst du sehen, dass das Meer sich öffnet – durch das Wort Gottes, mit der Hand von Mose –, und du kannst durch das Meer zum anderen Ufer gelangen.

Die Ambivalenzen bleiben: Gott lässt auch seine harte Seite erkennen. Das ägyptische Heer ertrinkt und wird vernichtet. Das ist notwendig, denn wer Tod sät, soll zur Seite geschoben werden. Und trotzdem sind es Menschen. Auch seine Menschen. Selbst wenn wir das nicht mehr sehen können, muss es doch gesagt werden. Auch der Talmud kämpft damit; er sagt: »Gott verbietet den Engeln zu singen bei der Rettung des einen Volkes und beim Untergang des anderen Volkes.« Das hört sich doch nach einem richtigen Trost an. Die Ambivalenz angesichts dieser nackten Gewalt bleibt. Auch die Ambivalenz in Gott selbst. Schatten zieht über diese Geschichte. Und doch: Für die Israeliten und auch für mich ist es eine Wundergeschichte, die die Kirche zurecht in der Osternacht liest: Durchgang durch das Rote Meer, unerwartete Perspektive, Hoffnung auf neues Leben, warten können beim Nichts, Fortgehen aus Angstland, Öffnung zur Zukunft, neue Schöpfung, Ausweg aus Sklaverei und Sklavenleben. Es ist keine Heile-Welt-Geschichte. Es gibt Licht und Schatten: Einer, der für dich kämpft (Ramses Shaffy). Du wirst getauft im vollen Leben. Die Ambivalenz bleibt, und doch bekommst du Zukunft, eine neue Perspektive, mindestens für eine Weile. Denn wenn wir in der biblischen Geschichte zwei Tage weitergehen, fängt das alltägliche Elend wieder an: Die Menschen sind hungrig und durstig. Und das Klagen fängt wieder an: Lieber Sklave sein und zu essen haben in Ägypten als frei zu sein und durstig in der Wüste. Die Fleischtöpfe ziehen an. Die alten Gewohnheiten. Das alltägliche Muster. Die Hausdämonen. Es ist nichts anders geworden. Und doch: Wer frei ist und Vertrauen gewonnen hat, ist bereit, etwas abzugeben von der Hoffnung, die in ihm lebt. Der alltägliche Tod wird getauft auf das Wort »Auferstehung« (Rose Ausländer). Auf den Weg durch die Wüste – Richtung Freiheit, Richtung eigenes Leben.

Raumeinteilung

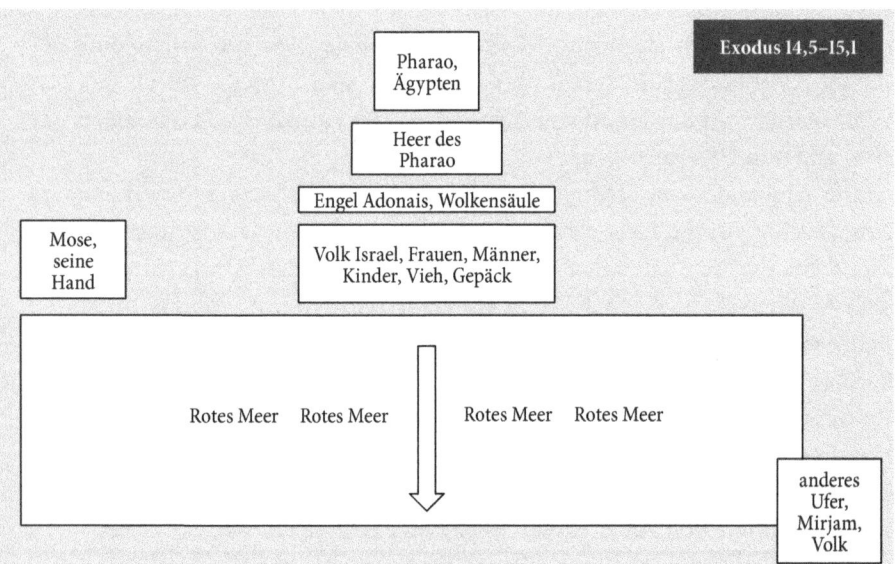

Was bewirkt Bibliodrama?

Beim Bibliodrama als Seelsorge wird die Geschichte in einem Raum platziert, im Hier und Jetzt. Was ich oben beschrieben habe, kann ich so schreiben, weil ich es bibliodramatisch erlebt habe. Und wer mitspielt, wird eingeladen, eine Rolle aus der biblischen Geschichte zu wählen, durch die Kontakt zur eigenen Lebensgeschichte hergestellt werden kann. Im Spiel kommen das Hier und Jetzt und die eigene Existenz immer mehr ins Spiel. Wonach wir dann im Spiel suchen, ist die religiöse Ebene, auf der Existenz und Glauben einander berühren. Wo die Geschichte und die Erfahrung der Spielenden unter die Haut gehen, unerwartet Licht schenken, Perspektive geben. Die Erfahrung ist eher unausweichlich. Das wird in der heutigen Theologie Heterotopie genannt, im Gegensatz zur Utopie. Utopie ist der eigene erwünschte Lebensentwurf – das, was man von der Zukunft will oder sich erhofft. Bei der Heterotopie passiert etwas anderes, Unerwartetes. Im Bibliodrama – durch das Auswählen einer Rolle, durch Kontakt, durch Kommunikation, durch Interaktion, Erfahrung und Reflexion – entsteht eine Situation, in der die Ordnung, so wie sie war, ins Wanken gerät. Du möchtest dem ausweichen, ein neues Gespräch ist im Werden, ein neues Handeln, ein neuer Schritt wird gemacht. Das meint Heterotopie. Bibliodrama wird Raum, gibt eine existenzielle Bühne, wird »locus theologicus«: ein Ort, das Geheimnis zu finden. Es erinnert an Jakob und seinen Traum von der Himmelsleiter, auf der Engel herab- und heraufsteigen. Und Jakob wurde wach und sagte: »Das ist sicher, an diesem Ort war Adonai anwesend, und ich wusste es nicht« (Genesis 28,16–17).

Voraussetzungen, um Wunderperspektiven wahrnehmen zu können

In der Seelsorge – in Gemeinde, Gefängnis, Krankenhaus, auf der Straße – begegnet man täglich Menschen, die auf dem Weg sind aus der Sklaverei in die Freiheit. Im Kontakt geht es einerseits darum zu spüren, ob und wie ein Mensch offen ist, um etwas hören zu können. Andererseits geht es darum zu sehen, wie wach ich bin, wie verfügbar, um ein Angebot machen zu können. Es geht immer darum, im Kontakt empathisch zu sein, und zugleich darum, ob ich mir als Seelsorger bewusst bin, dass ich ein Angebot machen kann: »Ich weiß eine Geschichte zu Ihrer Situation.« Es geht hier um Demut, nicht bekehren zu wollen. Es geht darum, Menschen anders sehen zu lehren, andere Perspektiven anzubieten und Glaubensmut zum Vorschein kommen zu lassen. Eine Perspektive anzubieten, die der andere aus sich selbst heraus nicht findet. Das gelingt nur auf Augenhöhe, in gegenseitiger Abhängigkeit. Seelsorge, Gemeindearbeit, »Ecclesia« sein, ist immer Wachsen von neuem Vertrauen, Werden zu einem neuen »Wir«. Es geht um bezogene Liebe. Für mich heißt Ecclesia: Außerhalb von Beziehung gibt es kein Heil. Wo Wundergeschichten uns erinnern wollen – und da stimme ich mit dem Theologen Erik Borgman überein –, gerade da, wo gar nichts mehr ist, eine Sackgasse, genau da ist es unsere Lebens- und Glaubenskunst, beim Nichts zu bleiben und es auszuhalten, zu warten. Bis wieder Wind weht, Geist, Rauch. Denn im Nichts geschieht etwas: Das ist die Grundstruktur unserer Wirklichkeit und die heißt bezogene Liebe.[3]

Außerhalb von Beziehungen ist kein Heil
Bibliodramatische Begegnung mit Amos und seinem Prophetenbuch

Einführung

Im Geistlichen Zentrum im Haus Wasserburg wird seit Ende der 90er-Jahre eine Ausbildung für Frauen und Männer angeboten, die befähigt, Bibliodrama zu leiten. Diese Ausbildung beruht auf dem Modell »Seelsorgliches Bibliodrama« von Derksen und Andriessen. Ende November 2013 war ich eingeladen, ein Wochenende mit dem Buch Amos zu gestalten. Die Gruppe bestand aus 16 Teilnehmenden, einem Leiter und einem Co-Leiter.

Ich war gut eingelesen in den biblischen Text sowie in die exegetischen und theologischen Kommentare. Vieles hat mich auf die Spur von Amos gebracht: seine Standhaftigkeit – von seinem Vieh und seinen Maulbeerfeigenbäumen weggeholt –, Gottes Wahrnehmung und Gottes Urteil kundzutun, zu erzählen von Ungerechtigkeit, Korruption, Missachtung von Menschen, Unterdrückung. Und den Mut, seinen eigenen Zorn und seine Wut kundzutun. Obwohl die Texte von Amos im Lesejahr A nicht vorkommen, im Lesejahr B einmal und im Lesejahr C zweimal, ist dieser Prophet dank der Befreiungstheologie seit dem Zweiten Vatikanischen Konzil zunehmend in den Fokus unserer Aufmerksamkeit geraten. Die Befreiungstheologen haben die ungerechten Strukturen in unserer Gesellschaft stark in den Blickpunkt gerückt. Zugleich ist mir in den Texten und Kommentaren aufgefallen: Amos ist ein Prophet, der verdeutlicht, dass Adonai vergessen wird, dass die Beziehung zu ihm nicht gepflegt wird und die Erinnerung an ihn und die Befreiung seines Volkes aus Ägypten kaum eine Rolle spielen. Für mich wurde zur Ausgangsfrage: »Wie hängen gesellschaftliche Ungerechtigkeit und das Phänomen zusammen, dass Menschen die Beziehung zu Adonai vernachlässigen und ihn zugleich verharmlosen? Und dabei die Realität verharmlosen.« Der Text rückt in diesem Zusammenhang ein starkes Bild in den Vordergrund: Adonai hält ein Senkblei in den Händen. Die Menschen, die Gebäude, alle und alles sind aus dem Lot und stürzen zusammen.

Zielsetzung dieses Kapitels

In diesem Kapitel möchte ich einerseits deutlich machen, wie wir an einem Wochenende mit den Amos-Texten gearbeitet haben. Andererseits möchte ich zeigen, wie Glaubensbegegnung und Glaubensentwicklung stattgefunden haben – im Kontakt mit Amos und miteinander in der Gruppe. Durch das Handeln im und mit dem Text entsteht auch ein neues Verstehen des Textes im Sinne einer praktischen Bibelauslegung, einer Ergänzung der wissenschaftlichen Exegese. Außerdem möchte ich die Rolle des Bibliodrama-Spielleiters reflektieren.

Der Bibliodrama-Leiter als Seelsorger ist in seiner Leitungsaufgabe auf mehrfache Weise nicht neutral. Es ist seine Aufgabe, die Lebensgeschichte und die Lebensthemen der beteiligten Menschen über die Vermittlung des biblischen Amos-Textes mit deren Glaubensgeschichte zu verbinden. In diesem Prozess nimmt er seine eigene Glaubenserfahrung und seine gewachsenen Einsichten mit in die Spielleitung hinein. Damit weiß er nicht mehr als die anderen. Er muss nur wissen, dass er nicht neutral ist. Dabei steht er in einem riesigen Spannungsfeld: Anwalt der Menschen mit ihren persönlichen Lebens- und Glaubensthemen zu sein, Anwalt der Beziehungen zu sein, die im Spiel untereinander wachsen, sowie Anwalt des Textes zu sein. Dieses Spannungsfeld beinhaltet Risiken. Einerseits darf er es mit seinem kommunikativen Können wagen, andererseits erfordert es von ihm die Bereitschaft, sich korrigieren und ergänzen zu lassen von Spielenden und Kollegen. Ein Tanz aus Vorsicht und Ehrfurcht, Wagemut und Glaubensmut.

Es war mir eine Freude, mit dem Buch Amos in dieser Gruppe zu arbeiten, denn dieses Buch tiefer zu verstehen, war und ist ein Wunsch, der mich auch persönlich bewegt. Das Thema »Amos« war vom veranstaltenden Geistlichen Zentrum angefragt worden, gleichzeitig traf es auf Aspekte, die mich intensiv beschäftigten: Urteil, Reflexion des Lebens, Gerechtigkeit und Ungerechtigkeit, Opfer und Täter, Verantwortung, Feindschaft, Rache, Vergeltung Gottes und ihre Bedeutung für unser Leben. Wie ist das alles zu verstehen? Wie ist damit umzugehen?

Die ersten vier Kapitel des Buches Amos

Insgesamt haben wir für das Buch Amos ein Zeitfenster von Freitagabend bis Sonntagmittag zur Verfügung.

Am Freitagabend beginnen wir mit einer Übung, um anzukommen und alles vom Tag, der Arbeit, von zu Hause und der Familie loszulassen und zu spüren, was die Erwartungen an dieses Wochenende und den Propheten Amos sind. Zu spüren, was mich bremst, mich einzulassen, und was mir helfen kann, in Bewegung zu kommen. Das Aussprechen der Befindlichkeiten unterstützt dabei, sich bewusst zu werden, was die wichtigen Punkte sind, und für sich selbst Ansatzmöglichkeiten zu finden: volle Woche, sich beeilen, um pünktlich in Vallendar zu sein, Müdigkeit, familiäre Probleme, viel Sehnsucht nach geistlicher Einkehr, schnell in die Tiefe gehen in der Bibel und im eigenen Leben. Nur einige haben etwas von Amos gelesen, die meisten sind neugierig auf Bibliodrama und den Begleiter, viele haben gute Erfahrungen mit Bibliodrama und konnten sich offen einlassen auf das, was auf sie zukommen wird.

Und dann starten wir auch gleich in das Thema des Wochenendes mit einer Einführung in das Buch Amos. Ich erzähle: Amos ist der erste Prophet von den zwölf Kleinen Propheten. Er schreibt um das Jahr 760 vor Christus, in der Zeit von König Jerobeam. Das Buch ist mehrfach redigiert, auch noch lange nach dem Exil, daher enthält die Gerichtsdrohung – und nur die am Ende des Buches – auch gnädige Elemente. Aber sie enthält keine billige Gnade, das Paradies ist längst schon vorbei, obwohl es noch viele gibt, die immer noch vom Paradies träumen und Optimist bleiben wollen. Doch das gibt es bei Amos nicht. In den ersten beiden Kapiteln wird das Unrecht in allen Völkern außerhalb Israels geschildert, und am Ende gilt das alles genauso für Juda und für Israel. Amos wird Prophet, er muss das alles sagen – er, der Viehhalter und Maulbeerfeigenzüchter. Er gehört zu keiner Prophetenschule. In Kapitel 3 und 4 wird Israel angeklagt: In Israel und in Samaria wird den Armen Unrecht angetan. Und in Kapitel 4 wird deutlich gemacht, dass Umkehr nicht wirklich stattgefunden hat, wenn das Unrecht weitergeht und man gleichzeitig meint, Gottesdienst feiern und zu den Kultstätten gehen zu können. Gottesverehrung und Menschenwürde gehören zusammen. In Kapitel 5 geht es um die Totenklage, die Beugung des Rechts, den Tag des Herrn und den wahren Gottesdienst.

Die ersten vier Kapitel des Buchs Amos werden vorgelesen. Einfach, um in den Text und die Atmosphäre des Buches Amos hineinzufinden. So lernen die Teilnehmenden gleich zu Beginn, im Text zu wohnen, zu spüren, ob und wie sie Zugang haben zum Text und wie viel Bereitschaft vorhanden ist, den Propheten Amos kennenzulernen und ihn ernst zu nehmen. Jeder und jede wird eingeladen, eine Körperhaltung zu finden, die begünstigt, diesen Text so gut wie möglich zu hören und einzuatmen. Manche bleiben sitzen, anderen lehnen sich mit dem Rücken gegen eine Wand, wieder andere nehmen sich eine Decke und legen sich auf den Boden.

An dieser Stelle, liebe Leserinnen und Leser, lade ich Sie ein, diese vier Kapitel im Buch Amos jetzt selbst zu lesen.

Bibliolog mit Amos, Kapitel 5

Hinführung

Im biblischen Text gibt es schwarzes und weißes Feuer. Die Buchstaben sind das schwarze Feuer, zwischen den Zeilen ist das weiße Feuer. Beim weißen Feuer sind wir gerufen, mit unseren Gedanken und Gefühlen. Es ist möglich, sich auf verschiedene Arten am Bibliolog zu beteiligen. Etwas zu sagen, ist genauso wichtig, wie aufmerksam zuzuhören. Denn wer etwas sagt, ist angewiesen auf jemanden, der zuhört. Außerdem wird betont, dass es keinen falschen Beitrag gibt. Alles, was den Teilnehmenden durch den Kopf geht oder aus dem Herzen kommt, ist richtig und wichtig für alle. Auch Gegensätzliches und Widersprüchliches. Keiner allein kann das gesamte weiße Feuer entzünden. Es lodert aus den vielen verschiedenen Beiträgen. Wir machen jetzt einen Bibliolog zu Kapitel 5 des Buchs Amos. Ich lese einen Teil des Textes. Dann kommt eine Rolle, ich stelle dabei eine Frage. Jeder, der will, kann die Hand hochheben und mir damit ein Zeichen geben, dass er etwas sagen will. Ich komme dann zu ihm, stelle mich neben die Person und höre zu und gebe wieder, was ich gehört habe. Dann der Nächste. Wenn vier oder fünf Personen etwas gesagt haben, bedanke ich mich, gehe zurück zu meinem Platz und lese den Text weiter. Das mache ich mehrere Male. Zum Schluss lese ich den gesamten Text noch einmal vor.

Text und Rollen von Kapitel 5

¹ Hört dieses Wort, ihr vom Haus Israel, hört die Totenklage, die ich über euch anstimme: ² Gefallen ist sie und steht nicht mehr auf, die Jungfrau Israel; sie liegt zerschmettert am Boden in ihrem Land und niemand richtet sie auf. ³ Denn so spricht Gott, der Herr: In die Stadt, aus der tausend Männer auszogen, kehren nur hundert zurück, und wo hundert auszogen, kehren nur zehn zurück.

Du bist eine Israelitin, du hörst die Totenklage und den Bericht über die Vernichtung. Was geht in dir vor?

An dieser Stelle reagieren einige Menschen in ihrer Rolle. Ich danke ihnen für ihre Beiträge.

⁴ Ja, so spricht der Herr zum Haus Israel: Sucht mich, dann werdet ihr leben. ⁵ Doch sucht nicht Bet-El auf, geht nicht nach Gilgal, zieht nicht nach Beerscheba! Denn Gilgal droht die Verbannung und Bet-El der Untergang. ⁶ Sucht den Herrn, dann werdet ihr leben. Sonst dringt er in das Haus Josef ein wie ein Feuer, das frisst, und niemand löscht Bet-Els Brand. ⁷ Weh denen, die das Recht in bittern Wermut verwandeln und die Gerechtigkeit zu Boden schlagen. ⁸ Er hat das Siebengestirn und den Orion erschaffen; er verwandelt die Finsternis in den hellen Morgen, er verdunkelt den Tag zur Nacht, er ruft das Wasser des Meeres und gießt es aus über die Erde – Jahwe ist sein Name. ⁹ Plötzlich wird er den Starken vernichten und über die befestigten Städte bricht die Vernichtung herein. ¹⁰ Bei Gericht hassen sie den, der zur Gerechtigkeit mahnt, und wer Wahres redet, den verabscheuen sie. ¹¹ Weil ihr von den Hilflosen Pachtgeld annehmt und ihr Getreide mit Steuern belegt, darum baut ihr Häuser aus behauenen Steinen – und wohnt nicht darin, legt ihr euch prächtige Weinberge an – und werdet den Wein nicht trinken. ¹² Denn ich kenne eure vielen Vergehen und eure zahlreichen Sünden. Ihr bringt den Unschuldigen in Not, ihr lasst euch bestechen und weist den Armen ab bei Gericht. ¹³ Darum schweigt in dieser Zeit, wer klug ist; denn es ist eine böse Zeit.

Nochmal bist du Israelitin. Kannst du das hören? Was denkst du? Was spürst du?
An dieser Stelle reagieren einige Menschen in ihrer Rolle. Ich danke ihnen für ihre Beiträge.

¹⁴ Sucht das Gute, nicht das Böse; dann werdet ihr leben und dann wird, wie ihr sagt, der Herr, der Gott der Heere, bei euch sein. ¹⁵ Hasst das Böse, liebt das Gute und bringt bei Gericht das Recht zur Geltung! Vielleicht ist der Herr, der Gott der Heere, dem Rest Josefs dann gnädig. ¹⁶ Darum – so spricht der Herr, der Gott der Heere: Auf allen Plätzen herrscht Trauer und auf allen Gassen schreit man: Wehe! Wehe! Den Ackerknecht holt man zur Totenklage, den Kenner der Totenlieder ruft man zum Klagen. ¹⁷ In allen Weinbergen herrscht Trauer; denn ich schreite durch deine Mitte, spricht der Herr. ¹⁸ Weh denen, die den Tag des Herrn herbeisehnen. Was nützt euch denn der Tag des Herrn? Finsternis ist er, nicht Licht. ¹⁹ Es ist, wie wenn jemand einem Löwen entflieht und ihn dann ein Bär überfällt; kommt er nach Hause und stützt sich mit der Hand auf die Mauer, dann beißt ihn eine Schlange. ²⁰ Ja, Finsternis ist der Tag des Herrn, nicht Licht, ohne Helligkeit ist er und dunkel.

Du bist der Prophet, der das alles sagt. Wie ist das für dich, Viehhalter und Maulbeerfeigenzüchter?
An dieser Stelle reagieren einige Menschen in ihrer Rolle. Ich danke ihnen für ihre Beiträge.

²¹ Ich hasse eure Feste, ich verabscheue sie und kann eure Feiern nicht riechen. ²² Wenn ihr mir Brandopfer darbringt, ich habe keinen Gefallen an euren Gaben und eure fetten Heilsopfer will ich nicht sehen. ²³ Weg mit dem Lärm deiner Lieder! Dein Harfenspiel will ich nicht hören, ²⁴ sondern das Recht ströme wie Wasser, die Gerechtigkeit wie ein nie versiegender Bach. ²⁵ Habt ihr mir etwa Schlachtopfer und Gaben dargebracht während der vierzig Jahre in der Wüste, ihr vom Haus Israel? ²⁶ Ihr werdet (den Gott) Sakkut als euren König vor euch hertragen müssen und den Kewan, euren Sterngott, eure Götter, die ihr euch selber gemacht habt. ²⁷ Ich will euch in die Gebiete jenseits von Damaskus verbannen, spricht der Herr; Gott der Heere ist sein Name.

Jetzt bist du Adonai. Wie ist es für dich, das alles zu sagen und deinem Propheten in den Mund zu legen?
An dieser Stelle reagieren einige Menschen in ihrer Rolle. Ich danke ihnen für ihre Beiträge.

Nach einigen Minuten Stille sage ich über ihre Rollen: Ich entlasse sie jetzt wieder in das Buch, die Bibel, aus der sie zu uns gekommen sind. Wir kehren zurück in unsere Zeit, an unseren Ort, in unsere Gruppe, die sich heute Abend hier getroffen hat. Ich lese uns den gesamten Text nochmal vor.[4]

Stimmen während des Bibliologs und Wahrnehmungen des Leiters

Ich habe vier Rollen gewählt: zweimal Israelitin, einmal Prophet und einmal Adonai. Nach langer Stille und gefühltem Zögern, melden sich bei der erste Rolle fünf bis sechs Personen aus Israel/Juda. »Amos macht mir Angst.« »Das ist schrecklich, was er alles sagt, unmöglich.« »Das ist nicht mein Prophet.« »So ist Gott nicht. Gott ist ein barmherziger Gott.« »Das ist typisch Altes Testament.« Die zweiten Rollen bestätigen die Aussagen nach der ersten Unterbrechung des Textes. Bei der dritten Unterbrechung, bei der Rolle des Propheten, kommen drei Personen zu Wort: Sie haben ganz vorsichtig einige seiner Worte in den Mund genommen, mit Zögern, mit Widerstand, mit Ringen um diesen Gott, mit beginnender Anerkennung, dass von Gott aus einiges daran ist, aber doch... Ganz langsam merkte ich, dass sie – wenn auch zögernd – etwas von der Verantwortung übernehmen für die Worte des Amos und dem Raum geben. In der vierten Rolle, die von Adonai, kommen zwei Menschen zu Wort. »Ich kann mit diesem Volk so nicht weitermachen, es herrscht so viel Ungerechtigkeit unter den Menschen.« »Ja, wenn es so um mein Volk bestellt ist, warum habe ich es aus Ägypten geführt? Sie haben doch alles vergessen.«

Ich schließe den Abend ab mit der Bemerkung, dass wir Samstagmorgen Kapitel 6 lesen und danach Kapitel 7 und dass wir dieses Kapitel auch spielen werden.

Die Schwere ist spürbar. Ich sehe die Teilnehmenden weggehen, still, bedrückt, nachdenklich. Ich habe das Gefühl, dass einerseits Menschen darum ringen, mit dem Text etwas für sich anfangen zu können – andererseits, dass einige denken: »Bin ich dafür hierhergekommen?« Eine Person ergänzt später: »Ich war erschlagen durch die Wucht und die Klarheit des Textes und seiner Bilder. Ich war einfach erschlagen, am Abend diesen Text auf mich wirken zu lassen mit seinen wuchtigen Bildern und der Konfrontation mit der Wahrnehmung des Amos (und Adonais).«

Einführung in Amos, Kapitel 6

Wir teilen die ersten Befindlichkeiten nach dem gemeinsamen Abend mit Amos. Einerseits sind erst wenige Worte verfügbar, um erste Eindrücke zu formulieren, andererseits werden die Bereitschaft und das Bedürfnis ausgesprochen, jetzt zum Spielen zu kommen.

Wir lesen Kapitel 6. Ich hatte in der Vorbereitung diesbezüglich gezögert, weil ich den ganzen Zeitraum für das Spiel mit Kapitel 7 haben wollte. Aber ich wollte auch der Gruppe die Begegnung mit dem ganzen Amos und seinem ganzen Prophetenbuch ermöglichen. So entschied ich, trotz der knappen Zeit, Kapitel 6 zu lesen.

Ich lade auch Sie ein, liebe Leserinnen und Leser, jetzt das Kapitel 6 zu lesen.

Erstes Bibliodrama-Spiel zu Amos, Kapitel 7

Meine Motivation, Kapitel 7, 8 und 9 zu spielen, ist ganz einfach. Wir hatten insgesamt lediglich Zeit für drei Spiele. In den letzten drei Kapiteln schildert Amos seine Visionen. Diese Visionen sind sehr persönlich für ihn. Visionen sind etwas anderes, als Dinge nur zu hören – Sch'ma Israel –, und diese Visionen mit ihren eigenen Metaphern und Bildern verstärken und vertiefen alles, was bisher in den ersten sechs Kapiteln gesagt worden ist. Die Entscheidung, uns trotz der zeitlichen Begrenzung eines Wochenendes mit dem ganzen Text zu konfrontieren, hat geholfen, für das Spiel die letzten drei Kapitel auszuwählen.

Die verschiedenen Schritte, die Grundlage eines jeden Bibliodramas sind, werden im Folgenden mit Buchstaben gekennzeichnet.

A Text lesen

¹ Dies zeigte mir Gott, der Herr, in einer Vision: Er ließ Heuschrecken entstehen, als gerade die Frühjahrssaat zu wachsen begann [die Frühjahrssaat folgt auf den Schnitt für den König]. ² Sie machten sich daran, alles Grün im Land zu vertilgen. Da rief ich: Gott, mein Herr, vergib doch! Was soll denn aus Jakob werden? Er ist ja so klein. ³ Da reute es den Herrn und er sagte: Es soll nicht geschehen. ⁴ Dies zeigte mir Gott, der Herr, in einer Vision: Gott, der Herr, rief zur Strafe das Feuer herbei und das Feuer fraß die große Flut und wollte schon das Land Jakobs verschlingen. ⁵ Da rief ich: Gott, mein Herr, halte doch ein! Was soll denn aus Jakob werden? Er ist ja so klein. ⁶ Da reute es den Herrn und er sagte: Auch das soll nicht geschehen. ⁷ Dies zeigte mir Gott, der Herr, in einer Vision: Er stand auf einer Mauer und hatte ein Senkblei in der Hand. ⁸ Und der Herr fragte mich: Was siehst du, Amos? Ich antwortete: Ein Senkblei. Da sagte der Herr: Sieh her, mit dem Senkblei prüfe ich mein Volk Israel. Ich verschone es nicht noch einmal. ⁹ Isaaks Kulthöhen werden verwüstet und Israels Heiligtümer zerstört; mit dem Schwert in der Hand erhebe ich mich gegen das Haus Jerobeam. ¹⁰ Amasja, der Priester von Bet-El, ließ Jerobeam, dem König von Israel, melden: Mitten im Haus Israel ruft Amos zum Aufruhr gegen dich auf; seine Worte sind unerträglich für das Land. ¹¹ Denn so sagt Amos: Jerobeam stirbt durch das Schwert und Israel muss sein Land verlassen und in die Verbannung ziehen. ¹² Zu Amos aber sagte Amasja: Geh, Seher, flüchte ins Land Juda! Iss dort dein Brot und tritt dort als Prophet auf! ¹³ In Bet-El darfst du nicht mehr als Prophet reden; denn das hier ist ein Heiligtum des Königs und ein Reichstempel. ¹⁴ Amos antwortete Amasja: Ich bin kein Prophet und kein Prophetenschüler, sondern ich bin ein Viehzüchter und ich ziehe Maulbeerfeigen. ¹⁵ Aber der Herr hat mich von meiner Herde weggeholt und zu mir gesagt: Geh und rede als Prophet zu meinem Volk Israel! ¹⁶ Darum höre jetzt das Wort des Herrn! Du sagst: Tritt nicht als Prophet gegen Israel auf und prophezei nicht gegen das Haus Isaak! ¹⁷ Darum – so spricht der Herr: Deine Frau wird in der Stadt als Dirne leben, deine Söhne und Töchter fallen unter dem Schwert, dein Ackerland wird mit der Messschnur verteilt, du selbst aber stirbst in einem unreinen Land und Israel muss sein Land verlassen und in die Verbannung ziehen.

Wir lesen den Text zweimal. Die ersten Schritte sind immer wichtig, um einander zu helfen, so gut wie möglich im Text voranzukommen.

B Rollen sammeln

Welche Rollen hast du gehört? Wie, wer, was spielt eine Rolle in diesem Text? Personen, Orte, Regionen, Wege, wichtige Worte können genannt werden, sodass wir gemeinsam schon mehr Beziehung zum Text bekommen und lernen, in diesem Text zu wohnen. So fängt es an, dass ein Text von einem fremden zu einem bewohnten Text wird, ganz langsam.

C Gespräch über den Text: Austausch von persönlichen Erfahrungen mit dem Text

Was ist dir aufgefallen beim Hören des Textes? Wo bist du hängengeblieben im Text? Was berührt dich, was bleibt dir fremd? Es geht nicht um Diskussion, nicht um richtig oder falsch, nicht um Bewerten, sondern darum, einander Anteil nehmen zu lassen an dem, was mich an diesem Text bewegt.

Die Entscheidung, einen Artikel zu schreiben, fiel nach dem Wochenende. Ich merkte, dass ich mir eine Woche nach dem Wochenende sehr viel aufschreiben konnte zu den Spielen selbst und den Nachgesprächen, weniger aber zu den Gesprächen über den Text. Aus Erfahrung weiß ich, dass dieser Austausch wichtig ist und dazu beiträgt, besser in den Text hineinzukommen. Da finden viele Ergänzungen statt, da werden viele Perspektiven genannt. Das alles hilft, deutlich zu machen, welcher Aspekt im Text mich am meisten beschäftigt. Und: wie hilfreich, wichtig und notwendig es ist, Bibel in Ecclesia zu lesen, in Gruppen. Auch kann von allen drei Gesprächen gesagt werden, dass hier Akzente gesetzt wurden, die im Spiel aufgegriffen wurden.

Eine Teilnehmerin zum Beispiel ergänzte im Rückblick zum Bild des Senkbleis: »Es wurde deutlich, dass viele sehr mit dem Text ringen. Ringen mit dem Bild von einem Gott, den es nicht mehr reuen wird und der sein Volk nicht mehr verschonen will, sondern der deutlich macht, dass es schlimme Konsequenzen hat, wenn alles in Schieflage gerät.«

D Nochmal den Text lesen

Den Text noch einmal zu hören, hilft, immer besser im Text zu wohnen. Der Text ist unser Gegenüber. Und der Text ist voll von Rollen, ein wahres Rollenangebot.

E Raumeinteilung

Dadurch wird dieser Text im Hier und Jetzt in diesem Raum präsent.

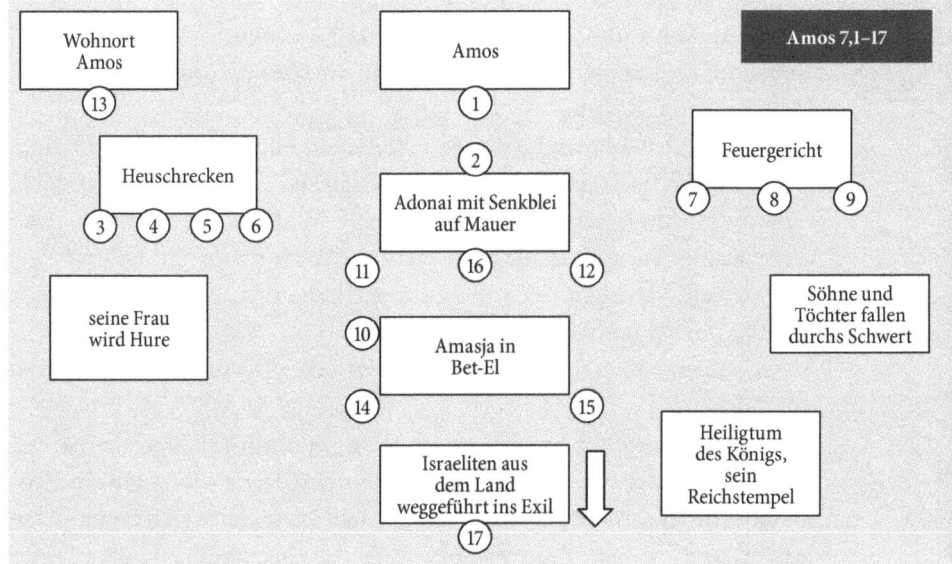

F Rolle wählen und einen Platz in dieser Raumeinteilung suchen

Wer eine neue Rolle (auf sich) nimmt, gibt sich selbst die Chance, neue Erfahrungen zu machen. Gefragt ist, möglichst eine Rolle zu wählen, zu der man selbst eine Affinität hat und in der man etwas Neues ausprobieren möchte – zum Beispiel, nicht immer nur die Opferrolle zu wählen, sondern auch einmal in die Täterrolle zu schlüpfen.

G Erste Rollenrunde

1. Die Fragen
Jede/r wird gefragt: Wer bist du? Was bedeutet das jetzt für dich, an diesem Ort zu sein? Was suchst du hier, wo stehst du genau?

Der Bibliodrama-Leiter macht eine erste Runde und befragt jede/n. Das bedeutet, dass jede/r zu Wort kommt, sich äußern kann und dass jede/r die anderen hört. Auch wenn im Spiel nicht alle zu Wort kommen.

2. Erste Wahrnehmungen zur Rollenrunde
Zwischen *Amos* und *Adonai* stehen zwei Personen. Die eine mehr bei *Amos*, die andere mehr bei *Adonai mit Senkblei* (1 und 2): Sie ringen noch mit ihren Rollen.

Bei *Heuschrecken* und *Feuergericht* stehen einige Menschen (3, 4, 5, 6, 7, 8, 9), die nach Adonai schauen: neugierig, verlangend, gebrochen, verwundet durch seinen Zorn und seine Wut, seinen Wunsch nach Vernichtung. Sie spüren, dass vieles in der Welt ungerecht ist und dass dem Gericht vielleicht doch nicht zu entfliehen ist, auch wenn sie sich selbst kaum als schuldig erachten.

Bei *Amasja* steht ein Priestersohn, der den Prophet herausfordern will (10).

Bei *Adonai* stehen noch zwei Spieler (11 und 12): ein ehemaliger Priester, der nicht mehr dem Reichstempel dienen will, und ein Prophetensohn, der nicht mehr im Tempel sein kann, aber sich bewusst ist, dass er noch immer Teil dieses Systems ist. Er erkennt, dass es Dinge gibt, über die Gott nicht verhandelt.

Am *Wohnort des Amos* ist eine Person (13), die die Stimme Gottes noch nicht gehört hat – und eigentlich nicht hören will.

Bei *Amasja* stehen zwei Personen (14 und 15), Priester von Bet-El, die herausfinden wollen, inwieweit das alles, was Amos vorbringt, gerecht oder ungerecht ist. Sie stehen noch immer mehr an der Seite von König Jerobeam, seinem Heiligtum und seinem Königreich. So war es, so ist es, so soll es bleiben mit dem Gottesdienst, so wie die Tradition und alten Gewohnheiten es für richtig halten.

Es gibt auch eine *Tochter des Priesters* in der Nähe von Adonai (16), die betroffen ist von Amos, aber auch noch sehr an der Tradition hängt.

Bei den *Söhnen und Töchtern, die durch das Schwert fallen*, steht niemand.

Bei der *Frau von Amasja*, die zur Hure wird, steht ebenfalls niemand.

Eine Frau (17) steht, als sie aus Israel weggeführt wird, im *Exil*.

3. Die Rolle/Aufgabe des Spielleiters

Der Spielleiter hat eine besondere Rolle/Aufgabe: Er ist Seelsorger, sie ist Seelsorgerin. Ich liebe diese Rolle. In dieser Rolle bin ich Anwalt des Textes, ich stehe sehr an der Seite von Amos und Adonai. Und ich bin auch Anwalt jeder Frau, jedes Mannes im Raum. Sie dürfen von mir erwarten, dass ich höre, sehe, fühle, rieche, schmecke und das, was ich wahrnehme, gut aufnehme, wiederhole und zurückgebe. Präsenz, Kommunikation und Kontakt sind gefragt.

Außerdem bin ich mir sehr bewusst, dass ich diese Texte, die mit Gericht, mit Urteil und mit Vernichtung zu tun haben, jetzt besser denn je in meinem Leben, lesen, hören und verstehen kann. Dabei finde ich, dass Gericht und Urteil zur Qualität eines erwachsenen Lebens und Glaubens unbedingt dazugehören. Ein Leben ohne (Be-)Urteilen ist langweilig und ungerecht.

Seit ich zum ersten Mal in Israel gewesen bin, fasziniert mich das Goldene Tor in Jerusalem, das sich in der Stadtmauer gegenüber des Ölbergs befindet. Hier soll sich nach biblischer Tradition das letzte Gericht ereignen. Die beiden Torbögen stehen auf der einen Seite für Gerechtigkeit, auf der anderen für Barmherzigkeit. Für mich bieten Gericht und Urteil, über welche die Heilige Schrift spricht – und in dieser Tradition steht Jesus – die umfassende Möglichkeit, wie Opfer und Täter zur ihrer Realität und Wahrheit kommen. Die Opfer bekommen vor Adonai die Möglichkeit, endlich zu sagen, wie ihr Leiden aussieht und was die Täter ihnen angetan haben. Die Täter haben die letzte Möglichkeit zu hören, was sie angerichtet haben und welche Auswirkungen das im Leben der anderen gehabt hat. Täter können entdecken, wo sie selbst Opfer, und Opfer können entdecken, wo sie selbst Täter waren. Vielleicht können sie einander dann endlich in die Augen schauen, und das Wunder der Veränderung, der Wandlung ist möglich. Ich erinnere mich hier an eine Aussage, die ich bei Ottmar Fuchs gelesen habe: »Du (Jesus, Adonai) bist uns – darum – die Auferstehung schuldig.«

Ich glaube, dass ich als Seelsorger immer mehr nach dem eucharistischen Grundgesetz des Christentums lebe: Nur was auf den Tisch kommt, kann verwandelt werden. Gelingt es mir und uns, diese Texte, und was sie sagen und bewirken möchten, wirklich auf den Tisch zu bringen? Dabei stellt sich die Frage, wann ist die Endzeit? Wann ist das Gericht? Schlussendlich wissen wir weder den Tag noch die Stunde. Zugleich ist es meine Erfahrung und meine tiefste Überzeugung, dass Gericht und Urteil auch jetzt schon stattfinden, wenn wir uns aufrichtig und mutig mit diesen biblischen Texten beschäftigen. Adonai ist präsent, Amos ist präsent, Israeliten, Priester von Bet-El, sie alle sind schon jetzt präsent, wenn wir uns auf sie einlassen. Und da, wo wir anfangen, uns zu bewegen, zu handeln, zu reden, fängt die Verbindung zwischen der Rolle, die ich gewählt habe, und meinem eigenen Leben an zu vibrieren.

H Spiel

1. Vereinbarungen

Beim Spiel sind zwei Vereinbarungen wichtig. Du bist frei in deinem Handeln, in deinem Sprechen, in deinem Tun. Du bist frei, dich zu bewegen. Der Vereinbarung, dass du eine Rolle übernimmst und öffentlich sagst, wer du bist, bist du ja schon nachgekommen. Jetzt sagst und teilst du, was du sagen und teilen willst. Jetzt schweigst du, wenn du schweigen willst.

Der Spielleiter begegnet dir und deinen Erfahrungen mit Respekt und Ehrfurcht. Er ist aber auch lästig, denn er versucht, dich zu locken, an die Grenze zu gehen, dein Maß zu finden, wie weit du gehen möchtest beim Erleben neuer Erfahrungen. Meine Erfahrung bestätigt immer wieder, dass wir zu oft hinter unseren Möglichkeiten zurückbleiben. Der Spielleiter lockt, du entscheidest! Jedes Mal fragt er nach, ob du etwas willst oder nicht. Und du darfst in Bewegung kommen, wenn du innerlich Bewegung spürst. Es ist schon eine Kunst zu spüren, was innerlich in dir abläuft, und dann, wenn du eigentlich in Bewegung kommen willst im Spielraum, mutig zu sein und nicht höflich zu bleiben, sondern dir selbst zu trauen und deinem Inneren zu folgen und auf andere zuzugehen – das gilt für alle Teilnehmenden!

Ein letzter Hinweis kommt mir hier noch in den Sinn. Unsere Gruppe war groß: zusammen 18 Personen. Alle Teilnehmenden haben die Möglichkeit, sich zu melden. Zuerst im Gespräch über den Text; in der Rollenrunde wird jeder gefragt und kommt jeder, so oft er will, zu Wort, um seine Rolle zu klären. Im Spiel kommen nicht immer alle zu Wort. Die Spielleitung kann und muss in meinen Augen so viele Menschen wie möglich ins Spiel einbeziehen. Zugleich muss sie spüren, wer viel Energie und Spiellust hat, wer weniger, und merken, wo Vertiefung möglich ist, und da weiter anknüpfen. Es geht darum, Raum zu schaffen, dass die Spielenden miteinander in Kontakt kommen. Und jeder kann sich aus eigener Kraft und aus eigener Motivation bewegen. Die eine ist da mutiger, der andere zurückhaltender. Und da, wo die Teilnehmenden mehr Spielerfahrung haben, kann der Spielleiter stärker darauf vertrauen, dass alle selbst die Initiative ergreifen. Es – der Geist? – wirkt in allen, ob sprechend, ob schweigend.

2. *Wahrnehmungen des Spielleiters und Entwicklungen beim Spiel*

In der ersten Rollenrunde und im Spiel wurde deutlich, dass es für die meisten der Mitspielenden nur ein Tor geben darf: das Tor der Barmherzigkeit. Gott ist barmherzig, und darum können die Aussagen von Amos nicht wirklich ernst gemeint sein. So schlimm ist es nicht, so ungerecht sind wir doch nicht. Alles wird in Stellung gebracht, um Amos zur Seite zu schieben und zu postulieren, dass Amos den falschen Gott repräsentiert und dass seine Angst einjagenden Worte und Bilder einen alten, drohenden Angstgott präsentieren, mit dem viele der Mitspielenden groß geworden sind und von dem man endlich erlöst sein will. Der Glauben an den barmherzigen Gott ist dazu äußerst wichtig und hilfreich.

Ich spüre am Anfang überwiegend Widerstände gegen den Gott und auch Ringen mit dem Gott, den Amos uns vor Augen führt, so wie ich es bereits im Gespräch über den Text gespürt hatte. Dem allen gebe ich Raum. Nur ab und zu frage ich nach, ob und wie Adonai mit seinem

Senkblei in dem ganzen Geschehen noch eine Rolle spielt. Darauf erhalte ich vorläufig nur wenige Antworten. Im Spiel bemerke ich, dass Amos, der zaghaft anfängt, sich wirklich zum Propheten entwickelt und dann immer deutlicher sagt, dass er die Worte von Adonai gehört hat und diese einfach sagen, verkünden, weitergeben muss. Eine Frau bei den Heuschrecken erstaunt mich und berührt mich: Sie steht da als Frau mit viel Schmerz. Sie fühlt immer deutlicher die Wahrheit, dass es um Recht und Gerechtigkeit schlecht bestellt ist und dass sie selbst darin verstrickt ist. Sie hält ihre Arme so, als ob sie ein Kind wiegen würde. Ich frage: »Was trägst du da?« »Ich trage meinen Schmerz.« »Du trägst deinen Schmerz: Selbsttragend bist du also. Spüre ich richtig, dass du Verantwortung übernimmst für das, was Amos dir sagt?« Sie sagt: »Ich merke immer mehr, dass er mich mit seinem Wort nicht so sehr bedroht, als dass er die Realität ins Wort bringt, dass unsere Welt so ist. Das spür ich immer mehr und es schmerzt mich.« »Hast du Verbindung mit Adonai in deinem Schmerz?« »Ich weiß es noch nicht genau, aber ich stehe ganz und gar auf Ihn gerichtet, da in der Mitte, und ich lass mich anschauen und ich schau Ihn an. Es ist mir jetzt genug, dass Adonai so deutlich in der Mitte seinen Platz hat.«

Und ein Priester von Bet-El (14) meldet sich: Er klagt Amos an und sagt, dass er hier nichts zu schaffen habe. Hier sei das Königreich von Jerobeam und dessen Heiligtum. Es ist interessant festzustellen, wie sich diese Aussage auf einen der Amose auswirkt, nämlich sich nicht von seinem Platz und von seinem Auftrag verdrängen zu lassen. »Du musst nicht denken, dass ich mich mundtot machen lasse. Ich höre und verstehe die Worte Adonais immer deutlicher, und in mir wächst zunehmend der Mut zu sagen, dass es nicht um das Heiligtum des Königs geht. Die eigentliche Frage ist: Wo bleibt das Heiligtum von Adonai und was ist damit, dass er gesucht wird? Ich spüre von dieser Suche bei euch, Priesterdiener von Jerobeam, nichts und bei den Frauen und Männern von Israel ist davon auch kaum etwas spürbar.«

Da kommt ein anderer Priester von Bet-El (15): »Mir wird meine Situation bewusst. Eigentlich weiß ich schon lange, dass die Situation hier in Bet-El verlogen und hohl ist. Auch ich selbst bin zu sehr in diesen alten Strukturen von Religion und Gottesdienst gefangen gewesen. Das Eigentliche, worum es geht, blieb im Hintergrund oder war ganz in Vergessenheit geraten. Es geht hier gar nicht mehr um Adonai. Und ich hatte auch die Neigung, die Wahrheit, die Amos uns bringt, zu verdrängen. Aber er bringt auf den Tisch, dass wir mehr mit unseren Kulthandlungen beschäftigt sind als mit Adonai selbst und so vor aller Ungerechtigkeit, die Amos beim Namen nennt, unsere Augen verschließen. Ich muss hier weg, in die Richtung von Adonai, aber das wage ich noch nicht, ich kann da noch nicht stehen, ich fühle mich zu schmutzig.«

Auch der Wunsch nach einem Gott, der uns Menschen schont, wird im Spiel sichtbar. Einer sagt: »Mir wird deutlich, dass da in der Mitte, wo Adonai ist und wo auch Amos zu finden ist, dieser Gott nicht verhandelt.« Viele Spieler meiden den Ort des Senkbleis, weil dort der Ort ist, wo Gott nicht verhandelt.

Die Frau, die schon beim Exil stand, meldet sich. »Ich habe euch gehört und ich spüre immer mehr, dass ich hier im Exil auf der Flucht bin. Wenn ihr so weitermacht, werdet ihr alle umkommen, denn so ist keine Rettung möglich. Ihr werdet getötet oder ihr werdet, so wie ich, weggeführt ins Exil. Ich spüre, was los ist: Amos hat Recht, wenn er sagt, dass wir ungerecht handeln, korrupt sind, andere Menschen unterdrücken und weder mit Adonai leben noch wirklich nach ihm suchen. Jetzt, wenn ich euch höre und sehe, weiß ich, dass auch ich meine eigentliche Beziehung zu Adonai verloren hatte.«

I Pause

J Nachgespräch

Im Nachgespräch, in der Spielauswertung werden zwei Fragen gestellt:
1. Was hast du in deiner Rolle erfahren?
2. Was hast du dabei entdeckt – was an Leben und was an nichtgelebtem Leben, was an Glauben und was an Unglauben?

Alle, die wollen, können sich äußern. Die meisten tun das auch.

Mehrere Menschen sind still geblieben im Spiel und haben sich zurückgehalten. Manche haben die Wahrheit der klaren Aussagen gespürt, die Amos im Namen von Adonai vertreten hat. Andere haben noch immer viel Widerstand, bleiben zurückhaltend. Zwei Menschen wiederholen, was sie bereits im Spiel gesagt haben: »Es stimmt nicht, Gott ist barmherzig!«

Eine Frau hat schon so viele Brüche in ihrem Leben erfahren, dass sie froh ist, in der Nähe von Adonai stehen zu können und zu sagen: »Es ist wahr, was Amos sagt. Zugleich weiß ich mich geliebt von Adonai und bleibe einfach in seiner Nähe stehen.«

Viele nähern sich Amos, aber spüren ihren Schmerz, andere spüren Traurigkeit, wieder andere Ohnmacht. Und Wut.

Nach Abschluss dieses Spiels kommt eine Frau auf mich zu und sagt, dass sie nur noch Wut spürt auf Adonai, dabei eigentlich auf ihren Vater, der sie in ihrer Jugend brutal verprügelt hat. Sie erlebt in diesem Spiel, dass Zorn und Wut Äußerungen von Beziehung und Liebe sein können: Sie hatte getanzt auf dem Grab ihres Vaters, als er endlich gestorben war. In ihrer Gemeinde hört sie immer nur: Vergiss deine Wut, du musst vergeben, vergeben, vergeben. Ich habe sie im Nachgespräch schweigend und dennoch unruhig und wütend erlebt und ermutige sie, ihre Wut in das nächste Spiel einzubringen. Vor mir kann sie ihrer Wut trauen und diese einbringen, sodass sie entdecken kann, dass die Wut gegenüber ihrem Vater eine andere Bedeutung hat als bei Adonai im Buch Amos. Sie kann es kaum glauben, dass ihre Wut existieren darf.

K Nochmal den Text lesen

Zum Schluss lesen wir noch einmal den gesamten Text von Kapitel 7: Der Text hat das letzte Wort.

Zweites Bibliodrama-Spiel zu Amos, Kapitel 8

Text

[1] Dies zeigte mir Gott, der Herr, in einer Vision: Ich sah einen Korb mit reifem Obst. [2] Er fragte: Was siehst du, Amos? Ich antwortete: Einen Korb mit reifem Obst. Da sagte der Herr zu mir: Mein Volk Israel ist reif für das Ende. Ich verschone es nicht noch einmal. [3] An jenem Tag

werden die Sängerinnen des Palastes Klagelieder singen – Spruch des Herrn. Alles ist voller Leichen, überall wirft man sie hin. Still! [4]Hört dieses Wort, die ihr die Schwachen verfolgt und die Armen im Land unterdrückt. [5]Ihr sagt: Wann ist das Neumondfest vorbei? Wir wollen Getreide verkaufen. Und wann ist der Sabbat vorbei? Wir wollen den Kornspeicher öffnen, das Maß kleiner und den Preis größer machen und die Gewichte fälschen. [6]Wir wollen mit Geld die Hilflosen kaufen, für ein paar Sandalen die Armen. Sogar den Abfall des Getreides machen wir zu Geld. [7]Beim Stolz Jakobs hat der Herr geschworen: Keine ihrer Taten werde ich jemals vergessen. [8]Sollte deshalb die Erde nicht beben, sollten nicht alle ihre Bewohner voll Trauer sein? Sollte nicht die ganze Erde sich heben wie der Nil: [aufgewühlt sein] und sich wieder senken wie der Strom von Ägypten? [9]An jenem Tag – Spruch Gottes, des Herrn – lasse ich am Mittag die Sonne untergehen und breite am helllichten Tag über die Erde Finsternis aus. [10]Ich verwandle eure Feste in Trauer und all eure Lieder in Totenklage. Ich lege allen ein Trauergewand um und schere alle Köpfe kahl. Ich bringe Trauer über das Land wie die Trauer um den einzigen Sohn und das Ende wird sein wie der bittere Tag (des Todes). [11]Seht, es kommen Tage – Spruch Gottes, des Herrn –, da schicke ich den Hunger ins Land, nicht den Hunger nach Brot, nicht Durst nach Wasser, sondern nach einem Wort des Herrn. [12]Dann wanken die Menschen von Meer zu Meer, sie ziehen von Norden nach Osten, um das Wort des Herrn zu suchen; doch sie finden es nicht. [13]An jenem Tag werden die schönen jungen Mädchen und die jungen Männer ohnmächtig vor Durst, [14]alle, die beim Götzenbild von Samaria schwören und sagen: So wahr dein Gott lebt, Dan, so wahr dein Geliebter lebt, Beerscheba! Sie werden zu Boden stürzen und sich nicht mehr erheben.

Raumeinteilung

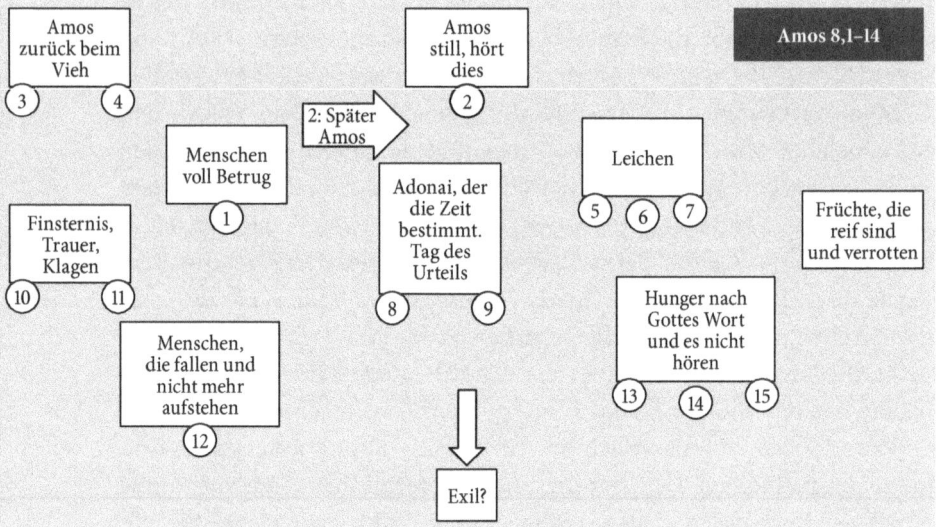

Spiel und Wahrnehmungen des Spielleiters und Entwicklungen im Spiel

Bei *Menschen voll Betrug* stehen einige (1 und 2). Sie haben das Bewusstsein, Teil des Systems zu sein, selbst mitzumachen, schmutzige Hände zu haben. Einige Amose stehen da (3 und 4), die zurückgegangen sind zu ihrem Vieh. Sie sehen nicht ein, dass sie die Botschaft Gottes in dieser Heftigkeit weitergeben müssen. Auf Nachfrage sagen sie auch ehrlich, dass sie kaum Beziehung zu Adonai haben. Andere stehen bei *Leichen* (5, 6, 7). Sie haben verstanden, dass Amos ziemlich genau sagt, worum es geht. Korruption, Macht, Unterdrückung, Menschenverachtung, Falschheit, Ausbeutung, Lieblosigkeit... »Eigentlich wissen wir, was los ist mit uns und unserer Zeit«, sagen schon einige. »Die alte Zeit, der alte Äon ist vorbei.«

Ich bin mir in meiner Rolle als Spielleiter bewusst, dass ich – verstärkt durch die Erfahrungen und Entwicklungen des zurückliegenden Spiels – häufiger als beim Spiel am Morgen sowohl in der Rollenrunde als auch im Spiel frage: »Hast du Verbindung mit Adonai? Spielt er eine Rolle in deinem Leben?«

Da stehen Menschen bei Adonai (8 und 9): ein ehemaliger Priester aus Bet-El, er hat Abschied genommen von Amasja und Jerobeam; denn dort ist nicht zu finden, worum es im Leben und Glauben wirklich geht. Dort werden fromme Sprüche im Namen von Adonai gemacht, aber Macht und Korruption spielen die Hauptrolle, das Festhalten an der eigenen Macht und dem eigenen Gewinn, an alten Traditionen. Ehrliche Kommunikation findet hier nicht statt. Und Adonai? Noch immer sind das Heiligtum des Königs und sein Königreich wichtiger. Da stehen Frauen und Männer bei *Finsternis, Trauer, Klagen* (10, 11). Adonai sendet Finsternis. Sie spüren und sagen es auch, dass es im Kern die eigene Finsternis ist. Und nehmen wahr, wie wenig sie in Kontakt mit Adonai sind. Die Situation ist traurig, Widerstand gegen Amos ist noch immer da, aber sie wissen auch nicht, wie sie anders handeln könnten. Finsternis herrscht.

Auch bei *Menschen, die fallen und nicht mehr aufstehen,* steht noch eine Person (12): Es ist Amos! Ich frage: »Wie kommst du hierher?« Amos antwortet: »Ich wollte spüren, wie es hier ist.« Ich frage: »Und, wie ist es hier?« Antwort Amos: »Nein, hier muss ich nicht sein, ich gehe zurück an meinen Platz als Amos.« Aber da angekommen, kann er auch nicht aufrecht stehen. »Ich kann nichts mehr.« Ich sage: »Doch, du kannst zurück nach Hause, wieder Züchter werden von Maulbeerfeigenbäumen.« Amos: »Ja, das stimmt.« Und weg ist er. Ich sage: »Und Adonai, hast du ihn gesucht?« »Nein«, (nach langem Zögern:) »kaum.«

Plötzlich erklingt eine Stimme aus der Ecke *Menschen voll Betrug* (2). »Ich weiß jetzt, dass Amos recht hat mit seinen Visionen. Ich werde mir ganz bewusst, dass wir verstrickt sind in unserem Leben, in Systeme, Strukturen. Wir sitzen mitten in der Bredouille. Wir können uns selbst nicht retten, uns gelingt es nicht, diese Welt zu ändern. Jetzt verstehe ich Amos, nur Adonai kann das. Auch ich gehöre zu den Menschen, die gerne selbst alles regeln. Ich gehe zu Amos und mit ihm zu Adonai. Ich muss und will es bei Ihm suchen. Ich will nicht länger nur sagen, dass ich Adonai hören will, ich will es auch zeigen.« Der Sprecher steht auf und stellt sich in die Mitte, zum ehemaligen Priester von Bet-El und zu zwei anderen Menschen, die in der Nähe von *Tag des Urteils* stehen, das ist, wo Adonai die Zeit bestimmt.

Es gab auch die Frau, die sich intensiv ihrer Trauer stellt (11). Sie zieht auch eine andere Frau an (7), eine Israelitin mit viel Schmerz, um ihrer Trauer ebenfalls nachzuspüren. Der Trauerplatz wird ein wichtiger Ort für alle, die alles zulassen wollen, was in ihnen ist.

Da stehen auch Menschen beim *Hunger nach dem Wort Gottes*; Menschen, die das Wort hören wollen, es nicht finden und vergeblich suchen (13, 14, 15). Zwei Israelitinnen (13, 14) sagen: »Wir bleiben dabei: Gott bleibt treu.« Weil Amos schweigt, sage ich als Anwalt des Textes: »Ihr macht euch Illusionen, hier ist alles Suchen nur vergeblich.« Aus einer anderen Ecke kommt wütend eine Stimme (5): »Was ist das für ein Gott, wenn selbst das Sinnsuchen keinen Sinn mehr hat? Das ist das Letzte! Auf solch einen Propheten kann ich nicht hören.«

Eine Frau kommt in die Mitte, auf Adonai zu (9). Sie trägt ihren Schmerz. Sie will ihren Schmerz an Adonai abgeben. Ich frage: »Was willst du?« Stille. »Kannst du aufhören, es selbst zu lösen?« Antwort: »Ja, ich vertraue Adonai, ich will meinen Schmerz an ihn abgeben, ihm vertrauen und neu spüren, wie es ist, von ihm abhängig zu sein.« Wissend, dass er in der Mitte ist, kann sie es dann an ihn abgeben und bleibt erleichtert stehen.

Ich gehe auf eine Frau zu (15), die beim *Wort Gottes hören* steht. Vielmehr: geduckt sitzt, mit ihrem Gesicht ganz dem Boden zugewandt, wie ein Frosch. Sie trägt eine Sonnenbrille. Ich setze mich genauso neben sie – wie ein Frosch – und frage: »Was ist? Wie geht's dir?« Antwort: »Schlecht.« Stille. »Kannst du erzählen?« Stille. »Es ist«, sage ich, »als ob du einen Sprung wagen willst, Frau aus Israel.« Antwort: »Ja, ich will auch Richtung Adonai, aber ich finde es so schwierig.« »Kannst du stehen?« Nach einiger Zeit die Antwort: »Ja.« Sie richtet sich auf, mit Mühe. Ihre Beine geben immer wieder nach. Sie hat keinen guten Stand. Ich sage: »Eher eine gekrümmte Frau bist du. Ich sehe auch, dass du eine Sonnenbrille trägst. Ich finde das schwierig, wenn ich mich bemühe, Kontakt mit dir zu bekommen. Wenn du die Brille wegen einer Augenkrankheit brauchst, dann ist es in Ordnung, wenn du sie brauchst, um dich zu verbergen, finde ich es schwierig, denn ich möchte so gerne Kontakt mit dir haben.« Sie lacht verlegen, wie ein Bauer mit Zahnschmerzen. Sie sagt: »Ja, das wird mir öfters gesagt.« Stille. Sie nimmt die Brille langsam ab. Mit Mühe. Ich sage: »Willst du sie festhalten?« Antwort: »Nein.« Stille. »Willst du sie abgeben? Willst du sie mir geben?« Antwort: »Ja.« Sie gibt mir die Sonnenbrille und ich sage: »Ich lege sie dort auf den Tisch, dann ist sie gut gesichert, ist das gut?« Sie nickt zustimmend. Ich frage: »Was möchtest du jetzt?« Stille. »Spürst du Bewegung?« Antwort: »Ja, ich möchte zu Adonai.« Ich sage: »Ich sehe, dass du gebückt gehst. Kannst du das so tragen, wie die Frau mit dem Schmerz das getragen hat?« Sie versteht erst nicht, was ich meine. Andere verstehen, was ich meine, und versuchen zu helfen. Aber sie kämpft: mit sich selbst, mit Adonai. Ich spüre, dass sie meine Hilfe will und braucht. Ich bleibe dran, langsam, Millimeter für Millimeter, hartnäckig. »Ich habe es schwer in meinem Leben. Wenn Amos das alles so deutlich sagt, kommen mein Leben und meine Wahrheit auch auf den Tisch. Ich fühle mich hilflos, aber es hilft, jetzt etwas zu tun.« Schritt für Schritt geht sie auf Adonai zu. So, wie sie da steht, sehe ich, dass sie jemanden braucht, um ihre Last abzulegen. Sie fängt an, sie selbst zu tragen. Dann sage ich: »Hier stehen ein ehemaliger Priester, der echten Kontakt mit Adonai sucht, eine Frau, die ihren Schmerz abgegeben hat, eine Frau, die es nicht lassen kann und wissen will, dass sie doch von Gott geliebt ist. Wem willst du deine Last abgeben?« Sie gibt ihre Last dem ehemaligen Priester von Bet-El: Sie vertraut ihm. Und erschöpft bleibt sie einen Moment stehen, schaut mich an und nickt dankbar. Später sagt sie: »Ich danke dir für deine Hartnäckigkeit, ohne sie hätte ich es nicht geschafft, meine Last abzugeben.«

Ich sehe und spüre, wie eine andere Atmosphäre im Raum entsteht. In der Nähe von Amos und Adonai kann immer mehr auf den Tisch kommen. Menschen lassen zunehmend zu, was Amos ins Wort und in den Raum bringt. Mit Angst und Bangen wird immer mehr eigene Wahrheit auf den Tisch gelegt. Und? Sie verändern sich, die Gesichter werden entspannter, ernsthafter. Wo der Mensch aufhört, sich selbst retten zu wollen, kann Adonai anfangen. Mit dem Tod vor Augen wird die Erinnerung wach. Ich höre immer öfter im Raum: Wir sind immer so beschäftigt mit uns selbst und mit unseren Sachen und Geschäften, dass kaum Raum bleibt für Adonai, dass wir keine Beziehung aufbauen zu Ihm. Wir sind aus dem Lot. Es wird deutlich: Das Senkblei zeigt, dass alles schief gewachsen ist und immer mehr einstürzt. Ist es da ein Wunder, wenn Zorn und Wut bei Adonai zum Vorschein kommen? Müssen wir doch lernen zu glauben, dass Adonai uns vermisst und darum so zornig wird?

Wo eigenes Können und Nicht-Können ans Licht kommen, wo Amos die Chance bekommt, gegen alle Widerstände immer deutlicher zu sagen, was er von Adonai hört und sieht, wo Beziehungen im Raum sicht- und hörbar vermehrt gesucht werden: Da bleibt die ganze Vernichtung, die Amos angekündigt hat, zwar im Raum stehen, aber es entsteht eine gelassene Atmosphäre, eine Bereitschaft zu hören und zuzulassen. Es entsteht eine Beziehungsebene, die neue Qualität bringt. Und die Widerstände werden anders: geringer. Aber sie bekommen auch eine andere Qualität. »Aber ich habe doch immer den Kontakt mit Adonai gesucht? Er soll mir und uns doch auch gerecht werden.« Zu Recht oder nicht zu Recht: Bei vielen fällt immer mehr Selbstrechtfertigung weg, schmilzt einfach dahin; die Mitte wird stärker präsent, Adonai wird stärker präsent. Nicht bei allen, aber bei immer mehr Israeliten entsteht die Bereitschaft zu hören, Amos sagen zu lassen, was er von Adonai hört und zu sagen hat. Ein Israelit sagte später nach dem Spiel zu mir: »In diesem Spiel gab es den für mich sehr beeindruckenden Augenblick, als du einen Spieler mit seinem Drang, Adonai zu begreifen, konfrontiert hast. Du gabst ihm zu verstehen, dass er sich in deiner Wahrnehmung nicht von Adonai ergreifen lässt, dass du davon nichts gemerkt hast. Dieser Satz machte ihn betroffen und brachte ihn in innere Bewegung. Und ich hatte den Eindruck, dass er auch große Auswirkung hatte auf andere Spieler, die sich schwer taten, den Kontakt zu Adonai aufzunehmen, so wie auf mich selbst. Mich hat das beeindruckt.«

Nachgespräch

Im Nachgespräch wird einiges von dem, was oben beschrieben wurde, angesprochen. Ich erfahre vor allem Betroffenheit und Stille. Amos überrascht und führt nach innen, in die Besinnlichkeit, fördert die Bereitschaft, ein Urteil zuzulassen, zu hören, es geschehen zu lassen und sogar selbst aktiv zu werden. Ja: es mit zu formulieren.

Vertiefung der Erfahrungen

Nach dem Abendessen kommen wir nochmal zusammen. Jetzt geht es darum, sich Zeit und Raum zu nehmen, um die Erfahrungen des Vor-

und Nachmittages zu vertiefen. Ich gebe den Teilnehmenden drei Fragen mit auf den Vertiefungsweg:

1. Wer beziehungsweise was hat dir geholfen, in deine Rolle zu kommen? Wer oder was hat das beeinflusst?
2. Wo hast du gemerkt, dass die Handlung des Spiels und deine Existenz sich berühren?
3. Wo hast du gemerkt, dass die Glaubensebene anfing, eine Rolle zu spielen? Dass Adonai eine Rolle spielt, nicht nur wegen des Nennens seines Namens und seines Platzes in diesem Raum, sondern wegen dir?

Danach erfolgt die Einteilung in fünf Kleingruppen: Insgesamt eine Stunde Zeit in der Kleingruppe, davon die ersten zehn Minuten Einzelreflexion auf der Grundlage der Fragen. Danach Austausch mit den anderen Teilnehmenden der Kleingruppe, um einander zu helfen, die Erfahrungen gut zu formulieren. Nach einer Stunde kommen alle zurück ins Plenum.

In dieser Plenumssitzung wird nicht wiederholt, was in den Kleingruppen miteinander besprochen wurde. Die Frage im Plenum ist: Was habt ihr gefunden und was davon möchtet ihr teilen? Wir haben den Adventskranz am Vorabend des ersten Advents in die Mitte gestellt und die erste Kerze angezündet und spüren der Frage nach, ob und, wenn ja, inwieweit Amos und Advent von uns miteinander verbunden werden können.

Es ist eine Runde mit viel Stille: Betroffenheit, Bewunderung für Amos, Konfrontation mit dem eigenen Leben und dem eigenen Glauben. Auch Widerstand gegen und Ringen um Amos und seine Botschaft von Adonai, Schmerz und Trauer: »Es berührt bei mir viel Schmerz in meinem eigenen Leben.« Erkennen, dass Adonai nur mit mir und uns anfangen kann, wo ich aufhöre, mich selbst retten zu wollen.

Wir schließen den Tag ab mit einem Abendgesang, angelehnt an den der Kommunität von Iona:

Nun es Abend ist, nun es Abend ist, wachst du, Schöpfer, wenn wir schlafen.

In der Dunkelheit, in der Dunkelheit, wachst du, Schöpfer, wenn wir schlafen.

Dir gehören wir, dir gehören wir, wachst du, Schöpfer, wenn wir schlafen.

Du, der Liebe ist, du, der Liebe ist, wachst du, Schöpfer, wenn wir schlafen.
Hast behütet uns, hast behütet uns, wachst du, Schöpfer, wenn wir schlafen.
Wenn die Angst uns drückt, wenn die Angst uns drückt, wachst du, Schöpfer, wenn wir schlafen.
Segne unsre Nacht, segne unsre Nacht, wach du, Schöpfer, wenn wir schlafen.

Weitere Feedbacks von Teilnehmenden und Reflexion des Spielleiters/Seelsorgenden

Ein Teilnehmer erzählt, wie intensiv seine Gruppe sich bemühte, diesen klaren und eindeutigen Amos zu akzeptieren und damit auch die Rolle des Spielleiters. Er weist darauf hin, dass solche Spiele nur »gut laufen«, wenn der Seelsorger wirklich Anwalt des Textes ist und wenn die teilnehmenden Menschen sich mit ihrer Rolle authentisch, ohne Ausflüchte und Ausschmückungen zeigen. Als Seelsorger habe ich eine reale und auch kostbare Chance, zwischen den Erfahrungen, die der Text anbietet, und den Erfahrungen im eigenen Leben zu vermitteln und zu stimulieren, dass immer mehr Menschen im Spiel auch miteinander in Kontakt treten.

Später erhalte ich ein weiteres Feedback, das ebenso wichtig ist. »Bei mir in der Untergruppe am Abend waren ältere Damen. Für die war es sehr schwer, sich einem Gott des Gerichtes anzunähern. Das hat mit ihrer Biografie zu tun und der Erfahrung, dass ihr Glauben über Jahrzehnte (vom Klerus) so gepolt wurde, dass ihnen mit dem strafenden Gott gedroht wurde, der alles sieht und Vergehen ahndet. Sie wurden mit dem strafenden Gott in Schach gehalten und unterdrückt. Insofern bedeutet der barmherzige Gott, der ja in anderen biblischen Texten stärker im Vordergrund steht, für sie eine Befreiung aus Fesseln. Und daher haben sie so sehr mit dem Gott des Amos gerungen, weil er bei ihnen mit dem ›strafenden Gott‹ ihrer Kindheit und Jugend in einen Topf geworfen wurde. Sie konnten den Unterschied zwischen einem konsequenten Gott des gerechten Gerichtes und dem strafenden Gott ihrer Kindheit nicht fassen, weil er einfach nur Angst ausgelöst hat.«

Und eine andere Person ergänzt: »Ich bin mir nicht ganz sicher, ob es immer hilfreich ist, wenn ich als Spielleitung neben der Anwaltschaft für den Text und jeden einzelnen Spieler auch stark meine eigene Bewertung und Deutung von Textbotschaften (also meinen eigenen Glauben und meine Glaubensentwicklung) in die Gruppe gebe. Weil ich damit einen Maßstab setze. Denn als Spielleitung habe ich eine besondere Autorität, und es kann passieren, dass ich mit meinem Glaubenszeugnis Maßstäbe setze, die andere behindern, zu dem zu finden, was an Entwicklungsperspektive in ihnen steckt. Weil sie meinen, wie der Spielleiter es sagt, sei es ›richtig‹, und wenn sie anders ticken, sei es ›falsch‹. Ich finde, es kann positive, aber auch negative Auswirkungen haben, wenn die Spielleitung die eigene Deutung des Textes mit ins Spiel bringt.«

Wir haben immer eine eigene Deutung, die wir in die Begleitung und Leitung mitnehmen. Das darf auch sein. Es geht hier darum, mit Fingerspitzengefühl zur rechten Zeit das richtige Wort anzubieten. Dabei ist es wichtig, immer wieder zu kontrollieren und nachzufragen, ob es für die Spielenden stimmig ist, was gesagt wird, was getan wird. Und zugleich sind die Dinge, um die es im bibliodramatischen Spiel geht, Aussagen, die im Text selbst stehen: Gerechtigkeit, Urteil, Rache Gottes, Vergeltung, Ungerechtigkeit, Werben und Locken von Adonai um die Beziehung zu seinem Volk. Und da spielt noch etwas anderes mit, bei mir jedenfalls: Neben dem Verständnis für die negative religiöse Erziehung, die bei vielen Glaubenden eine Rolle spielt, merke ich auch, dass Menschen sich schonen und leicht in alten Mustern hängenbleiben. Dreißig Jahre neue Predigt hat da kaum Veränderung gebracht. Es hilft mir dann, wenn ich bei der Auswertung des Wochenendes auch höre: »Du hast mich richtig durcheinander geschüttelt, aber es hat mir gut getan. Ich habe etwas zu tun.«

Es bleibt als Faktum, dass der Spielleiter eine einflussreiche Position hat, mit Autorität. Er soll sich dessen stets bewusst sein. Und es erweist sich in jedem Spiel neu, ob sein Beitrag fruchtbar ist und ob seine Haltung und sein Verhalten durchgängig von Ehrfurcht und Achtung gegenüber den Mitspielenden geprägt sind. Aber auch die Mitspielenden selbst haben eine eigene Verantwortung: Sie sind als Erwachsene gekommen, möchten lernen und neue Erfahrungen machen und im Glauben wachsen.

Noch ein weiteres Feedback an den Spielleiter hilft, die Position des Spielleiters als Seelsorgenden näher in den Blick zu rücken: »Ich finde, dass du in deiner Arbeit die Menschen noch häufiger einladen darfst, ihre Nähe oder Distanz zu Adonai auszudrücken. Das war in allen Spielen sehr bedeutend. Durch dein hartnäckiges Nachfragen, ob die Spieler Kontakt zu Adonai haben, hast du uns immer wieder geholfen, Zugang zur Gottesbeziehung herzustellen, ohne den Kontakt zu den Fragen der Gerechtigkeit zu verlieren. Und ich möchte dir bestätigen, dass du trotz aller Konfrontation, Hartnäckigkeit und Penetranz, die du an den Tag legst, als Anwalt des Textes den Spielern immer mit größter Ehrfurcht begegnet bist. Das haben mir auch die anderen bestätigt. Und das ist etwas, was ich persönlich immer wieder bewundere. Damit ist auch in deiner Person als Leiter die Spannung des Textes gespiegelt. Denn in den Spielen haben sich die Spieler mit der Spannung von Gerechtigkeit und Barmherzigkeit auseinandergesetzt. Dieselbe Spannung war zu spüren in der Beziehung zu dir. Du forderst, aber übst damit eine Gerechtigkeit gegenüber dem Leben des Spielers aus – für mich die Definition von Ehrfurcht. Und damit wurden die Spieler auch in deiner Rolle als Leiter konfrontiert mit der Dynamik im Text.«

Die Äußerung der Teilnehmenden bezieht sich auf meine Arbeitsweise in der Bestimmung von Nähe und Distanz im Spiel: »Du stehst weit weg von Adonai, willst du das? Stimmt es so für dich? Oder spürst du Bewegung, möchtest du näherkommen? Ist es so besser? Du bist böse auf Adonai und du stehst acht Meter entfernt von ihm. Willst du deine Wut auf ihn von dort aus sagen oder möchtest du näher kommen? Du bist schon auf dem Weg nach Zion: Bist du bei Amos gewesen, hast du mit ihm gesprochen? Bist du Adonai begegnet? Was bedeutet das, dass du keinen Kontakt willst? Ich merke, dass du Angst hast, dich in die Nähe von Adonai zu begeben. Ich spüre auch Verlangen in dir, stimmt das? Wieviel? 40%? 60%? Willst du einen Schritt auf ihn zu wagen? Was brauchst du, um in Bewegung zu kommen? Ich merke, du hast große Vorwürfe an Gott und du bist weit entfernt. Du schimpfst. Kannst du es ihm auch direkt ins Gesicht sagen? Ja, nein? Was bedeutet das? Ich merke dein Verlangen nach Adonai – und doch stehst du ziemlich weit entfernt? Was hilft dir, um in Bewegung zu kommen?« Der Spielleiter darf und muss ständig versuchen, Begleiter auf dem Glaubensweg zu sein und so intensiv wie möglich zu helfen, eigene Schritte zu gehen, zugleich loszulassen, wo es für diesen Moment gut ist oder nicht weitergeht. Meine Erfahrung ist, dass ich unendlich viel Geduld habe, wenn Menschen suchen, sich wagen und sich einbringen – dann bleibe ich in Kontakt. Ich sage Adieu, wenn Menschen lieber auf der sicheren Seite bleiben wollen.

Sonntagmorgen. Drittes Bibliodrama-Spiel zu Amos, Kapitel 9

Das Programm heute Vormittag ist zu Beginn das Spielen von Kapitel 9, als ersten Teil des Gottesdienstes mit Segnen und Teilen von Brot und Wein und zum Abschluss eine Auswertung.

Text

[1] Ich sah den Herrn über dem Altar stehen und er sprach: Schlage an den Knauf, dass die Pfosten beben und die Trümmer ihnen allen auf den Kopf fallen; und was noch übrig bleibt von ihnen, will ich mit dem Schwert töten, dass keiner von ihnen entfliehen, noch irgendeiner entkommen soll! [2] Und wenn sie sich auch unten bei den Toten vergrüben, soll sie doch meine Hand von dort holen, und wenn sie zum Himmel hinaufstiegen, will ich sie doch herunterstoßen. [3] Und wenn sie sich auch versteckten oben auf dem Berge Karmel, will ich sie doch suchen und von dort herabholen; und wenn sie sich vor meinen Augen verbärgen im Grunde des Meeres, so will ich doch der Schlange befehlen, sie dort zu beißen. [4] Und wenn sie vor ihren Feinden gefangen einhergingen, so will ich doch dem Schwert befehlen, sie dort zu töten. Denn ich will meine Augen auf sie richten zum Bösen und nicht zum Guten. [5] Denn Gott, der Herr Zebaoth, ist es, der die Erde anrührt, dass sie bebt und alle ihre Bewohner trauern müssen und dass sie sich hebt wie die Wasser des Nils und sich senkt wie der Strom Ägyptens; [6] er ist es, der seinen Saal in den Himmel baut und seinen Palast über der Erde gründet, der das Wasser im Meer herbeiruft und schüttet es auf das Erdreich. Er heißt Herr! [7] Seid ihr Israeliten mir nicht gleich wie die Mohren?, spricht der Herr. Habe ich nicht Israel aus Ägyptenland

geführt und die Philister aus Kaftor und die Aramäer aus Kir? ⁸ Siehe, die Augen Gottes des Herrn sehen auf das sündige Königreich, dass ich's vom Erdboden vertilge, wiewohl ich das Haus Jakob nicht ganz vertilgen will, spricht der Herr. ⁹ Denn siehe, ich will befehlen und das Haus Israel unter allen Heiden schütteln lassen, gleichwie man mit einem Sieb schüttelt und kein Stein zur Erde fällt. ¹⁰ Alle Sünder in meinem Volk sollen durchs Schwert sterben, die da sagen: Es wird das Unglück nicht so nahe sein noch uns begegnen. ¹¹ Zur selben Zeit will ich die zerfallene Hütte Davids wieder aufrichten und ihre Risse vermauern und, was abgebrochen ist, wieder aufrichten und will sie bauen, wie sie vorzeiten gewesen ist, ¹² damit sie in Besitz nehmen, was übrig ist von Edom, und alle Heiden, über die mein Name genannt ist, spricht der Herr, der solches tut. ¹³ Siehe, es kommt die Zeit, spricht der Herr, dass man zugleich ackern und ernten, zugleich keltern und säen wird. Und die Berge werden von süßem Wein triefen, und alle Hügel werden fruchtbar sein. ¹⁴ Denn ich will die Gefangenschaft meines Volks Israel wenden, dass sie die verwüsteten Städte wieder aufbauen und bewohnen sollen, dass sie Weinberge pflanzen und Wein davon trinken, Gärten anlegen und Früchte daraus essen. ¹⁵ Denn ich will sie in ihr Land pflanzen, dass sie nicht mehr aus ihrem Land ausgerottet werden, das ich ihnen gegeben habe, spricht der Herr, dein Gott.

Gespräch über den Text: Austausch von persönlichen Erfahrungen mit dem Text

Als erstes kommt die Frage: »Was ist das eigentlich, dass Adonai fast neun Kapitel lang durch seinen Propheten Urteil, Tod und Vernichtung für alle ansagt, und dann plötzlich ist da doch Rettung für einen Rest Edoms?« Erst habe ich diese Frage laufen lassen. Ein wenig später habe ich dann doch meine Sicht der Dinge eingebracht: Amos hat 760 vor Christus geschrieben, das erste Exil fand 40 Jahre später statt, 587 das zweite Exil. Jahre danach ist dann doch ein kleiner Rest Edoms zurückgekehrt nach Israel und Jerusalem: Faktisch hat also eine Gruppe von Israeliten überlebt. Mit sehr hoher Wahrscheinlichkeit fand auf der Grundlage dieser Erfahrung dann eine Redaktion des Buches in den letzten Jahrhunderten vor Christus statt.

Eine zweite Intervention mache ich, als einige Menschen anfangen, aufs Neue ihre Widerstände gegen diesen Amos zu formulieren: »Bleibt Amos tatsächlich weiter bei seinem harten Ton? Und gilt das auch für Adonai?« Weil es in der Gruppe ziemlich still bleibt, sage ich Folgendes: »Amos beschreibt noch immer die schlimmen Zustände in Israel und Juda. Darin ist er schonungslos. Zugleich erinnere ich euch daran, dass ihr gestern neue Erfahrungen mit diesem Amos gemacht habt: Die Atmosphäre änderte sich dort, wo das Suchen nach Beziehung zu Adonai immer mehr Aufmerksamkeit bekam und auch immer mehr Beziehung zu ihm gefunden wurde. Nicht in der Instrumentalisierung der Beziehung zu Adonai lag die Lösung, den Untergang vermeiden zu können, sondern in der echten Anerkennung, dass euer zunehmender Kontakt mit Adonai und die Erinnerung an ihn mehr Realitätssinn und Gelassenheit in den Raum gebracht hat.«

Danach nimmt das Gespräch eine Wendung: Von jetzt an werden die Erfahrungen, die am Vortag gemacht wurden, stärker aufgenommen und deutlicher in die Reaktionen auf den Text integriert.

Raumeinteilung

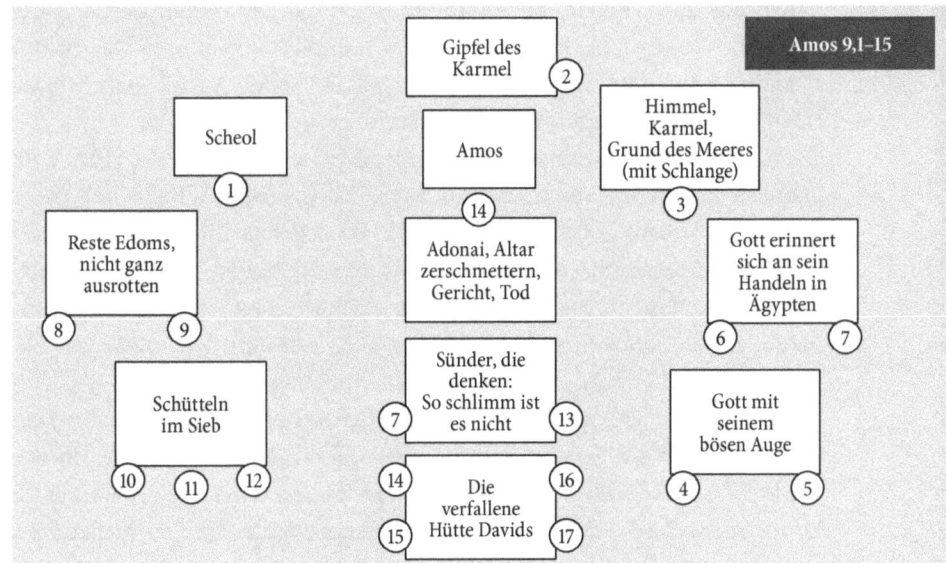

Spiel, Wahrnehmungen des Spielleiters und Entwicklungen im Spiel

Eine Frau steht bei der *Scheol* (1). Sie will die Erfahrung machen, wie es ist, der sozialen Ungerechtigkeit angeklagt zu werden. Sie sucht auch ein bisschen Wärme.

Ein Mann steht beim *Karmel* (2): Auch er ist geflüchtet, aber er ist Baumeister und hofft, noch etwas tun zu können.

Eine Frau ist *Schlange im Meer* (3): Sie ist der Meinung, sie müsse zwar laut Adonai beißen, aber nicht töten. Mehrere Menschen stehen bei *Gott erinnert sich*, dass er sie aus Ägypten befreit hat. Sie stehen da, um Adonai wirklich daran zu erinnern (6, 7).

Beim *Bösen Auge* steht ein Adonai (4): Er ist wirklich böse und will dies die Menschen auch spüren lassen.

Und da stehen andere Menschen (5, später auch 7): Sie spüren das böse Auge. Teilweise wegen ihrer eigenen Ungerechtigkeit Menschen gegenüber, teilweise sich verteidigend, dass es so schwierig ist, die ungerechten Strukturen zu ändern, teilweise schuldbewusst, weil sie mit ihrem Gedanken, das auserwählte Volk zu sein, noch immer meinen, sich selbst retten zu können. Selbst die Theologie ist ein Fluchthafen geworden. Eine Person (7) beschreibt sich als jemanden, der sich die Rosinen herauspickt. Ich habe ihn Rosinenpicker genannt. Das bringt ihn später zu dem Ort, an dem er glasklar sehen kann: »Ich schone mich noch immer, ich bin unverbesserlich.«

Auf der andere Seite stehen mehrere Menschen (8, 9), die zum Volk gehören wollen, das doch noch nicht ganz ausgerottet wird. Noch mehr Menschen stehen beim *Sieb* (10, 11, 12) oder gehen im Laufe des Spiels in Richtung *Sieb*: Sie werden mehr und mehr bereit, sich von Adonai schütteln zu lassen, so durcheinander geschüttelt zu werden, dass etwas Neues daraus entstehen könnte. Und Folgendes wird in der Entwicklung des Spiels deutlich: Mehrere Israeliten sagen, dass es ihnen jetzt nicht mehr darum geht, ob sie persönlich durchfallen durch das Sieb oder nicht, ob sie gerettet werden oder nicht. Wichtig sei nur, ob das Senkblei von Adonai ihnen und einander helfen wird, ins rechte Lot zu kommen, sodass Adonai auch darauf bauen kann. Und in dieser Entwicklung wird noch eine andere Bewegung spürbar: Sie lassen sich immer mehr aufeinander ein, lassen sich beeinflussen und werden wichtiger füreinander. Nicht die eigene Rettung steht im Vordergrund, stattdessen die Erfahrung, dass es notwendig ist, sich schütteln zu lassen im Sieb, um geläutert, gereinigt zu werden, um aufrecht vor Adonai und den Menschen stehen und um vor sich selbst bestehen zu können.

Einige Personen stehen, bevor sie in Richtung Rettung, neues Land gehen können, an dem Ort, von dem sie noch immer glauben, sich vor Gottes Urteil schonen zu können. Eine Frau stand schon da (13). Der Rosinenpicker (7) ist hingegangen, zur Reinigung. Er merkt, dass er an diesem Ort nicht vorbeikommt: Von hier aus entschuldigt er sich bei dem Propheten, dass er ihm die Schuld dafür gibt, die Spannungen nicht auszuhalten.

Ich finde den Text von Amos hier genial: »Alle Sünder werden durch das Schwert sterben«, und im nächsten Vers steht: »An jenem Tag richte ich die verfallene Hütte Davids auf.« Eine letzte Prüfung, weil Amos dieser Konfrontation nicht aus dem Wege geht. Und ich als Spielleiter auch nicht, verbunden mit Amos und mit Adonai. Der Rosinenpicker wird schonungslos mit sich selbst: Er ist vom *Bösen Auge* zum *Sünderort* gegangen und bewegt sich im Grunde im Richtung *Sieb*. Eine Frau aus der *Scheol* ist dort weggegangen, ist auch hierher gekommen: Ihr ist es in der Hölle unendlich kalt geworden. Sie hat gemerkt: »Ich schone mich noch immer.« Jetzt steht sie da, mit Blick auf Adonai und Amos. Sie sagt noch: »Danke Amos, dass du so klar bist, noch immer, und uns vor Augen führst, wie ich und wir uns benehmen und wie weit wir da von Adonai entfernt sind, unseren eigenen Halt verlieren und ungerecht werden. Wie wichtig ist Adonai mit seinem Senkblei (14).« Und sie geht Richtung *Sieb*, um noch einmal geschüttelt zu werden, aufrecht schon im Kontakt mit Adonai.

An der *Verfallenen Hütte* stehen vier Menschen (14, 15, 16, 17). Eine Israelitin ist unerschütterlich im Vertrauen, dass Gott sie nicht fallen lässt. Sie hat schon so viele Brüche in ihrem Leben erlebt, sie sucht nur noch Barmherzigkeit. Eine andere Frau, Israelitin, ist überzeugt, dass Gott im Endeffekt barmherzig ist. Wenn ich ehrlich bin: Als Spielleiter beschließe ich, sie nicht zu konfrontieren. Denn sie will an ihren barmherzigen Gott glauben und kann und will keine andere Seite Gottes zulassen. Damit ist sie für mich nicht erreichbar, und ich habe das respektiert und dabei belassen, denn sie war im Grunde voller Angst und Selbstkontrolle. Noch eine andere Israelitin ist im Spiel bereits zu

Adonai mit dem bösen Auge gekommen, um ihm für ihre Rettung zu danken. Aber die Menschen, die an dem Ort standen, wo Gott sich erinnert, dass er die Israeliten aus Ägypten befreit hatte, haben im Spiel zuvor schon deutlich gemacht, dass dieser Adonai mit »nur bösen Augen« ihr Adonai nicht sei. Da merkt die Israelitin, dass sie hier nichts zu suchen hat. Enttäuscht kehrt sie an den Ort zurück, an dem die verfallene Hütte Davids wieder aufgerichtet wird. Ich mache sie darauf aufmerksam, dass Adonai sich geändert hat. Dabei wird der Spielerin auch klar, dass sie nicht sehr achtsam gewesen ist auf die Regungen und Bewegungen Adonais, obwohl sie das als ihr Ziel genannt hatte.

Adonai (5) hört, was die Israeliten ihm sagen: Er erkennt, dass er das nicht machen kann – nur böses Auge sein – und bekehrt sich zum auch befreienden Gott. Nicht länger nur böses Auge sein, auch er ist jetzt umfassender in seiner Aufgabe: Adonai zu sein, zornig, wütend – und zugleich der Gott, der die Menschen sucht und ihnen dabei vor Augen führt, welche Vernichtung sie selbst verursachen, wenn sie so bleiben, wie sie jetzt sind.

Ermutigt durch diese Umkehr, macht eine Frau aus Juda sich auf den Weg, zu Adonai zu gehen und ihm zu sagen, wie viel Schmerz sie in ihrem Leben hat. Es ist deutlich, wie sehr sie in ihrer Trauer und ihrem Schmerz berührt ist. Und alle sehen, dass es so gut ist.

Und ein Israelit, der Bauherr ist und tapfer am *Ort des Restes Edoms* schon bauen will, wird immer unsicherer, merkt unter dem Einfluss anderer Spielender, dass auch er sich noch immer schont, und geht über den *Ort der Sünder* in Richtung des *Siebes*, um sich nochmal tüchtig schütteln zu lassen.

Leider mussten wir an dieser Stelle aus Zeitgründen das Spiel abschließen.

Nachgespräch, teilen von Brot und Wein und Abschluss

Im Nachgespräch, in dem noch viel Betroffenheit spürbar sowie bescheidene Worte vernehmbar sind, kommen Erfahrungen zum Vorschein, die ich größtenteils bereits in meine Wahrnehmungen und Reflexionen einbezogen habe. Nach einer kurzen Pause bringt jede und jeder ein Symbol mit, das jetzt für sie oder ihn Bedeutung hat. Wir legen diese zu den Gaben von Brot und Wein, ohne Worte. Wir feiern, was wir in den vergangenen Tagen miteinander erlebt haben: auf den Tisch bringen, was Nahrung gibt, sodass diese Gaben und wir verwandelt werden können – eucharistische Danksagung.

Am Ende gibt es noch Feedback und Abschied: »Dank für das Wochenende, Dank für die Erdung, die Erschütterungen waren nicht so angenehm, aber für mich sehr heilsam, Dank für eure Begleitung, es war eine schwierige und doch wohltuende Begegnung. Ich kann meinen Schmerz besser tragen und selbst mitteilen. Und: Dank, dass wir Amos besser kennengelernt haben.«

Schlussbemerkungen und Fragen

Ich komme zurück zur Ausgangsfrage: »Wie hängen gesellschaftliche Ungerechtigkeit und das Phänomen, dass Menschen die Beziehung zu Adonai vernachlässigen und ihn zugleich verharmlosen, zusammen?« Was haben wir im Spiel entdeckt und was nehme ich jedenfalls als Bewusstwerdung, als Folgerung, als Bereicherung mit? Meine Erfahrung ist, dass wir durch den Umgang mit diesem Text, diesem Propheten, diesem Adonai, in Verbindung miteinander und in Verbindung mit dem Spielleiter, uns selbst in einem ehrlichen Licht betrachten können. In der Konfrontation mit dem biblischen Text, hier mit dem Propheten Amos, kommt vieles auf den Tisch, was einen dazu bringt, mit sich selbst zu ringen, mit der eigenen Angst, mit der Erziehung, auch mit der religiösen Erziehung, mit Verlangen und Hoffnung, mit Adonai. Unser Tun wird authentischer, wir stehen aufrecht. Ich habe wahrgenommen, dass dort, wo Amos mehr zugelassen wird, wo er langsam, aber sicher sagen darf, was er sagt, unsere Haltung sich schon ändert. Dass anders gesprochen wird, dass wir anfangen, anders auszusehen, zärtlicher, trauriger, wütender, kräftiger, ängstlicher. Ich habe gesehen, dass bessere, mehr, ehrlichere Kontakte entstehen im Tun. Es war in diesen Spiel von hoher Bedeutung, dass so gut wie alle Teilnehmenden bereits mit Bibliodrama Erfahrungen hatten. Sie hatten bereits erfahren, wie Menschen ihre Rolle gut auf sich nehmen können, wieviel im Spiel möglich wird, wie mehr geschehen kann. Das stimuliert und ermutigt zu eigenem Wagnis. Die Beziehung zu Adonai, sein Werben, sein Locken, seine

Wut, sein Verlangen kommen zurück in den Mittelpunkt, weil Amos deutlich macht, wie vernachlässigt und verharmlost Adonai sich erlebt. Wir werden konfrontiert mit Adonai, damals Befreier aus Ägypten, jetzt wütend und zornig durch die Vernachlässigung der Menschen. Er will Kontakt, Beziehung zu seinem Volk und Er setzt alle Mittel ein.

Was im Alltag kaum oder nicht zur Sprache kommt, bekommt hier im Rahmen des Wochenendes eine neue Chance: Wir wollen das, sonst wären wir nicht gekommen. Er, Adonai, Gott, wird genannt. Wir sprechen, erinnern, kommunizieren: Glaubenskommunikation. Eine jüdische Weisheit, die mich schon ein halbes Leben lang begleitet, sagt: »Vergessen ist Exil, Erinnern ist Erlösung.« Dieses In-Kontakt-Gehen, diese Kommunikation, dieses Handeln im Spiel, in unseren Rollen, bringt uns – mit dem Senkblei – mehr ins Lot, gibt uns Grund unter die Füße. Es ist nicht die plötzliche totale Veränderung, wir werden nicht zu einem völlig anderen Menschen, und doch werden wir umgeformt, das gehört zu unserer Umkehr. In und durch die Erschütterung lernen wir anders hören, anders sehen, anders riechen, anders aussehen, anders handeln. Wir üben mehr Einfluss aus aufeinander, mehr als im Alltag, weil wir so fokussiert aus dem Glauben unsere Arbeit machen. Wir lassen Amos seine Arbeit tun: Prophet sein, nicht nur Hirte.

Damit haben wir noch keine Analyse unserer persönlichen und gesellschaftlichen Ungerechtigkeiten gemacht. Und doch sind wir schon anders geworden. Wir gehen als andere Menschen fort, als wie wir gekommen sind. Umformung, Lernen geschieht lebenslang. Wie lange es hält? Ich weiß es nicht. Mich lässt es verwurzelt in und auf der Erde stehen und gleichzeitig himmelsverbunden sein. Und das motiviert mich sehr, »dranzubleiben« und diese Erfahrung auch anderen Menschen zu gönnen.

Meine Wahrnehmung ist, dass die Spiele so intensiv waren, weil bei allen vieles innerlich arbeitet, auch wenn nicht alle gleichermaßen zu Wort gekommen sind. Der Spielleiter muss tun, was er kann. Ich arbeite im Bewusstsein, dass darüber hinaus »mein Vater immer am Werk ist«. In diesem Raum spiele und leite ich, und das bedeutet, dass ich immer vertraue, dass er auch in mir am Werk ist. So wie in allen Spielern und Spielerinnen auf eigene Weise. Da darf der Seelsorger die Menschen auch loslassen und darauf vertrauen, dass sie an sich selbst und an Gott Halt haben.

Du stellst meine Füße auf weiten Raum (Psalm 31,9)
Raum, Raumeinteilung, Raumwirkung.
Eine Praxistheorie

Lebendig ist Gottes Wort – ein RAUM – wir sind eingeladen hineinzugehen.

Ein Rabbi sagt: »Wisst ihr, das Wort Gottes ist keine Lehre. Wenn wir es lesen oder hören, sind wir nicht gescheiter als vorher. Es ist auch nicht einfach eine Stimme, obwohl die Stimme seiner Wahrheit schon näher kommt. Nein! Das Wort Gottes ist eher ein Raum. Und wir sind eingeladen, hineinzugehen, zu tasten, wahrzunehmen mit allen Fasern unseres Lebens, was das Wort uns hier und heute sagen will.«

Einleitung

Mit diesem Titel und der rabbinischen Geschichte gebe ich die Richtung an, worum es im Umgang mit dem Raum im Bibliodrama geht. Denn wir haben jetzt in den ersten Kapiteln einige Beispiele gesehen von unserer Art der Raumeinteilung. In diesem Kapitel untersuchen wir Raum, Raumeinteilung und Raumwirkung.

Bevor ich beschreibe, wie wir im Bibliodrama den Text im Raum verorten, möchte ich die drei Räumlichkeiten vorstellen, so wie ich das bei Friedhelm Mennekes in seiner Arbeit mit Kunst in Kirchenräumen entdeckt habe.

Drei Räumlichkeiten

Mennekes unterscheidet drei Räumlichkeiten: den geometrischen, den künstlerischen und den sakralen Raum.[5]

Der geometrische Raum ist der Raum, den wir antreffen, wenn wir Bibliodrama spielen möchten. Unsere Erfahrung ist, dass wir überall Bibliodrama spielen können: in Klöstern, Kirchen, Gemeindezentren, Pfarrgärten, Freizeiträumen, Wohnzimmern, Turnhallen, Seminarräumen der Bildungshäuser und Universitäten. Wir arbeiten mit dem, was uns als Raum angeboten wird. Es gibt bessere und weniger gute Umstände. Bibliodrama geht überall, wenn Menschen spielen wollen und wenn der Raum frei zu räumen ist, sodass ein leerer, unmöblierter Raum entsteht.

Den geometrischen Raum unterscheidet Mennekes vom künstlerischen Raum. **Der künstlerische Raum** ist der Raum, den der Mensch braucht, um sich selbst zu entwerfen und um sich selbst zu erfahren. Bewusstsein und Vorstellung spielen hierbei eine Rolle. Die Bestimmung dieses Raumes wird inhaltlich durch das Handeln der Menschen geklärt. Der Raum ist das, was der Mensch in ihm und aus ihm macht. Der Philosoph Minkowski spricht von »l'homme, artisan de sa destiné«.[6] Übersetzt bedeutet das: Der Mensch ist Handwerker-in der eigenen Bestimmung. In diesem Sinn ist Bibliodrama ein Raum, um sich selbst als Menschen und Gläubige zu entdecken, zu erfahren und zu entwickeln. Für mich ist das Wort »Bestimmung« hierbei wichtig, um deutlich zu machen, dass es bei der Erfahrung seines Selbst weniger um Machbarkeit und Verfügbarkeit geht. In der jüdischen Tradition hat man dafür das Wort »ha-makom«, der andere Ort. Das ist eines der Ersatz-Wörter, um den Gottesnamen nicht auszusprechen und so das Bewusstsein für die Unverfügbarkeit Gottes wach zu halten. So wie im Leben nicht alles machbar und verfügbar ist.

Der dritte Raum, den Mennekes von den anderen Räumen unterscheidet, ist der **sakrale Raum** als heiliger Ort der Einkehr. Der sakrale Raum ist nicht automatisch ein sakraler Raum, nur weil er für den Gottesdienst und andere liturgische Feiern reserviert ist. Natürlich gibt es sakrale Räume, die durch ihre besondere Architektur eine sammelnde, erregende und entrückende Stimmung hervorrufen. Dies ist zum Beispiel bei romanischen Kirchen der Fall. Der sakrale Raum wird aber erst ein Erfahrungsraum des Heiligen, wenn Menschen sich dafür öffnen. Dann wird der sakrale Raum zu einem Raum, in dem wirkliches Hören und innere Erfahrung möglich werden. Ein Raum, in dem Gefühle geweckt, gedämpft, geformt und gestaltet werden. Ein Raum, der tiefe Erregung hervorruft. In seinem Buch entfaltet Mennekes den sakralen Raum in Verbindung mit Kirchen als sakralen Orten. Ich verbinde die Systematik von Mennekes mit dem Raum im Bibliodrama, so wie wir ihn verstehen.

Der konkrete Weg, um zur Raumeinteilung zu kommen

Ich staune, dass die für uns so wichtigen Beweggründe für eine Raumeinteilung[7] für viele andere Stolpersteine sind. Unsere Entscheidung, den Text im Raum auszulegen, stößt auf zwei Vorwürfe. Die einen behaupten, dass wir den Raum mit vielen Text-Elementen verstellen. Andere meinen, die Raumeinteilung sei eine machtförmige, autoritäre Vorgabe der Leitung und lasse den Teilnehmern keine Freiheit zur Kreativität und Eigenbewegung. Ich kann nur sagen: Es gibt viele unterschiedliche Bibliodrama-Modelle, in denen mit dem Text und dem Raum unterschiedlich umgegangen wird. Ich freue mich über andere Modelle und ich liebe unser Modell.[8] Ich beschreibe erst, was uns bei unserer Art, den Text im Raum zu verorten, wichtig ist.

Bei den ersten Schritten in unserem Modell geht es darum, in das Wort Gottes hineinzutreten wie in einen Raum. Wir lernen, so gut es geht, im Text zu wohnen. Zu den ersten Schritten gehört: den Text lesen, die Rollen sammeln im Sinne von »Wer und was spielt eine Rolle in diesem Text?«, ein Gespräch führen über diesen Text: »Welche Resonanz löst er in mir aus?« Nach diesen Schritten wird der Text wieder gelesen.

Ich beschreibe jetzt, wie wir eine Raumeinteilung durchführen.[9] Alle werden eingeladen, den Raum frei zu machen: Tische und Stühle, Bibel, Bücher, Kaffeetassen und Wassergläser, Kleider müssen zur Seite geräumt werden, sodass ein leerer Raum entsteht. In diesem Raum benennt der Spielleiter die wichtigsten Elemente des Textes. Um die Raumeinteilung so gut wie möglich sichtbar zu machen, schreitet die Bibliodrama-Leitung den Raum ab und erläutert, dass dies der Raum ist, in dem gespielt wird. Sie macht deutlich, dass die spielenden Personen, sobald sie diesen Raum betreten, die bisherige (Gruppen-)Realität verlassen und die ausgewählte biblische Geschichte betreten. Dies entspricht der Entwicklung von einem geometrischen zu einem künstlerischen Raum, wie Mennekes es nennt. In unserem Bibliodrama verzichten wir auf Symbole im Raum und auch auf Requisiten oder Verkleidung für die Spielenden. Die Raumeinteilung repräsentiert den Text, indem sie die wichtigen Rollen, Stationen, Orte, Wege und Dynamiken des Textes im Raum sichtbar und erfahrbar macht. Der Text wird »begehbar«. Wenn es eine Weggeschichte ist, wird ein Weg ausgelegt. Wenn Polaritäten im Text sind, werden die Polaritäten sichtbar einander gegenüber verortet. Die Raumeinteilung mit ihren Nuancen hilft den einzelnen Personen, ihre Rollen zu finden, den Text präsent zu halten und auch den für sie passenden Ort in der Dynamik des Geschehens zu finden. Die Raumeinteilung unterstützt die Personen, mit ihren Gefühlen zu unterschiedlichen anderen Rollen und Orten in Kontakt zu treten, und bietet Orientierung im weiteren Spielgeschehen.

Ein Beispiel aus Markus, Kapitel 5,21–43. Die Spielleitung beginnt beim Ufer und sagt: »Hier ist das Ufer, da kommen Jesus und die Jünger aus dem Boot an Land.« Dann geht sie nach rechts und sagt: »Hier ist der Ort von Jaïrus.« Dann geht sie weiter und sagt: »Hier ist der Ort der blutflüssigen Frau, mit viel Volk um sie herum. Wenn Jesus und Jaïrus und die Jünger dahin kommen, vermischen sie sich mit dem Volk.« Dann läuft die Spielleitung nach rechts und sagt: »Hier ist der Ort des Dieners des Jaïrus, der die Nachricht vom Tod der Tochter bringt«, dann weiter in die Mitte: »Hier sind die Klageweiber, die sich im Vorhof von Jaïrus' Haus befinden.« Dann geht sie mehr nach rechts und sagt: »Hier ist das Haus, wo Jesus, drei Jünger und der Vater allein hineingehen und wo sich die Mutter und die Tochter befinden.« Sie wiederholt kurz die Raumeinteilung, nochmal durch den Raum gehend.

Beispiel einer Raumeinteilung

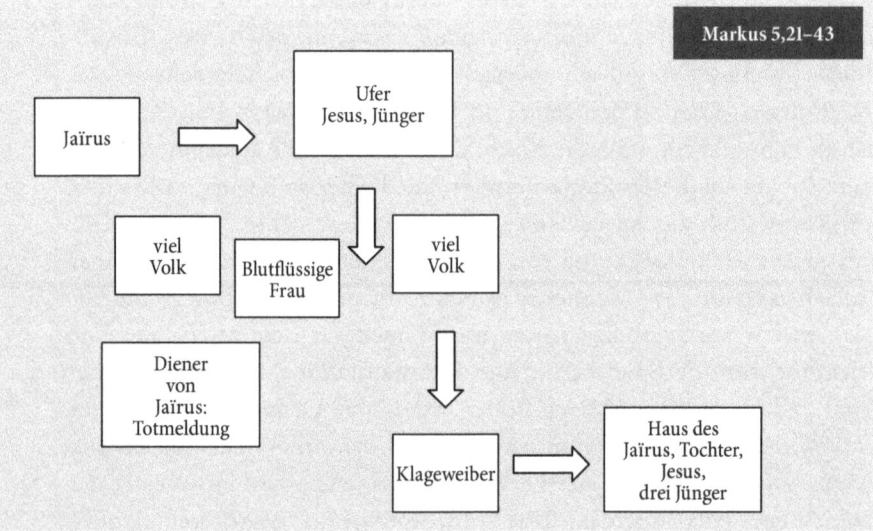

Damit ist dieser Raum der Erlebensraum der Spielenden im ausgewählten biblischen Text. Hier verbinden sich Rollenwahl und Ausgestaltung der Rolle. Im Raum treten die Spielenden in ihren Rollen in Interaktion. Die aktuellen Themen der beteiligten Personen kommen in Kontakt mit dem biblischen Text. Lebensgeschichte und Glaubensgeschichte der Teilnehmenden kommen in und durch die biblische Geschichte in Kontakt mit anderen Teilnehmenden. Sie bringen in Bewegung nach innen und nach außen. Zielrichtung ist, dass die eigene Erfahrung geweckt wird, da dies die Voraussetzung für jegliches Tasten nach sich selbst und Ringen um sich selbst ist. Rollenwahl und Raumeinteilung wollen jede und jeden eintauchen lassen in den Text-Raum wie in ein Taufbecken, sodass wir getauft werden im Text und in unserem Leben.

Wenn die Raumeinteilung gegeben ist und Menschen mit ihren Rollen einen Platz suchen, dann verlassen sie den geometrischen Raum und betreten den biblischen Textraum als künstlerischen Raum. Der künstlerische Raum ist gefüllt und leer. Gefüllt, weil der Raum mit Ortsangaben und Rollenangaben eingeteilt ist. Gefüllt, weil jeder Mensch mit seiner Rolle Raum einnimmt in diesem Raum. Leer ist der Raum, weil jeder Mensch mit seiner gewählten Rolle einen Platz sucht in diesem Raum und den ganzen Raum erspürt, um zu erkennen, ob die gewählte Rolle stimmt, und um zu spüren, ob die innere und die äußere Vorstellung miteinander übereinstimmen. Am Anfang herrscht Schweigen, schweigend gehen die Teilnehmenden durch den Raum. Menschen gehen langsam, weil das Suchen verlangsamend wirkt, sodass wirkliches Hören und innere Erfahrung möglich werden. Die seelsorgliche Zielrichtung ist, dass der Textraum als künstlerischer Raum zur Selbsterfahrung und Selbstentdeckung führt und auf diese Weise auch sakraler Raum im Sinne Mennekes werden kann. Jeder künstlerische Raum im Bibliodrama muss das Potenzial haben, sakraler Raum zu werden: ein Raum, der existenzielle Erfahrungen weckt und eine persönliche Glaubenserfahrung möglich macht. Das geht nicht von selbst.

Drei Komponenten

In unserem Bibliodrama-Modell kommen immer drei Subjekte zusammen: die Teilnehmenden, der Text und die Leitung.
Zuallererst die Teilnehmenden. Sie wollen spielen, Selbsterfahrung machen und, global formuliert, ihren Glauben vertiefen und die Bibel besser verstehen. Damit ist Bibliodrama schon etwas anderes als ein Gottesdienst. Da kann man einfach so hingehen. Für Bibliodrama muss man sich aufmachen und bereit sein, sich zur Sprache zu bringen und weniger oder mehr Körperarbeit zu machen. Bibliodrama kann viel Spielvergnügen bringen, es geht aber meistens unter die Haut. Menschen spüren das intuitiv, auch wenn es am Anfang nicht gesagt wird. Das erklärt auch, dass Bibliodrama kein Massenphänomen ist. Die Verabredung mit Teilnehmenden ist, dass sie immer eine Rolle wählen, den Textraum betreten und sagen, wer sie sind. Danach sind sie frei, so viel oder so wenig zu zeigen und zu sagen, wie sie wollen. Die Teilnehmenden sind also das erste Subjekt.
Das zweite Subjekt ist der biblische Text. Ein Text – eine Wundergeschichte, eine Berufungsgeschichte, ein Psalm, ein Hymnus: so gut wie alle biblischen Texte können gespielt werden – ist ein Angebot für Teilnehmende und Leitung. Wir nehmen diese Texte als Wort Gottes, als vom Geist inspirierte Texte. Sie sind eine Einladung an uns alle zu hören, zu lesen, zu interpretieren. Die Lebens- und Glaubensgeschichten aller Teilnehmenden sind wichtig und haben Bedeutung für den gewählten Text. Zugleich ist dieser Text unser Gegenüber: interpretierbar. Und auch manipulierbar, indem man ihn kürzt, zusammenstreicht, andere Übersetzungen benutzt. Aber auch nicht-manipulierbar, da, wo jedes Element vom Text ernstgenommen wird, auch die Worte und Handlungen, die uns nicht gefallen. Es geht nicht darum, einen Text wortwörtlich zu nehmen. Die Bibel ist ein Buch, ein kostbares Buch. Sie enthält Lebens- und Glaubenserfahrungen, aber sie bewahrt nicht alle Lebens- und Glaubenserfahrungen. »Wir ergänzen mit unserem Leiden, was an dem Leiden Christi noch nicht da ist«, sagt Paulus. Und das gilt auch für unser ganzes Leben und für unseren Umgang mit biblischen Texten. Es geht um die Konfrontation mit diesen Texten, um eine Entdeckungsreise, die uns erfahren lässt, was in uns wirksam wird, wenn wir uns auf diese Texte einlassen, so wie sie sind.

Ich gebe ein Beispiel für unser Verständnis vom Umgang mit biblischen Texten. Nach der Situation mit dem goldenen Kalb gibt Mose den Leviten den Auftrag, die Menschen, die in Aufruhr sind, zu töten. Er sagt das, nachdem er Gott davon überzeugt hat, dass dieser das Volk nicht vernichtet, obwohl es ihn verlassen und stattdessen das goldene Kalb angebetet hat. In einem Spiel mit diesem Text verweigerten sich die Leviten, dem Auftrag Mose zu folgen, nämlich zu töten. Und was geschah dann? Es entstand im Bibliodrama eine Auseinandersetzung darüber, ob ein Volk, in dem so viele Menschen dauernd murren und lieber nach Ägypten zurückwollen, in der Lage ist, den Weg durch die Wüste weiterzugehen, zu leben und zu überleben. Der Text als Gegenüber mit der schrecklichen Tötungsabsicht des Mose hatte die Spielenden gezwungen ernstzunehmen, was in dieser Situation auf dem Spiel stand: die Verheißung! Die Leviten im Spiel entschieden die Situation so: Sie gaben den Menschen die Möglichkeit, sich zu entscheiden, mit Mose weiterzugehen oder die Gruppe zu verlassen. Die, die gehen wollten, bekamen Proviant und das nötige Material, um einen Monat zu überleben. In diesem Monat hatten sie die Verantwortung, ihr Leben selbst in die Hand zu nehmen und eine Lösung für sich zu finden. So verabschiedeten sie sich, und beide Gruppen gingen in eine andere Richtung weiter.

Text, Raum, Raumeinteilung, Rollen. Diese Elemente lassen einen Spielraum entstehen, in dem Sicherheit und Vertrauen angeboten werden, intensiv zu spielen und sich sehen und hören zu lassen. Die biblische Geschichte, als Wort Gottes verstanden, ist selbst ein Wohnraum, ein transzendentes Angebot: »Du stellst meine Füße auf weiten Raum«, heißt es in Psalm 31,9. Anders gesagt: »Da wohnt ein Sehnen tief in uns nach Dir.« Meine Erfahrung ist: Je mehr die Teilnehmenden sich entscheiden, wirklich in ihre Rollen hineinzugehen, zu suchen, zu fragen und auszuprobieren, desto mehr gelingt ihnen das Hineinhorchen in das Geheimnis.

Und damit komme ich zum dritten Subjekt: **die Leitung in unserem Modell von Bibliodrama.** Wir nennen es seelsorgliches Bibliodrama. In der vergleichenden Literatur wird unser Modell nur deswegen so genannt, weil wir es so nennen. Beinahe immer wird daran Kritik geäußert und unsere Bezeichnung in Frage gestellt. Dabei ist es ganz einfach: Menschen, die unsere Bibliodrama-Ausbildung durchlaufen, wollen Seelsorgende sein. Sie wollen auf ihrem Glaubensweg weiterkommen, indem sie Lebensgeschichte und Glaubensgeschichte durch die Begegnung mit der biblischen Geschichte miteinander zu verbinden suchen. Glaubenskommunikation ist so essenziell, weil unser Glauben eine »Wir-Angelegenheit« ist. Glauben ist keine Privatsache, deshalb suchen wir im Bibliodrama nach neuer Glaubensgemeinschaft. In der Leitung, beim Intervenieren geht es daher auch nicht um biografische Vertiefung, genausowenig wie es um theologische Diskussionen geht. Wir gehen davon aus, dass Seelsorgende kommunikativ gut geschult sind und dass sich beim Reifen ihre Lebens- und Glaubenskompetenzen immer besser entfalten und sie diese zur Verfügung stellen können. Wir unterstellen die Kompetenz zur Einzelbegleitung und zur Gruppenarbeit. In unserem Bibliodrama-Spiel hat die Leitung die Aufgabe, Anwalt des Textes zu sein und in der Rolle des Seelsorgenden, die Bewegungen und Begegnungen der Spieler hin zu Bewusstwerdung und Vertiefung zu unterstützen und herauszufordern. Die Raumeinteilung wirkt immer als eine strukturelle Erinnerung, die die Leitung dabei unterstützt, den Text präsent zu halten und zu erinnern. Eine hilfreiche Frage ist dabei: »Wer, wie, was in diesem Raum kann dir weiterhelfen bei deiner Frage?« Es geht darum, den Weg zu finden, hineinzuhorchen in das Geheimnis. Dazu ist eine Atmosphäre gesucht, die das ermöglicht und die für innere und äußere Bewegungen der Spielenden offen ist. Dazu liefert die Leitung ihren Beitrag, indem sie Einfluss ausübt, indem sie offenlegt und anbietet, was sie sieht, hört und spürt. Sie ist zugleich dienend und voll Ehrfurcht, um Menschen in ihrem Suchen und Tasten zu unterstützen. Ehrfurcht und Respekt sind gefragt, Kommunikations- und Begegnungsmöglichkeiten. Leitende suchen als erstes das Geheimnis. In christlicher Perspektive bedeutet dies, dass dieses Geheimnis in Raum und Zeit sichtbar und hörbar geworden ist. Im Philipperbrief 2,6–11 lesen wir, dass Göttlichkeit und Ferne sich gewandelt haben in Nähe und Menschlichkeit. Dies gilt auch für Jesus Christus. Er hat sein Zelt unter uns aufgeschlagen. Doch auch dann bleibt er Geheimnis, unverfügbar. Wir können uns ihm nur annähern. Leitung bedeutet in unserem Modell, dass wir die Chance nutzen, auf direktem Weg schneller in die Tiefe zu kommen und zu versuchen, uns dem Geheimnis anzunähern.

Im Bibliodrama geht es nie um die »fides quae«, um die Inhalte, die geglaubt werden sollen. Im Bibliodrama suchen wir nach der »fides qua creditur«: nach einer regen und kreativen Glaubenserfahrung. Die bibliodramatische Raumeinteilung ist als künstlerischer Raum immer bestrebt, ein sakraler Raum zu werden, um diese fides qua *erfahrbar* zu machen. Friedhelm Mennekes bemerkt über den Sinn der Hochfeste, dass sie nicht so sehr dazu beitragen, die fides quae zu etablieren. Die Feier von Pfingsten bringt uns nicht unbedingt inhaltlich weiter, aber sie schenkt die Ermutigung, im Geist der Parrhesia, an Unerschrockenheit, Zuversicht, Mut, Offenheit, Freiheit zuzunehmen. Das ist mir aus dem Herzen gesprochen, denn in vielen Bibliodrama-Spielen geschieht genau das: Menschen finden Mut, eine neue Perspektive, Vertrauen und Hoffnung für ihr Leben und Glauben. Die fides qua wird gestärkt. Oft bleibt bei den Teilnehmenden auch ein großes Verlangen, auf diesem Weg weiterzukommen. In dieser Haltung gestärkten Vertrauens lernen Menschen am besten, Worte für ihre Erfahrung zu finden und zu einer eigenen, persönlichen Glaubenssprache zu kommen.

Heterotopie und Utopie

Heterotopie und Utopie sind Schemata, die wir dem Fundamentaltheologen Hans-Joachim Sander verdanken. Die Lektüre einer Untersuchung, die sich mit bibliodramatischen Erfahrungen und deren Bedeutung in der Lebens- und Glaubensgeschichte auseinandersetzt, veranlasste Hans-Joachim Sander zu einem interessanten Kommentar über den Umgang mit biblischen Texten in unserem Bibliodrama-Modell.[10] Er konstatiert, dass die Bibel zu einem Ereignis der Lebensgeschichte wird. Sie erhält also Präsens, sie kommt ins Hier und Jetzt. Zur besagten religionssoziologischen Untersuchung meint Sander, dass es im Bibliodrama eher um religiöse Erfahrungen im »Raum« der Lebensgeschichte und weniger um Erfahrungen im »Kontext« der Lebensgeschichte geht. Im Umkehrschluss bedeutet das, dass Bibliodrama biografische Erfahrungen an Orten religiöser Erzählgeschichten hervorruft und verdichtet. Sander lädt uns ein, den gewagten Wechsel zu machen von Kontext zu Raum, weil der Raum das Gottesmoment im Bibliodrama aufschließt, an das der Kontext nicht heranreiche. Raum ist viel direkter verbunden mit dem Hier und Jetzt. Raum steht für Entdeckung, Kontext steht für Bewältigung. Raum nötigt zur Konfrontation mit sich selbst. Raum birgt Überraschungen. Kontext hingegen ermöglicht Beheimatung in der bestehenden Identität. Unsere Erfahrung ist, dass Bibliodrama verdeutlicht, wer ich bin und wo ich jetzt als Glaubende/r stehe. Ein Bibliodrama mit motivierten Menschen ist immer klärend. Widerstände, Angst, sich zu zeigen, Schritte zu gehen, Vorsicht im Kontakt gehören zu jedem Bibliodrama-Prozess. Sie gehören zum Kontext des eigenen Lebens, zur Beheimatung, wie Hans-Joachim Sander es sagen würde. Beheimatung bietet »Mehr vom Selben«. Der Raum, den das Bibliodrama öffnet, ist ein Anders-Ort, eine Heterotopie. Im Unterschied zu Utopien, die in die Zukunft verweisen, sind Heterotopien jetzt da. Sie muten Alternativen zu, denen man nicht ausweichen kann.

Ein deutliches Beispiel für eine heterotope Erfahrung ist die Geschichte von Jakob, der träumt. Er sieht im Traum eine Treppe, die auf der Erde steht und bis zum Himmel reicht. Auf ihr steigen Engel Gottes herauf und herab. Im Traum erhält Jakob dasselbe Versprechen, das Gott bereits Abraham gegeben hat. Dann erwachte Jakob aus seinem Schlaf und sagte: »Wirklich, Adonai ist an diesem Ort und ich wusste es nicht!« Furcht überkam ihn und er sagte: »Hier ist nichts anderes als das Haus Gottes und das Tor des Himmels« (Genesis, 28,10–17). Ein befremdendes Geschehen.

Ich möchte dieses Beispiel ergänzen um zwei bibliodramatische Erfahrungen. In einem anderen Spiel zu Amos, Kapitel 7, als in Kapitel 2 beschrieben, gab es einen Priester aus Bet-El, mit Namen Amasja, der versuchte Amos, der nur von Gericht spricht, zu vertreiben. Im Bibliodrama-Spiel hat der Priester Amasja schon vieles probiert, aber es ist ihm nicht gelungen, Amos loszuwerden! Der Leiter intervenierte in dieser Weise: »Ich sehe, dass du alles probiert hast, um ihn wegzuschicken. Ich habe gehört und gesehen, mit welchen Tricks du das versucht hast. Jetzt habe ich das Gefühl, dass du ›ausgetrickst‹ bist, dass du jetzt mit leeren Hände dastehst. Und ich weiß, dass du Priester von Bet-El bist. Meine Frage ist: ›Tust du das alles im Kontakt mit Adonai oder stehst du nur im Dienst des Königs?‹« Stille. Es kam keine Antwort. Der Leiter ließ die Stille wirken. Im Nachgespräch kam beim Teilnehmer, der Amasja gespielt hatte, Entsetzen, Erschrecken und Wut zum Vorschein: »Du hast mich nicht in meiner Rolle befragt! Du hast mich persönlich befragt! Du bist in mein persönliches Leben eingedrungen! Weißt du eigentlich, was du für eine Verantwortung hast als Leitung?« Aus der Gruppe kamen sofort Widersprüche. Sie hatten es so erlebt, dass der Teilnehmer in seiner Rolle in Verbindung mit seinem konkreten Handeln im Spiel befragt wurde. Darauf antwortete der Leiter: »Ich merke, dass du erschrocken bist über die Frage. Du hast entdeckt, dass bei dir kein Suchen nach Adonai ist und dass du im Spiel keinen Kontakt mit Adonai aufgenommen hast.« Beim Abendessen sah der Leiter, wie sehr es den Teilnehmer noch beschäftigte und er bot ein Gespräch an, das gerne angenommen wurde. Darin wurde deutlich, dass der Spieler sich spontan herausgewagt hatte und buchstäblich von der Erkenntnis überfallen wurde, als er im Gespräch mit dem Spielleiter bemerkte, dass er eigentlich keinen Kontakt mit Adonai hatte. Er meinte, dass es so schlimm sei, dass er als Religionslehrer auch aufhören könne zu beten. Er sei im Spiel so erschüttert worden, weil ihm klar geworden sei, dass seine ganze Arbeit, dass sein Beruf in Frage stehe! Dies ist ein Beispiel von Heterotopie. Die gewählte Rolle, ihr Ort im Raum wird zu einem Anders-Ort, wo unausweichliche Entdeckungen gemacht werden. Diese Entdeckungen überfallen Menschen wie ein Dieb in der Nacht. Menschen reagieren oft spontan mit Abwehr, mit Widerstand, mit Verleugnung, mit Angriff. Das zeigt, wie tief eine heterotope Erfahrung auf die Menschen wirkt. Wie sehr sie das eigene Bild und Erleben in Frage stellt und den Finger in eine Wunde legt, die schon lange da war, aber erst jetzt ans Licht kommen kann.

Ein weiteres Beispiel. In einem Spiel zu Römer 8,18–39 waren folgende Orte in der Raumeinteilung benannt: die Römer, die diesen Brief von Paulus empfangen, das Seufzen der Schöpfung in Geburtswehen, das Leiden der gegenwärtigen Zeit, der Ort, wo von Sklaverei befreit wird, der Ort, wo der Geist in uns betet und sich unserer Schwachheit annimmt, der Ort der Liebe Christi, der Ort von Tod und Gewalten, die abhalten von der Liebe Christi, und der Ort, wo die Herrlichkeit offenbar wird. Eine römische Frau stand in die Mitte, wo das Leiden der gegenwärtigen Zeit seinen Platz hatte. Sie stand da und war gefangen in ihrem Leiden. Am Ort von Tod und Gewalten, die Leben unterdrücken und die Liebe Christi unmöglich machen wollen, stand ein Römer. Dieser hatte Mut gefasst durch den Brief von Paulus. Er ließ sich durch die Todesmächte nicht ängstigen. Er lud die Römerin ein, zu seinem Platz zu kommen und von dort aus alle Orte im Raum in den Blick zu nehmen – nicht nur die todbringenden Mächte und Gewalten. Im Gegensatz zu der Römerin sah er bereits das volle Szenario, das Paulus in seinem Brief beschreibt. Nach einigem Zögern folgte die Römerin der Einladung und merkte nach einer Weile zu ihrer eigenen Überraschung, dass der Leidensdruck weniger wurde, dass sie jetzt die Liebe Christi sah, das Seufzen und Beten des Geistes in uns und die Herrlichkeit, die offenbar werden soll. Sie war sehr überrascht von ihrer Entdeckung, dass sie auf dem Platz von Leiden nur noch Leiden gespürt und alles andere aus dem Blick verloren hatte. Sie blieb noch eine ganze Weile an diesem neuen Ort stehen. Im Nachgespräch sprach sie von Erleichterung und Erlösung! Diese Erfahrung blieb auch die ganze Woche in ihr lebendig. Sie hatte Umkehr erlebt im existenziellen Sinn, so, wie Jesus zur Umkehr einlädt, zum Anderssehen. Sie ging verwandelt in ihren Alltag zurück. Sie hatte eine existenzielle Glaubenserfahrung gemacht. Eine Heterotopie.

In diesen Beispielen wird deutlich, dass Menschen, die sich auf Bibliodrama einlassen, eine eigene Welt betreten, die sie sonst nicht betreten und nicht betreten könnten. Diese Welt im Bibliodrama besteht nicht nur aus ihren eigenen biografischen Erfahrungen, sondern auch aus den biblischen Erzählgeschichten, aus der Wechselwirkung daraus. Diese Wechselwirkung ist ein eigener Bereich. Dafür steht die Metapher »Raum«. Es ist ein neuer Raum, der durch die Wechselwirkung zwischen der eigenen Erfahrung und dem biblischen Text entsteht. Der erste Raum ist die eigene Erfahrung. Der zweite Raum ist die biblische Geschichte. Der dritte Raum, der »third space«, ist der Raum, der sich in der Begegnung zwischen eigener Erfahrung und biblischer Geschichte neu eröffnet. Es ist ein Raum, den Menschen bisher so noch nicht betreten haben. Dieser Raum geht über die eigene Erfahrung, d. h. über den Bereich der Existenz, und über den Bereich des Glaubens hinaus. Gott hat Raum – der Psalm sagt: »Du stellst meine Füße auf weiten Raum« – und eröffnet Räume. Dieser dritte Raum ist meist von überraschender Qualität. Er ist unmittelbar und unerwartet da. Er trifft die Teilnehmenden »aus heiterem Himmel«, macht zunächst sprachlos und lässt zögern, innehalten. Dieser Raum ist von anderer Qualität. Er ist eine Heterotopie, ein Anders-Ort. Er ist befremdend und ermächtigend zugleich. Das macht ihn zu einem Ort Gottes, einem »locus theologicus«. Dieser Raum fordert eine Antwort.

In unserem Bibliodrama-Modell geht es um diese heterotopen Räume als Raum Gottes. Es geht darum, ob und wie Menschen offen dafür sind, sich überraschen zu lassen. Rudolf Otto hat zur Beschreibung des Heiligen die Metapher vom »tremendum et faszinosum« eingeführt. Diese beiden Qualitäten gehören auch zu Heterotopien: Sie sind furchterregend und faszinierend, abstoßend und anziehend zugleich.

Schlussbemerkung

Wie kann ein Bibliodrama heterotope Erfahrungen stimulieren in dem Bewusstsein, dass heterotope Erfahrungen nicht machbar sind? Grundsätzlich geht es hier um eine hermeneutische Vorentscheidung. In unserem Modell geht es – ähnlich wie in den Ignatianischen Exerzitien – um die Begegnung der eigenen Lebensgeschichte mit den biblischen Geschichten und deren Gottesnarrationen. Die biblischen Geschichten schaffen dabei einen eigenen Raum, der sich in der Lebensgeschichte aufschließt und diese auf Erfahrungen hin erschließt, die bestenfalls darin versteckt, manchmal sogar darin vergraben waren. Das Aufeinandertreffen von biblischer und biografischer Geschichte verstehen wir als Akt der Verkündigung. Gerade deshalb ist es in unserem Bibliodrama-Modell wichtig, in der Raumeinteilung die Orte mitzunehmen, die potenziell offen sind für eine Heterotopie als Ort Gottes. Dazu gehören immer die Textteile, die dem Wirken Gottes oder Gottes in Jesus Christus oder dem Geist zu tun haben. Darum suchen wir immer nach der theologischen Mitte in den Perikopen. Die räumliche Verortung des Textes ist ein starkes Moment, das während des Spiels die Gottesnarration präsent hält. Diese Textverortung sowie die Rolle des Seelsorgers als Anwalt der Einzelnen, der Gruppe und des Textes und die Haltung der Spielenden gehören zum Ermöglichungsgrund heterotoper Erfahrung im Bibliodrama.

Bibliodrama als Möglichkeit heterotoper Erfahrung lädt Menschen ein, neue Räume zu betreten und zu erkunden, was es heißt, ein Mensch zu sein und zu werden unter Gottes guten Augen. Theologisch gesprochen geht es in jedem Bibliodrama um die Berufung des Menschen – eines Menschen, so wie Gott ihn gemeint hat. Dies ist auch die Bedeutung des Menschensohn-Titels im Buch Daniel, Kapitel 7. Darum spielen wir Bibliodrama. Wir meinen, dass dies das Kostbarste ist, das wir beizutragen haben: die Erfahrung Gottes als Geheimnis mitten im Leben des Einzelnen und der Gemeinschaft.

Dass wir durch das Bibliodrama auch vieles andere, Wichtige ernten, wie zum Beispiel einen kritischen Blick, der Schattengeschichten und Wirkungsgeschichten der biblischen Texte deutlich macht, ist wertvoll. Aber zugleich nicht das Zentrum unserer bibliodramatischen Bemühungen.

So wenig man heterotope Erfahrungen »machen« kann, so wichtig ist es doch, die Sehnsucht danach zu wecken und das Feuer zu hüten, auf dass wir nicht vergessen, wie und auf welche Weise Gott in uns, in der Gesellschaft und in den Kirchen eine bedeutsame Rolle spielen will.

Mehr als ein Familiendrama?
Mehr als ein Familiendrama!
1. Teil: Eine bibliodramatische Erfahrung mit Isaak, Rebekka, Esau, Jakob und deren Verheißung in Genesis 27,1–28,9

Verortung

Eine Gruppe von sechs Frauen und Männern plus Leitung. Es wurde der Tagestext der katholischen Leseordnung gespielt: Genesis 27,1–28,9:

27[1] Als Isaak alt geworden und seine Augen erloschen waren, sodass er nicht mehr sehen konnte, rief er seinen älteren Sohn Esau und sagte zu ihm: Mein Sohn! Er antwortete: Hier bin ich. [2] Da sagte Isaak: Du siehst, ich bin alt geworden. Ich weiß nicht, wann ich sterbe. [3] Nimm jetzt dein Jagdgerät, deinen Köcher und deinen Bogen, geh aufs Feld und jag mir ein Wild! [4] Bereite mir dann ein leckeres Mahl, wie ich es gern mag, und bring es mir zum Essen, damit ich dich segne, bevor ich sterbe.

[5] Rebekka hatte das Gespräch zwischen Isaak und seinem Sohn Esau mit angehört. Als Esau zur Jagd aufs Feld gegangen war, um ein Wild herbeizuschaffen, [6] sagte Rebekka zu ihrem Sohn Jakob: Ich habe gehört, wie dein Vater zu deinem Bruder Esau gesagt hat: [7] Hol mir ein Wild und bereite mir ein leckeres Mahl zum Essen; dann will ich dich vor dem Herrn segnen, bevor ich sterbe. [8] Nun hör genau zu, mein Sohn, was ich dir auftrage: [9] Geh zur Herde und bring mir von dort zwei schöne Ziegenböckchen! Ich will damit ein leckeres Mahl für deinen Vater zubereiten, wie er es gern mag. [10] Du bringst es dann deinem Vater zum Essen, damit er dich vor seinem Tod segnet. [11] Jakob antwortete seiner Mutter Rebekka: Mein Bruder Esau ist aber behaart und ich habe eine glatte Haut. [12] Vielleicht betastet mich mein Vater; dann könnte er meinen, ich hielte ihn zum Besten, und ich brächte Fluch über mich statt Segen. [13] Seine Mutter entgegnete: Dein Fluch komme auf mich, mein Sohn. Hör auf mich, geh und hol mir die Böckchen! [14] Da ging er hin, holte sie und brachte sie seiner Mutter. Sie bereitete ein leckeres Mahl zu, wie es sein Vater gern mochte. [15] Dann holte Rebekka die Feiertagskleider ihres älteren Sohnes Esau, die sie bei sich

im Haus hatte, und zog sie ihrem jüngeren Sohn Jakob an. ¹⁶ Die Felle der Ziegenböckchen legte sie um seine Hände und um seinen glatten Hals. ¹⁷ Dann übergab sie das leckere Essen und das Brot, das sie zubereitet hatte, ihrem Sohn Jakob.

¹⁸ Er ging zu seinem Vater hinein und sagte: Mein Vater! Ja, antwortete er, wer bist du, mein Sohn? ¹⁹ Jakob entgegnete seinem Vater: Ich bin Esau, dein Erstgeborener. Ich habe getan, wie du mir gesagt hast. Setz dich auf, iss von meinem Wildbret und dann segne mich! ²⁰ Da sagte Isaak zu seinem Sohn: Wie hast du nur so schnell etwas finden können, mein Sohn? Er antwortete: Der Herr, dein Gott, hat es mir entgegenlaufen lassen. ²¹ Da sagte Isaak zu Jakob: Komm näher heran! Ich will dich betasten, mein Sohn, ob du wirklich mein Sohn Esau bist oder nicht. ²² Jakob trat zu seinem Vater Isaak hin. Isaak betastete ihn und sagte: Die Stimme ist zwar Jakobs Stimme, die Hände aber sind Esaus Hände. ²³ Er erkannte ihn nicht, denn Jakobs Hände waren behaart wie die seines Bruders Esau, und so segnete er ihn. ²⁴ Er fragte: Bist du es, mein Sohn Esau? Ja, entgegnete er. ²⁵ Da sagte Isaak: Bring es mir! Ich will von dem Wildbret meines Sohnes essen und dich dann segnen. Jakob brachte es ihm und Isaak aß. Dann reichte er ihm auch Wein und Isaak trank. ²⁶ Nun sagte sein Vater Isaak zu ihm: Komm näher und küss mich, mein Sohn! ²⁷ Er trat näher und küsste ihn. Isaak roch den Duft seiner Kleider, er segnete ihn und sagte:

Ja, mein Sohn duftet wie das Feld, / das der Herr gesegnet hat.

²⁸ Gott gebe dir vom Tau des Himmels, / vom Fett der Erde, viel Korn und Most.

²⁹ Dienen sollen dir die Völker, / Stämme sich vor dir niederwerfen, / Herr sollst du über deine Brüder sein. / Die Söhne deiner Mutter sollen dir huldigen. / Verflucht, wer dich verflucht. / Gesegnet, wer dich segnet.

³⁰ Kaum hatte Isaak Jakob gesegnet und war Jakob von seinem Vater Isaak weggegangen, da kam sein Bruder Esau von der Jagd. ³¹ Auch er bereitete ein leckeres Mahl, brachte es seinem Vater und sagte zu ihm: Mein Vater richte sich auf und esse von dem Wildbret seines Sohnes, damit du mich dann segnest. ³² Da fragte ihn sein Vater Isaak: Wer bist du? Er antwortete: Ich bin dein Sohn Esau, dein Erstgeborener. ³³ Da überkam Isaak ein heftiges Zittern und er fragte: Wer war es denn, der das Wildbret gejagt und es mir gebracht hat? Ich habe von allem geges-

sen, bevor du gekommen bist, und ich habe ihn gesegnet; gesegnet wird er auch bleiben. ³⁴ Als Esau die Worte seines Vaters hörte, schrie er heftig auf, aufs Äußerste verbittert, und sagte zu seinem Vater: Segne auch mich, Vater! ³⁵ Er entgegnete: Dein Bruder ist mit List gekommen und hat dir den Segen weggenommen. ³⁶ Da sagte Esau: Hat man ihn nicht Jakob (Betrüger) genannt? Er hat mich jetzt schon zweimal betrogen: Mein Erstgeburtsrecht hat er mir genommen, jetzt nimmt er mir auch noch den Segen. Dann sagte er: Hast du mir keinen Segen aufgehoben? ³⁷ Isaak antwortete und sagte zu Esau: Ich habe ihn zum Herrn über dich gemacht und alle seine Brüder habe ich ihm als Knechte gegeben. Auch mit Korn und Most habe ich ihn versorgt. Was kann ich da noch für dich tun, mein Sohn? ³⁸ Da sagte Esau zu seinem Vater: Hattest du denn nur einen einzigen Segen, Vater? Segne auch mich, Vater! Und Esau begann laut zu weinen. ³⁹ Sein Vater Isaak antwortete ihm und sprach:

Fern vom Fett der Erde musst du wohnen, / fern vom Tau des Himmels droben.

⁴⁰ Von deinem Schwert wirst du leben. / Deinem Bruder wirst du dienen. / Doch hältst du durch, so streifst du ab / sein Joch von deinem Nacken.

⁴¹ Esau war dem Jakob Feind wegen des Segens, mit dem ihn sein Vater gesegnet hatte, und Esau sagte: Es nähern sich die Tage der Trauer um meinen Vater; dann werde ich meinen Bruder Jakob umbringen. ⁴² Als man Rebekka hinterbrachte, was ihr ältester Sohn Esau gesagt hatte, ließ sie Jakob, ihren jüngeren Sohn, rufen und sagte zu ihm: Dein Bruder Esau will sich an dir rächen und dich töten.

⁴³ Nun aber, mein Sohn, hör auf mich! Mach dich auf und flieh zu meinem Bruder Laban nach Haran! ⁴⁴ Bleib einige Zeit bei ihm, bis sich der Groll deines Bruders gelegt hat. ⁴⁵ Wenn der Zorn deines Bruders von dir abgelassen und er vergessen hat, was du ihm angetan hast, werde ich dich von dort holen lassen. Warum soll ich euch beide an einem Tag verlieren?

⁴⁶ Zu Isaak sagte Rebekka: Mein Leben ekelt mich wegen der Hetiterinnen. Wenn Jakob so eine Hetiterin, eine Einheimische, zur Frau nimmt, was liegt mir dann noch am Leben?

28 ¹Isaak rief Jakob, segnete ihn und befahl ihm: Nimm keine Kanaaniterin zur Frau! ²Mach dich auf, geh nach Paddan-Aram, zum Haus Betuëls, des Vaters deiner Mutter! Hol dir von dort eine Frau, eine von den Töchtern Labans, des Bruders deiner Mutter! ³Gott der Allmächtige wird dich segnen, er wird dich fruchtbar machen und vermehren: Zu einer Schar von Völkern wirst du werden. ⁴Er wird dir und mit dir auch deinen Nachkommen den Segen Abrahams verleihen, damit du das Land in Besitz nimmst, in dem du als Fremder lebst, das aber Gott Abraham gegeben hat. ⁵Isaak verabschiedete Jakob und Jakob zog nach Paddan-Aram zu Laban, dem Sohn des Aramäers Betuël. Dieser war der Bruder Rebekkas, der Mutter Jakobs und Esaus. ⁶Esau sah, dass Isaak Jakob segnete und nach Paddan-Aram schickte, damit er sich von dort eine Frau holt. Als er ihn segnete, trug er ihm auf: Nimm dir keine Kanaaniterin zur Frau! ⁷Jakob hörte auf seinen Vater und seine Mutter und begab sich auf den Weg nach Paddan-Aram. ⁸Als Esau merkte, dass die Kanaaniterinnen seinem Vater Isaak nicht gefielen, ⁹ging er zu Ismael und nahm zu seinen Frauen noch Mahalat als Frau hinzu, die Schwester Nebajots, die Tochter Ismaels, des Sohnes Abrahams.

Raumeinteilung

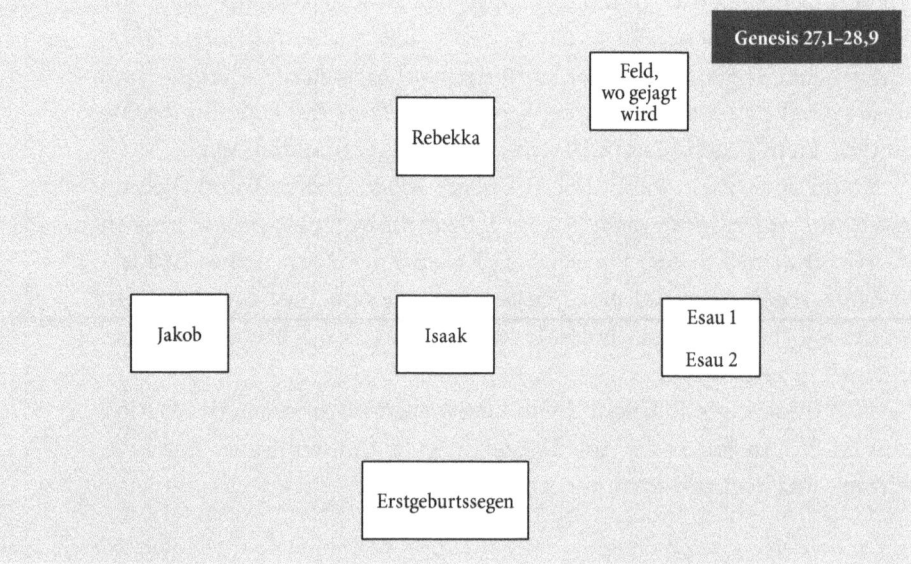

Isaak, Rebekka und Jakob werden als Rolle einmal gewählt, Esau wird von zwei Teilnehmenden gespielt.

Spiel

Wir lassen die Personen in ihrer Rolle und in ihrer Spielentwicklung sprechen.

Isaak:
»Ich bin in meinem Zelt für mich allein. Ich bin alt geworden, und ich spüre, dass ich nicht mehr lange Kraft habe, um meine Familie zu führen. Ich muss die Aufgabe meinem Erstgeborenen weitergeben, damit meine Familie eine Zukunft hat und die Verheißung, die mein Vater Abraham von Gott bekommen hat, weiter getragen werden kann. Alt, blind und müde bin ich geworden. Vieles läuft jetzt um mich herum, das ich nicht mehr mitbekomme. Ich fühle mich isoliert, das Leben geht ohne mich weiter.

Ich weiß, dass sich auch meine Frau Rebekka Gedanken darüber macht, wie es weitergehen soll. Sie ist jetzt mehr denn je meine rechte Hand, und ich weiß, dass sie nach dem Rechten schaut. Ich kann mich auf sie verlassen. Sie hat schon Zweifel daran geäußert, ob unser Esau den Aufgaben des Erstgeborenen gewachsen sein wird. Manchmal frage ich mich das auch. Doch es kommt, wie es kommen muss. Den Segen, ja, den Segen sollte ich ihm geben.

Da kommt sie ja, meine liebe Frau. Sie will mit mir sprechen. Sie macht sich Sorgen um die Zukunft, ob das gut gehen kann mit unserem Esau. Doch was erwartet sie von mir? Ich kann es ja auch nicht ändern. Er ist nun einmal der Erstgeborene und nicht Jakob, der für diese Aufgabe sicher besser geeignet wäre. Ja, so ist nun mal der Lauf der Dinge, so war es schon immer, und das können wir doch nicht einfach außer Kraft setzen. Es wird schon recht sein so. Dann muss ich jetzt wohl Esau rufen. Er soll mir ein Wildbret jagen. Da kommt er ja schon. Schnell ist er zurück. Ist er es wirklich? Ich frage ihn. Ja, er ist es. Das ging aber schnell! Er soll doch etwas näher treten, ich will ihn berühren. Die Stimme, ist es nicht Jakobs Stimme? Doch seine Arme sind behaart. Als ich ihm die Hände auf die Arme lege, fühlt es sich ganz stimmig an.

Doch, es ist richtig, dass ich diesen Esau segne, er wird schon in seine Aufgabe hineinwachsen. Ich segne ihn im Namen Gottes, bin jetzt ganz in Kontakt mit ihm, wie ich es sonst nur mit Jakob bin.
Wie erschrecke ich, als danach Esau kommt. Ja, Esau! Den ich gesegnet habe, war nicht Esau, sondern Jakob. Ich beginne zu zittern, verstehe gar nicht, was da passiert ist. Esau will auch einen Segen. Doch Jakob wird gesegnet bleiben – einen Segen kann ich nicht zurücknehmen. Vielleicht will ich auch nicht. Es hat sich so stimmig angefühlt – darum also! Doch wie erkläre ich das Esau, dass ich Jakob mit ihm verwechselt habe? Ich fühle mich schuldig, weiß nicht, was ich tun soll. Er sagt, dass er das auch könnte, die Aufgaben des Erstgeborenen wahrzunehmen. So gut wie sein Bruder. Ich kann ihn nicht anschauen, finde keinen Kontakt zu ihm. Ich segne ihn am Ende auch, doch es bleibt halbherzig – was er mir vorwirft – und es stimmt wohl. Seltsam, dass ich Jakob näher bin, obwohl er mich doch betrogen hat.«

Rebekka:
»Ich bin Rebekka, Isaaks Frau.
Eben habe ich gehört, wie er zu Esau gesagt hat: ›Geh, hol mir ein Wildbret. Ich will dich dann segnen, dir den Erstgeburtssegen geben.‹
Ich bin total erschrocken.
Mann! Das kannst du doch nicht tun!
Klar: Ich liebe meine beiden Kinder. So verschieden sie auch sind.
Aber Esau als Anführer unserer Sippe? Da schreit alles in mir ›Nein‹. Dann haben wir keine Zukunft. Der ist so triebgesteuert. Wenn er auf der Jagd ist, dann vergisst er alles. Dann verschwendet er keinen Gedanken an die Frauen und Kinder hier in unserem Lager. Nein, mit Esau haben wir keine Zukunft.
Aber was mache ich jetzt? Ich bin tief in Sorge…
Einen Betrug? Meinen Mann Isaak betrügen – das ist eigentlich nicht meine Art. Ich weiß noch nicht, was jetzt meine Aufgabe ist.
Später im Spiel greife ich ein. Ich nähere mich Isaak, der mir den Rücken zuwendet. Ich komme ganz nahe, spreche sanft in sein Ohr.
›Isaak, darf ich etwas sagen?‹ *Er nickt.*
›Du weißt doch, ich stehe voll hinter dir – mein ganzes Leben war ich an deiner Seite. Aber was ich eben gehört habe, hat mich zutiefst erschreckt.‹

Es kommt keine Reaktion von Isaak, ich spreche weiter, taste nach passenden, überzeugenden Worten.

›Du willst Esau den Erstgeburtssegen geben? Aber das geht doch nicht, was soll dann aus uns werden? Esau hat nicht das Zeug zum Anführer. Denk doch nur, wie leichtfertig er für ein Linsengericht sein Erstgeburtsrecht an Jakob verkauft hat.‹

Isaak schweigt lange, sein Antwort schneidet mir ins Herz: Er kann nicht anders. Esau steht der Segen zu! Ich spüre, dass ich argumentativ nicht überzeugen kann. Ich starte einen zweiten Versuch:

›Isaak, kann es sein, dass du nicht nur mit den Augen blind bist. Du scheinst mir schon lange weg zu sein von der Realität hier bei uns. Bekommst du überhaupt noch mit, was dein Sohn da alles macht, mit diesen ausländischen Frauen? Und überhaupt: Erinnerst du dich noch an die Verheißung bei der Geburt unserer Zwillinge: Der Ältere wird dem Jüngeren dienen, so hat es Adonai verheißen.‹

Isaak lässt mich nicht an sich heran. ›Ich habe meine Entscheidung getroffen!‹ *Seine Antwort löscht alle meine Hoffnungen auf einen möglichen anderen Weg aus.*

Während das Spiel an einer anderen Stelle weitergeht, muss ich mich dem Thema Betrug erneut stellen. Ist es wirklich Betrug? Nein, ich spüre, dass ich mich meiner Verantwortung für das Wohlergehen der Sippe stelle. Zugleich wird die Erinnerung an die Verheißung Gottes bei der Geburt meiner Zwillinge immer konkreter und stärker. Die Spannung zwischen der Treue zu meinem Mann und der Treue zu mir bekommt einen Ausschlag durch die Anbindung an Gottes Verheißung. So wird vor meinem inneren Richter aus dem ›Betrug‹ eine eigenverantwortete, verantwortungsvolle, strategische Handlung. So kann ich Jakob rufen und mit ihm überlegen, wie wir jetzt weiter vorgehen.

Im Gespräch mit Jakob kann ich mich dem Text der Schrift anvertrauen und spüre seine Tragkraft. Der Begriff ›Betrug‹ findet keine Resonanz mehr in mir. Alles Vorgehen scheint in sich schlüssig – und gelingt. Jakob erhält den Erstgeburtssegen. Mit Augen und Körper bleibe ich die ganze Zeit nahe bei Isaak – es schmerzt mich, dass er meine Anwesenheit nicht wahrnimmt – beziehungsweise nicht ins Wort bringt.«

Jakob:
(In der Rollenrunde) »Ich bin Jakob. Ich habe gehört, dass mein Vater Isaak meinen Bruder Esau geschickt hat, um ihm ein Wild zu schießen und zuzubereiten, und dass Isaak Esau dann als Erstgeborenen segnen will. Mir ist klar, dass sich jetzt alles entscheiden wird. Mit dem Segen des Erstgeborenen ist die Verantwortung für die ganze Gemeinschaft verbunden. Ich spüre, dass ich die tragen möchte, und ich glaube, dass ich dafür besser geeignet bin als mein Bruder. Aber wie komme ich zu diesem Segen? Noch wichtiger: Wie schaffe ich es, dass mich mein Vater endlich sieht? Dass er mich mit meinen Fähigkeiten sieht? Das vermisse ich so sehr. Meine Mutter schlägt eine List vor. Dann bekomme ich vielleicht den Segen. Aber gesehen werde ich dann doch nicht. Wäre es nicht viel besser, meinen Vater offen mit meinem Anspruch zu konfrontieren? Ihm deutlich zu machen, dass ich besser geeignet bin als mein Bruder? Dann müsste er mich endlich anschauen. Aber dann bekomme ich vielleicht seinen Segen nicht. Ich bin hin- und hergerissen. Was soll ich nur tun?«

(Im Spiel) »Ich habe mich entschieden. Ich befolge den Rat meiner Mutter und tue so, als wäre ich Esau. Vielleicht hat sie Recht und mehr ist mit Isaak nicht möglich. Er wird sich nicht offen gegen die Tradition des Erstgeborenen stellen. Die List macht es ihm möglich, mich zu segnen, ohne sich zu mir und gegen die Tradition bekennen zu müssen. Das sind der einzige Weg und die höchste Form, in der sich das Heilsame entfalten kann. Ich gehe verkleidet zu meinem Vater.
Ich bin gesegnet worden, aber ich kann mich nicht daran freuen. Ich bin nicht wirklich gesehen worden. Er hat den Erstgeborenen gesegnet, aber nicht ausdrücklich mich. Aber er hat doch gemerkt, dass es nicht Esau ist, den er segnet. Da bin ich mir sicher. Mir ist auf diese versteckte Weise die Fülle des Lebens und die Verantwortung für meine Geschwister zugesagt worden. Reicht mir das?«

(Im Glaubensgespräch) »Ich habe den Segen nicht wirklich angenommen. Ich bin in dem Schmerz, nicht wirklich gesehen worden zu sein, gefangen geblieben. Bin immer noch in dem Schmerz, dass sich mein Vater nicht offen zu mir bekannt hat, verhaftet. Das ist vertraut. Das schmerzt, gibt aber auch Sicherheit. Kann ich den Blick wechseln von mir als Verletzten auf mich als Gesegneten? Das ist neu und das Neue macht mir Angst. Kann sich der Segen trotzdem in meinem Leben entfalten?«

Esau 1:
»Ich bin Esau, der älteste Sohn. Mein Vater hat mich rufen lassen. Er wird alt und blind und spürt sein Ende kommen. Der Alte. Segen soll ich bekommen, ich bin ja auch der Älteste. Och, das scheint mir auch gut, ich habe schon mein Erstgeburtsrecht verkauft, weil ich so hungrig war. Jetzt geht es darum, wie es weitergehen soll. Ich hänge nicht so an Traditionen, das haben meine Eltern auch bemerkt, als ich eine Frau aus einem anderen Volk gewählt habe. Ich habe sehr wohl gemerkt, dass meine Mutter das nicht so gerne hat. Aber ich finde meine Frau schön. Und jetzt: ich bekomme seinen Segen als Erstgeborener. Ja, das will ich auch. Es hat immer Vorteile, diesen Segen zu bekommen und die Familie weiterzuleiten. Ich gehe jetzt jagen, ein leckeres Wild schießen und zubereiten, und dann sehen wir weiter.

Später komme ich zu Isaak. Sehen kann er kaum noch, aber er wird riechen, wie lecker es ist, was ich zubereitet habe. Was? Du hast deinen Erstgeburtssegen schon erteilt? Was ist hier los? Wie ist das möglich? Mein Vater sagt: ›Da war schon einer, das muss dein Bruder gewesen sein, ein bisschen Zögern habe ich gespürt, seine Stimme war nicht so, wie ich gewohnt war, aber seine Haut war wirklich wie von dir: stark behaart. Es tut mir leid, Esau, aber ich habe den Erstgeburtssegen schon erteilt, und den gibt es nur einmal.‹

Ich spüre nach, ob ich enttäuscht bin. Ich weiß es nicht sicher. ›Hast du denn keinen Segen für mich, Vater?‹ Ich merke, dass ich auch einen Segen will. ›Was bedeutet dieser Segen für dich, Vater?‹ ›Ich will‹, sagt Isaak, ›dass die Familie weitergeht und weitergeführt wird, dass es neue Kinder gibt, dass Land und Vieh sich vermehren, dass es einen *Pater Familias* gibt, dass unsere Sippe weiter besteht. Du bist der Älteste!‹ ›Aber Vater, das kann ich auch, das will ich auch. Früher hast du noch mehr über unsere Verheißung und Adonai gesprochen, da war ich nicht so begeistert. Du weißt, dass ich die anderen Frauen gern habe, ich will auch meinen eigenen Weg gehen. Und jetzt merke ich, dass ihr gar nicht protestiert habt, als ich für einen Teller Linsen mein Erstgeburtsrecht verkauft habe. Ist, was hier passiert, nur die List von Jakob, oder spielt ihr hier eigentlich auch mit mir?‹

Ich höre jetzt nichts mehr von Adonai und von Verheißung! Da bin ich auch nicht so wild drauf. Dann möchte ich doch diesen Segen haben. Oder jedenfalls einen anderen Segen, ich möchte doch auch was Gutes mitbekommen.«

Esau 2:
»Auch ich bin Esau. Ich bin Zwilling! Ich kenne beide Seiten in mir, habe bisher im Leben die Erfahrung gemacht, dass ich sowohl Gesegneter als auch Ungesegneter bin. Hier, in dieser Familie und auch außerhalb.
Und ich bin Erstgeborener, deshalb bin ich heute und hier Esau.
Oft bin ich im Laufe der Jahre unterwegs gewesen, lange Zeit weg, fern von der Familie. Die Zugehörigkeit war mir nicht immer so wichtig, und ich habe ja auch eine fremde Frau. Und einmal, da habe ich mein Erstgeburtsrecht verkauft, als ich hungrig war.

Nun hat mich aber meine Familie gerufen. Vater Isaak ist alt und schwach. Er ist beinah blind und die Familie möchte die Nachfolge regeln. Eigentlich ist es eine Sache des Vaters, von Vater zu Sohn, aber bei uns hat Mutter Rebekka auch etwas zu sagen.
Sie stehen beide vor mir.
Vater möchte mir den Segen geben. Das hat mich gerührt, denn ich weiß ja, dass mir meine Freiheit oft wichtiger war.

Die Beziehung zu Rebekka war immer schwierig. Sie hat mich nie richtig verstanden. Ich war zu wild, zu anders, als sie sich einen Sohn gewünscht hat. Jakob passt besser zu ihr.
Unterwegs im Wald, um die Aufgabe des Vaters zu erfüllen, denke ich über vieles nach. Nun heißt es, Verantwortung zu übernehmen. Für meine Sippe. Und das heißt auch, Verantwortung für die Geschichte mit Adonai. Ich freue mich, dass Vater mir das zutraut.

Segen erhalten bedeutet auch dazugehören. Immer mehr merke ich, wie wichtig mir das ist. Und dass ich meinen Beitrag dazu leisten möchte. Es heißt, wir tragen eine Verheißung von Adonai in uns.

Nein, die Frauen waren mir nicht wichtiger als die Familie. Das ist ein anderer Esau. Aber eine Frau zu haben, die zu mir passt, das ist mir wichtig, meine Wahl-Freiheit ist mir wichtig. So sein zu können, wie ich bin. Der Segen des Vaters bedeutet mir: Wie du bist, gehörst du mit in die Verheißung. Das habe ich lernen müssen, jetzt stehe ich dazu. Dafür bin ich nun bereit.

Ja, nun bringe ich dem Vater das Wild, und ich bin bereit, den Segen zu empfangen.

Der andere Esau ist schon dort, er hat mit Schrecken erfahren, dass der Segen schon gesprochen wurde. Der blinde Vater wurde getäuscht. Von Jakob. Und von Rebekka. Oder hat sich Isaak täuschen lassen?
Der Segen ist weg! Und Jakob auch, Mutter hat ihn weggeschickt. Aus Angst.
Vater ist alt, traurig. Er ringt mit sich, mit Mutter, mit Adonai.
Der Gedanke, dass Jakob nun mit dem Segen beschenkt wurde, der Fett und Korn und Wein verheißt, macht mich wütend. Ausgerechnet er, der sich doch kaum durchs Leben schlagen kann. Aber Jakob etwas antun? Wieder sehe ich, dass Rebekka mich schlecht kennt. Wir schauen uns lange an, ohne Worte. Aber mit beiderseitigem Verstehen unseres tiefen Unverstehens.

Sie spricht von Verantwortung, von Adonai, von etwas, das weitergehen muss.
Genau verstehe ich nicht, was sie meint.
Und wo bleibe ich? Mein Platz ist nicht hier, an der Seite der alten Eltern.
Ich werde mein eigenes Leben leben müssen.«

Kurzer Nachtrag: Esau war derjenige, der Jahre später ohne Groll Jakob begegnen kann. Und mit großem »Haus«. Eine Generation später schenkt Josef allen seinen zwölf Söhnen seinen Segen. Es gibt nicht mehr »nur einen«.

Die Leitung

Rebekka fühlte ich sehr verbunden mit ihrem Thema »Ist es nur Betrug oder ist es auch Verheißung, wenn ich Jakob dazu ermutige, sich den Segen zu erschleichen? Kann ich glauben, dass Adonai eine andere Moral hat als unsere bürgerliche, die nur schwarz und weiß kennt? Rechtfertigt die Sturheit und Nicht-Erreichbarkeit Isaaks, dass ich ihm Jakob als Esau unterschiebe?«

Nur ein gebildetes Gewissen ist ein gutes Gewissen, sagt Hellinger.

Woran bilde ich mein Gewissen, meine Gefühle von Schuld und Scham? Es gibt eine innerweltliche Moral und Logik, die den Wegen Adonais kaum folgen kann.

Isaak lässt sich nicht von seiner Frau in ein wirkliches Gespräch hineinziehen. Er kennt nur sein Gesetz. Dieses steht fest. Er übernimmt keine Verantwortung im Hier und Jetzt. Die Tradition ist leblos, und er ist ihr Erfüllungsgehilfe. So empfinden und reden alle Handlanger in Lagern. Sie haben sich bereits aufgegeben. Sie haben zu viel »Wir« und zu wenig »Ich« kultiviert. Isaak ist lebendig tot – für seine Frau, für seinen jüngsten Sohn. Für Adonai. Dessen vermeintliches Gesetz führt er zwar im Munde, aber mit ihm persönlich reden, das tut er vermutlich schon lange nicht mehr.

Jakob leidet an der Missachtung seines Vaters Isaak. Auch der erschlichene Segen macht diese Wunde noch nicht heil. Der Segen scheint auch ganz und gar ein innerfamiliärer Segen zu sein. Da ist es klar, dass der erschlichene Segen, mit dem er nicht gemeint ist, das ständige Übersehen werden durch den Vater nicht heilt. Mit der Berufung eines Menschen durch Adonai, hinaus aus den familiären Verstrickungen, hat das noch nicht viel zu tun.

Stellt sich die Frage: Was ist denn der Erstgeborenen-Segen? Ursprünglich der Segen, der die Leitung der Sippe regelt, das Erbe. Der Gesegnete ist der Stammvater einer Sippe. Gleichzeitig ist der Gesegnete der, der die noch junge Beziehung zu Adonai bewahren soll. Im Fall von Isaak ist es ja erst die zweite Generation! Handfeste ökonomische wie familienstrategische Motive vermischen sich im Segen mit religiösen Motiven.

Es liegt also auf der Hand, dass die Spielenden automatisch auch ihre Familien-Erfahrungen und moralischen Bewertungen in die eigene Rolle und in die Begegnungen im Spiel hineintragen. Kann so ein Bibliodrama dann überhaupt über die eigenen Erfahrungen hinausgehen und Menschen in einen größeren Horizont einbetten, in den Horizont Adonais? Ja, das Bibliodrama kann! Zuallererst ist es immer der biblische Text selbst, der die religiöse oder die Glaubens-Dimension bewahrt und zur Sprache bringt. Die Raumeinteilung ist das zweite Element, das diese Dimension in Erinnerung hält. Und dann sind da noch die Spielenden und die Leitung, die deutlich machen können im Suchen, Ringen und Streiten, ob und wie der Glaube und das Vertrauen auf Adonai eine Rolle spielen. Und auf diese Weise den eigenen biografisch geprägten Bezugsrahmen übersteigt, transzendiert! Das geschieht auch in diesem Spiel unterschiedlich deutlich, wie zum Beispiel bei Rebekka, die in der Erinnerung an die Verheißung Adonais »Der Ältere wird dem Jüngeren dienen« eine neue Bewertung des Betrugs erkennt. Jakob, der sich zwar den Segen erschleicht und trotzdem weiter darunter leidet, als Sohn von seinem Vater nicht gesehen worden zu sein, leidet zunächst an seiner Familienwunde weiter. Der Segen öffnet noch keine neue Tür zu einem neuen Selbstverständnis aus dem Glauben. Im Glaubensgespräch kann Jakob aber deutlich formulieren, warum der Segen noch nicht wirken kann. Die Angst ist noch stärker: »Kann ich den Blick wechseln von mir als Verletzten auf mich als Gesegneten? Das ist neu, und das Neue macht mir Angst. Kann sich der Segen trotzdem in meinem Leben entfalten?« Meine Antwort auf Jakobs Frage lautet: »Ja, Jakob, Segen wirkt in dem, der ihn in sich groß sein lässt!«

Muss das sein, das mit der Sünde?
Mehr als ein Familiendrama!
2. Teil: Eine bibliodramatische Erfahrung mit Lukas 15,11–32

Einführung

Nach Hunderten von Bibliodrama-Spielen seit 1980 wird für mich immer deutlicher, dass unser Bibliodrama neben der Glaubensentwicklung und der Glaubenskommunikation auch einen großen Beitrag für die praktische Exegese leistet. Mir ist klar geworden, dass Jesus ein Meister der direkten Kommunikation war. Diese unmittelbare Kommunikation ist das, was Menschen heute und damals auch am meisten ärgert und einlädt, diese anzunehmen, zu umgehen oder zu verweigern. »Deine Sünden sind dir vergeben«, sagt Jesus in Lukas 5,20 zu dem Gelähmten. Und über die gekrümmte Frau in Lukas 13,16: »Sie ist auch eine Tochter Abrahams.« Und ich ergänze die Rede Jesu sinngemäß: »Gerade weil sie Tochter Abrahams ist, darum soll sie jetzt Heilung finden. Ihr alle habt das vergessen, dass sie Tochter Abrahams ist.« Auch bei Zachäus erinnert Jesus daran, dass er ein Sohn Abrahams ist. Zu dem geheilten Lahmen, dem Jesus zum zweiten Mal im Tempel begegnet (Johannes 5,14) sagt Jesus: »Sündige nicht mehr, sodass dir nicht noch Schlimmeres widerfährt.« – »Wenn ihr blind wärt, hättet ihr keine Sünde. Jetzt aber sagt ihr: Wir sehen. Darum bleibt eure Sünde.« (Johannes 9,41) »Ich habe gesündigt gegen den Himmel und gegen dich, Vater.« (Lukas 15,21) Und die blutflüssige Frau zwingt er zum Reden: »Und sie erzählte ihm die ganze Wahrheit.« Da wurde sie doppelt geheilt. Dies sind ein paar wenige Beispiele direkter, unmittelbarer Kommunikation. Es scheint so, als ob Jesus leibhaftig deutlich machte: »Nur was auf den Tisch kommt, kann verwandelt werden.« Dies ist das eucharistische Grundgesetz der Kirche, und mein Lehrer Schillebeeckx nannte das die »sakramentale Heilsökonomie«. Bibliodrama spielen – als Form von Seelsorge und als Form biblischer Spiritualität – ist Einübung in diese kommunikative Praxis Jesu. Ich habe manchmal den Eindruck, dass diese kommunikative Praxis 80 % vom Evangelium ausmacht. Im Bibliodrama wird diese Praxis direkt gelebt und geübt.

Das kommunikative Angebot

Interessant ist, dass der geheilte Lahme und die geheilte Gekrümmte die Worte von Jesus annehmen und nach Hause gehen. Die Pharisäer nehmen sie nicht an, obwohl der Lahme am Sabbat im Tempel seine Bahre genommen hat, gegangen ist und den Juden erzählte, dass es Jesus war, der ihn geheilt hat.

Jesus braucht für seine seelsorgliche Kommunikation keine Stunden, um anzufangen und das eigentliche Thema auf den Tisch zu bringen. Er ist direkt und sofort da und zwar auf einer existenziellen Ebene, weit weg von aller Moralisierung. Bei Jesus war Religion noch nicht langweilig (Hans Conrad Zander). Und seit ich Bibliodrama als Seelsorge spiele, ist für mich Seelsorge nie mehr langweilig geworden. Worum geht es bei dieser Kommunikation in den Parabeln von Lukas 15,3–32? Ich meine, es geht um Gottes Präsenz oder Gottes Vergessenheit, um Abwesenheit von wirklicher und wirksamer Erinnerung an ihn. Wie in der Wüste – nach dem Auszug aus Ägypten – lautet die Frage, um die es in Lukas 15 geht: »Ist Gott wirklich in unserer Mitte oder nicht?« Wir erinnern uns: Der Gelähmte und die Gekrümmte hatten vergessen, dass sie Sohn und Tochter Abrahams sind. Dem entspricht, dass sie auch von ihrer Umgebung nicht als Zugehörige zum Volk Gottes wahrgenommen werden. Das ist ihre Krankheit. Das ist die Sünde von allen. Jesus heilt sie durch die Erinnerung, indem er sagt: »Du bist eine Tochter, ein Sohn Abrahams!« Auf diese Weise werden sie wiederhergestellt in ihrer Würde, die sie als Abbild Gottes schon längst hatten. Es geht in diesen Texten darum, die theologische Mitte zu finden.

Ein Beispiel dafür, dass wir bei unseren exegetischen, theologischen und existenziellen Untersuchungen eines Textes viele interessante und wichtige Aspekte zur Sprache bringen und doch das theologische Kernthema nicht finden oder umgehen, fand ich bei einer Diskussion auf Facebook am 23. März 2014. Es ging um Lukas 15,11–32, in der der jüngere Sohn sein Erbe fordert und in die weite Welt geht. Mir ist aufgefallen, dass wir uns abarbeiten an Autoritäten, an der Gender-Thematik und vielen anderen Themen, die durchaus wichtig sind. Allerdings vermisse ich als Anwalt des Textes öfters das Kernthema. Es ist Jesus, der diese Geschichte erzählt, und er will uns etwas deutlich machen. Der jüngste Sohn bringt ein Thema mit nach Hause: »Ich habe gesündigt gegen den Himmel und gegen dich, Vater.« Das Thema Sünde, immer wieder dieses Thema, das so lästig und so unbequem ist! Kann dieses missverstandene und missbrauchte Thema nicht endlich weggelassen werden aus dieser Geschichte? Meine Erfahrung ist: Sünde, sündigen – dieses Thema wird oft verneint und umgangen in der Geschichte selbst und in unseren Diskussionen. In Lukas 15 erkennen alle sofort ihre Familiendramen, weil beinahe alle darin verstrickt sind. Und doch glaube ich, dass es in dieser Geschichte um viel mehr geht. Das haben mir meine Bibliodrama-Erfahrungen mit diesem Text deutlich gemacht.

Erinnern ist Erlösung, vergessen ist Exil!

Das erste, was mir auffällt, ist, dass diese Geschichte auf Facebook besprochen wird. Eine Geschichte, erzählt von Jesus, beschäftigt uns nach 2000 Jahren noch immer. Das ist nicht selbstverständlich. Im Gegenteil!

Für mich hat sich hier bewahrheitet, dass diese Geschichte von Jesus nach 2000 Jahren noch immer so aktuell ist wie damals. Es ist noch immer schwierig, die eigentlichen Themen auf den Tisch zu bringen. Jedenfalls geht es hier auch um die Erfahrung der Sünde. Ich weiß nicht, was den jüngsten Sohn in seinem Herzen oder Kopf bewegt, als er bekennt, dass er gegen seinen Vater und den Himmel gesündigt habe. Aber es steht so im Text, und dieser Text ist mein Gegenüber. Als Anwalt des Textes lerne ich am meisten, wenn ich diesen Text als Ganzes ernst nehme, wenn ich der Versuchung widerstehe, diesen Text zu entschärfen, indem ich unliebsame Aspekte ausblende.

Lukas 15 ist weder neutral, noch wertfrei, noch harmlos. Er lässt viel Raum für Interpretation.

Für mich ist eines der Kernthemen des Textes, dass der jüngere Sohn bei sich selbst denkt und sagt: »Ich habe gesündigt gegen den Himmel und gegen dich.«

Raumeinteilung

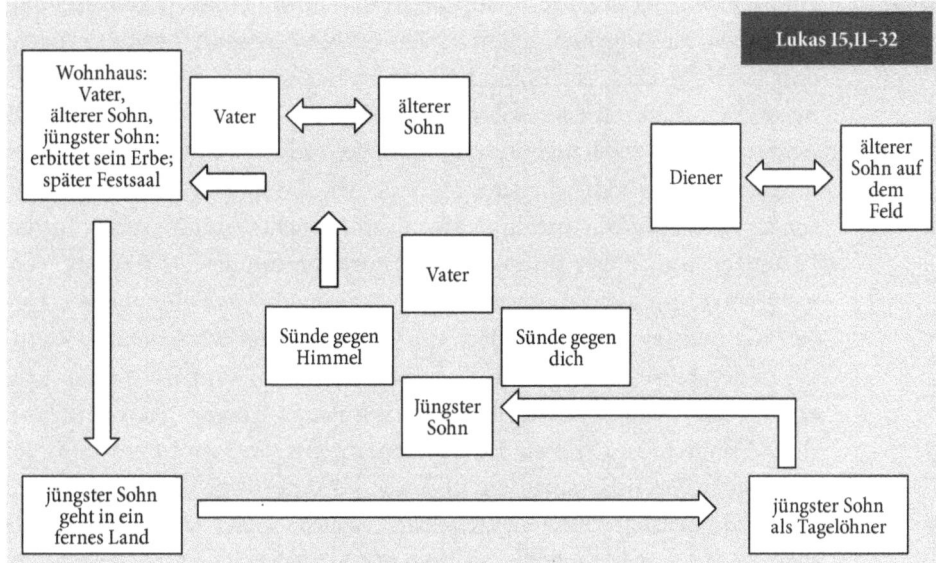

Erfahrung mit Drehbuchautoren

Ich habe diesen Text schon sehr oft in verschiedenen Gruppen gespielt. Eine Erfahrung kommt mir sofort ins Gedächtnis. In den 90er-Jahren hat Gotthard Fuchs mich eingeladen, in Mainz bibliodramatisch mit einer Gruppe von 40 Frauen und Männer zu arbeiten. Es waren alles Drehbuchautoren für Radio und Fernsehen, eine säkulare Gesellschaft. Ich habe zunächst gefragt, welche biblischen Geschichten sie kennen. Fünfzehn verschiedene wurden genannt. In einem Wahlprozess wurde Lukas 15 ausgewählt, bekannt als die Geschichte vom verlorenen Sohn. Woran ich mich erinnere, ist, dass die meisten sich sehr intensiv auseinandergesetzt haben mit dieser Geschichte. Sie waren begeistert davon, weil sie darin eine Familiengeschichte erkannten. Mir ist es damals kaum gelungen, diese Gruppe mit dem so unbeliebten Thema der Sünde in Kontakt zu bringen. Im Spiel kann ich als Leiter nur daran erinnern, nicht dazu zwingen. Ich kann jeden, der die Rolle des jüngeren Sohnes gewählt hat, fragen: »Was machst du mit deiner Sünde gegen den Himmel? Hast du darüber nachgedacht?« Auch in religiös geschulten Gruppen habe ich diesen Text oft gespielt. Auch da besteht eine starke Neigung, die Sünde gegen den Himmel fallen zu lassen, zu verneinen, zu umgehen. Ich habe den größten Gewinn daraus gezogen, dass ich beharrlich am Text blieb und immer wieder an die Sünde erinnerte. Erst dadurch ist bei den Spielenden die Bereitschaft entstanden, nachzudenken, nachzuspüren, in Kontakt zu gehen mit dieser Aussage und was sie für jeden persönlich bedeuten kann. Erst kamen die Klischees. Die Sünde wurde mit Moral, mit Beichte, mit Naschen in der Fastenzeit und Ärger unter Geschwistern verbunden. Auf meine Verweigerung, mich auf dieses wenig erwachsene Niveau einzulassen, fingen die meisten an nachzudenken, was das eigentlich bedeuten kann, gegen den Himmel gesündigt zu haben. Erst dann kamen Erfahrungen, wie sie als jüngerer Sohn mit ihrer Sehnsucht umgegangen sind, mit ihrer Freiheit, und wie sie ihren Umgang mit Gott, mit dem Himmel gepflegt haben oder auch wie und was sie unterwegs vergessen haben. Es wurde deutlich, dass alle, die die Frage nach der Sünde gegenüber dem Himmel mit nach Hause bringen, ein wichtiges Gespräch eröffnen. Ein Gespräch, das bisher im Haus so nicht geführt wurde und das der Vater und der älteste Sohn selbst jetzt noch vermeiden. Was bedeutet Gott eigentlich in unserer Familie? Was sind unsere Wurzeln? Woraus leben wir? Sehnsucht nach Gott, nach Himmel, nach Lebensfülle, Lebenssinn – lebt diese Sehnsucht noch in uns? Mehr und mehr ist für mich die Geschichte vom verlorenen Sohn und wiedergefundenen Vater eine Geschichte über eine Familie geworden, in deren Haus bis jetzt nicht kommuniziert worden ist. Es wurde zu wenig geredet, zu wenig miteinander, über existenzielle Erfahrungen, über das Leben, über den Glauben, über Gott. Vermutlich wurde in diesem Haus über vieles geredet, nur über das nicht. Oder vielleicht wurde gar nicht geredet. Denn hat der jüngere Sohn geredet, als er nach seinem Erbe gefragt hat? Hat er das Erbe gewürdigt auf seiner Entdeckungsreise? In diesem Sinne gehört das Haus in Lukas 15 zu einer sprachlosen Kultur. Es stimmt, die Mutter wird nicht genannt. Vielleicht auch deswegen erzählt André Gide die Geschichte neu, indem er auch eine Mutter auftreten lässt. Dadurch kommt er in seiner Erzählung aber auch nicht weiter. Er führt einen dritten Sohn ein. Dieser nimmt sich die Freiheit wie der jüngere Sohn. Im Unterschied zu Lukas 15 kehrt der dritte Sohn aber nie mehr zurück. Ich finde die paraphrasierende Erzählung von Gide interessant, denn sie fragt danach, wie konsequent ein Mensch Vater und Mutter verlassen muss, um ein eigenes Leben zu führen. Aber auch Gide lässt die kostbarste Fragen außen vor: »Wie ist es eigentlich mit unserem Himmelsbereich? Wie ist es mit unserer Sehnsucht?« Er kritisiert die Amtsträger der Kirche, die die Menschen nicht in ihrer Freiheitsgeschichte bestärken. Er hat Recht, wenn er schreibt, dass der Katechismus der katholischen Kirche sagt, die Sünde bestehe darin, den eigenen Lebensweg zu gehen. Eine solche Interpretation der Sünde ist erschreckend, verleugnet sie doch das tiefste Wesen des Christentums, das seit der Apostelgeschichte 9,2 »Anhänger des Weges« genannt wird. Dem entspricht auch die beste Übersetzung vom Spruch Adonais an Abraham »Geh in das Land, das ich dir weisen werde«: »Abraham/Sara, geh endlich für dich.«

Mehr als ein Familiendrama: Haus der möglichen Kommunikation

Familiendramen, von Gott Abschied nehmen, das sind alles Erfahrungen, die wir schon lange kennen. Erfahrungen wie das Weggehen aus dem Paradies – oder das Weggejagt werden vom Engel. Existenzielle, menschliche Erfahrungen, wie die eigenen Wege zu gehen, Verantwortung zu tragen, Freiheit zu leben, auch wenn es Schweiß und Tränen kostet. – Der jüngere Sohn geht seinen Weg, macht seine Entdeckungsreise und Erfahrungen. Sein Vater gibt ihm Raum, seinen eigenen Weg zu gehen. Interessant ist, dass der Text nichts davon erzählt, ob die beiden miteinander geredet haben. Ob der Vater gefragt hat, was den Sohn bewegt, jetzt schon nach dem Erbe zu fragen. Und ob der jüngere Sohn mitgeteilt hat, was ihn umtrieb. Da steht auch nicht, dass der jüngere Sohn sein Geld mit Huren durchbringt. Diese Moralisierung und Abwertung sitzt allein im Kopf des älteren Bruders. Der Vater – ja, es darf auch die Mutter sein, denn der Hinweis auf himmlischen Vater/Mutter ist deutlich – hat noch immer Sehnsucht nach seinem Sohn und lebt diese jeden Tag. Er legt ein mütterliches Verhalten an den Tag. Als die Not am größten ist, macht der jüngere Sohn eine wichtige existenzielle Erfahrung: Er erinnert sich plötzlich an sein Vaterhaus. Er entscheidet sich, zurück nach Hause zu gehen und das zu sagen, was ihm auf der Seele liegt. Für mich ist das die theologische Mitte des Textes: Ich habe gesündigt gegen den Himmel und gegen dich, Vater. Was das bedeutet, kann nur im Gespräch zwischen Vater und Sohn deutlich werden. Es gibt keinen Weg daran vorbei, will man nicht auf der Stelle treten und die eigenen Vermeidungsmechanismen beibehalten. Es gibt nur dann eine Entwicklung, wenn sich jeder dieser Frage stellt und seine eigene Lebens- und Glaubensgeschichte daraufhin untersucht. In vielen Spielen wird auch nicht deutlich, was die Sünde gegen den Vater ist. Am häufigsten ist mir aufgefallen, dass das Glück, erwartet und wieder angenommen zu werden, das Gefühl beherrschte. Ich habe mehrmals gesehen, dass sich im Spiel Vater und Sohn bei der Rückkehr umarmten und ganz froh waren. Das dauerte eine Minute. Und dann standen sie da, und es kam nichts mehr. Langweilig, als ob sie einander nichts mehr zu sagen hatten. Auch da war es notwendig zu fragen: »Willst du deinem Vater noch etwas sagen?« Die Armut des jüngeren Sohns besteht in der Tiefe darin – so ist meine Erfahrung bei diesen Bibliodrama-Spielen –, dass er noch nicht wirklich gesagt hat, was er seinem Vater zu sagen hat, und dass er seine eigentliche Sehnsucht und die eigentliche Gottes-Vergessenheit entdeckt. Das wurde immer deutlich bei der Frage nach Gott. Ob gesagt wurde: »Damit habe ich nichts mehr am Hut.« Ob Menschen beschämt sagten, dass sie darüber bis jetzt nicht nachgedacht hätten und jetzt erst auf die Idee kämen, dem nachzugehen und nachzuspüren. Diese erschütternde Erfahrung treibt den jüngeren Sohn nach Hause, und dort legt er gleich in der ersten Begegnung mit dem Vater diese Erfahrung auf den Tisch: »Ich habe gegen den Himmel und gegen dich gesündigt, Vater!« Neben all dem, was er schon gelebt hat, gibt es auch noch das nichtgelebte Leben des jüngeren Sohns. Das ist das, »worüber man nicht spricht«, oder alles, was noch nicht kommuniziert wurde. In dem Augenblick, in dem der jüngere Sohn dieses Thema des nichtgelebten Lebens in der Familie auf den Tisch bringt, haben alle im Hause eine Chance, endlich ins Gespräch zu kommen über das, was uns angeht. Dann hat unter anderem auch der ältere Bruder eine Chance, sein Kopfkino über Hurerei loszulassen und neu in die Geschichte hineinzuschauen. Sein Frust gegenüber dem Vater, sein Klagen ist kein Unsinn. Doch ist er bisher sehr passiv geblieben, vielleicht weil er sein Erbteil noch nicht ganz übernommen hat. Und auch der Vater hat die Chance, endlich ins

Gespräch zu kommen. Denn er kommuniziert auch kaum. Ich kann das alles noch am besten zusammenfassen mit dem Satz: Geht es nicht darum, das Leben zu teilen wie das Brot? Autonomie und Freiheit sind Themen, die der jüngere Sohn einbringen kann.

Spannend ist, was Nietzsche dazu sagt: »Er ist zu sich selbst gereist.« Er nannte es eine therapeutische Aussage. In der Exegese und den Bibelübersetzungen wird schon lange von Abraham gesagt, dass er von Gott den Auftrag bekommen habe, »endlich für sich selbst zu gehen«. Ich nenne das nicht nur eine therapeutische Aussage, für mich ist es auch und zuerst eine Glaubensaussage. Darüber hinaus hat der jüngere Sohn etwas entdeckt, das nicht nur mit der Familie zu tun hat, sondern mit dem Himmel. Zwischen den Zeilen des Textes kann dies vieles bedeuten. Zum Beispiel: noch nicht gelebtes Leben, verlorene Sehnsucht, Umgang mit dem Geheimnis seines Lebens, mit dem Gott seiner Väter und Mütter. Er hatte vergessen, sich damit auseinanderzusetzen. War das seine Sünde? Was der jüngere Sohn mit seiner Rückkehr deutlich macht, ist Folgendes: Es ist für die Freiheit zu wenig, nur von zu Hause wegzubleiben. Zur Freiheit und Autonomie und zum Erwachsensein gehören für mich, sich wirklich zu verabschieden und dies ins Gespräch zu bringen. So können Väter und Söhne, Mütter und Töchter, Geschwister untereinander, aber auch Gläubige und nicht-gläubige Menschen auf neue Weise Gesprächspartner werden. Ein befriedigender Weg für unsere Gesellschaft, unsere Kultur, unsere Kirche.

Schlussbemerkung

Es geht mir nicht darum, eine vollständige Exegese dieser Geschichte zu machen. Vielmehr wollte ich meine Bibliodrama-Erfahrungen mit diesem Text teilen. Mir ist wichtig zu zeigen, dass es hier nicht nur um ein Familiendrama geht, um eine therapeutische Sitzung. Das kann auch sein. Aber zuallererst ist Lukas 15,11–32 eine theologische Geschichte und eine seelsorgliche Sitzung. Es gehört zu unserer beruflichen seelsorglichen Identität, dass wir diesen Teil nicht (mehr) aus den Händen geben. Das geht nur, wenn wir konfrontiert werden mit dem ganzen Text und das Gespräch und die Erfahrung suchen – was es bedeutet, gegen den Himmel und gegen den Vater zu sündigen.

Will ich diesen Gott kennenlernen?
Bibliodramatische Erfahrung mit Psalm 139

Einleitung

Es geht hier um eine Bibliodrama-Erfahrung in einer Gruppe von zehn Menschen: Seelsorgende, Theologinnen, Theologen und ein Bibliodrama-Leiter (Seelsorger). Alle Menschen haben Erfahrung mit dieser Form von Glaubenskommunikation und werden dadurch auch im Spiel Seelsorgende füreinander. Nach der Textlesung und dem Sammeln der Rollen findet ein Vorgespräch über den Text statt. Danach folgt nochmal die Lesung des Textes, und der Leiter stellt die Raumeinteilung vor.

Der Mensch vor dem allwissenden Gott (Psalm 139)

[1] (Für den Chormeister. Ein Psalm Davids.) Herr, du hast mich erforscht und du kennst mich.

[2] Ob ich sitze oder stehe, du weißt von mir. Von fern erkennst du meine Gedanken.

[3] Ob ich gehe oder ruhe, es ist dir bekannt; du bist vertraut mit all meinen Wegen.

[4] Noch liegt mir das Wort nicht auf der Zunge – du, Herr, kennst es bereits.

[5] Du umschließt mich von allen Seiten und legst deine Hand auf mich.

[6] Zu wunderbar ist für mich dieses Wissen, zu hoch, ich kann es nicht begreifen.

[7] Wohin könnte ich fliehen vor deinem Geist, wohin mich vor deinem Angesicht flüchten?

[8] Steige ich hinauf in den Himmel, so bist du dort; bette ich mich in der Unterwelt, bist du zugegen.

[9] Nehme ich die Flügel des Morgenrots und lasse mich nieder am äußersten Meer,

[10] auch dort wird deine Hand mich ergreifen und deine Rechte mich fassen.

¹¹ Würde ich sagen: »Finsternis soll mich bedecken, statt Licht soll Nacht mich umgeben«,
¹² auch die Finsternis wäre für dich nicht finster, die Nacht würde leuchten wie der Tag, die Finsternis wäre wie Licht.
¹³ Denn du hast mein Inneres geschaffen, mich gewoben im Schoß meiner Mutter.
¹⁴ Ich danke dir, dass du mich so wunderbar gestaltet hast. Ich weiß: Staunenswert sind deine Werke.
¹⁵ Als ich geformt wurde im Dunkeln, kunstvoll gewirkt in den Tiefen der Erde, waren meine Glieder dir nicht verborgen.
¹⁶ Deine Augen sahen, wie ich entstand, in deinem Buch war schon alles verzeichnet; meine Tage waren schon gebildet, als noch keiner von ihnen da war.
¹⁷ Wie schwierig sind für mich, o Gott, deine Gedanken, wie gewaltig ist ihre Zahl!
¹⁸ Wollte ich sie zählen, es wären mehr als der Sand. Käme ich bis zum Ende, wäre ich noch immer bei dir.
¹⁹ Wolltest du, Gott, doch den Frevler töten! Ihr blutgierigen Menschen, lasst ab von mir!
²⁰ Sie reden über dich voll Tücke und missbrauchen deinen Namen.
²¹ Soll ich die nicht hassen, Herr, die dich hassen, die nicht verabscheuen, die sich gegen dich erheben?
²² Ich hasse sie mit glühendem Hass; auch mir sind sie zu Feinden geworden.
²³ Erforsche mich, Gott, und erkenne mein Herz, prüfe mich und erkenne mein Denken!
²⁴ Sieh her, ob ich auf dem Weg bin, der dich kränkt, und leite mich auf dem altbewährten Weg!

Raumeinteilung

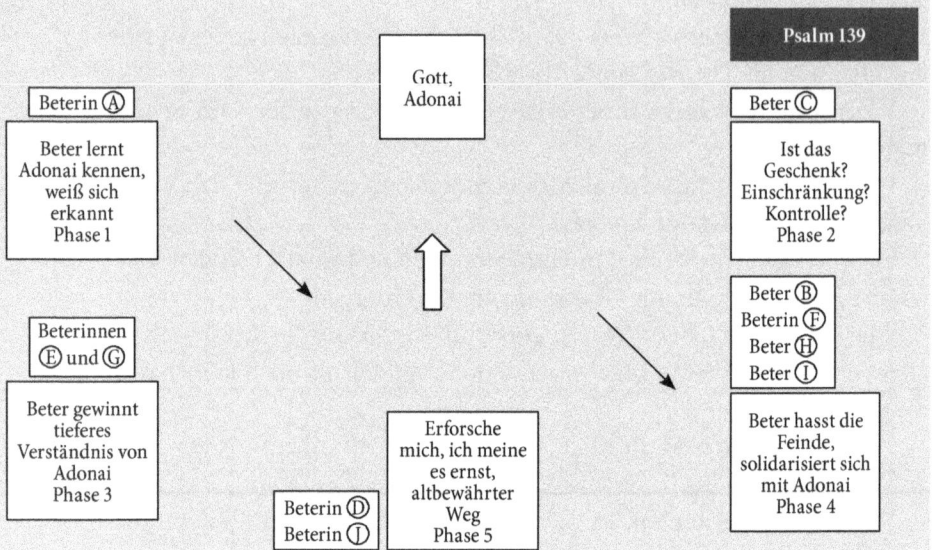

Spielerfahrungen

Wir spielen morgens und mittags den gleichen Text. Beinahe alle Rollen und alle Orte sind morgens besetzt, ausgenommen der Ort von Gott. Mittags sind alle Orte besetzt.

Ich lasse die Menschen im Folgenden selbst zu Wort kommen. Es sind Erfahrungen, die teilweise in der Rollenrunde, teilweise im Spiel geäußert werden. Dazu sind zwei Vorbemerkungen wichtig:

1. Die Texte der Teilnehmenden sind Zusammenfassungen ihrer Erfahrungen und Gedanken während der Rollenrunde und des ganzen Spiels. So treten die Atmosphäre und die Inhalte, die im Raum waren, am besten hervor, und es kann aufleuchten, was im Raum war.

2. Ich werde am Ende nicht jedes Thema reflektieren, das im Spiel zum Tragen kam. Ich wähle einige aus.

Beterin A:

»Ich bin eine Frau, eine Beterin, unglaublich erdverbunden. Die Erde strahlt Liebe aus, ist Mutterschoß. Auch ist die Erde rot. Rot durchblutet: von Hass, von Mord, vom Misslingen. Und doch Erde, Mutter Erde, mit einem Schoß, der Liebe gibt. Und ich lebe eine große Verbundenheit mit der Erde, ich lebe hier mit Gott verbunden. Und ich bin solidarisch mit ihm, wenn es um diese Ungerechtigkeit geht.«

Beter B:

»Ich stehe hier als ein Beter am Ort der Feinde, des Hasses. Vieles geht kaputt, da ist viel Ungerechtigkeit, viel Unrecht. Ja, hassen, das geht. Aber was bringt es? Dieser Gott da, der ist machtlos, der kann nichts dagegen tun. Was soll das alles? Das Böse gewinnt doch. Ja, Beter bin ich, aber nichts hilft. Ich hasse alle Machthaber, auch die in der Kirche, die aus Angst kaputtmachen, die Lebensraum und Glaubensraum wegnehmen. Ich hasse. Und ich sehe, dass Gott nichts dagegen macht. Er kann es nicht, er ist ohnmächtig.«

Beter C:

»Beter bin ich, schizophren fühle ich mich. Einerseits habe ich unglaublich geeifert vor Gott und für Gott. Ich gebe alles dafür. Das ist mein Leben. So will ich Beter genannt werden. Aber andererseits, ich fühle ihn nicht. Er ist weg, abwesend, nicht da. Ich sehe nichts. Ich weiß, dass er da ist, und doch: Leer ist es. Geeifert habe ich und noch eifere ich, und ich fühle mich bedrückt, aus dem Feld geschlagen, mutlos. Wenn du mich fragst, wie ich Gott sehe in Verbindung mit mir? Ich sehe seinen Rücken. Er hat mir seinen Rücken zugewandt. Ich kann es nicht länger ertragen, dass ich als »nicht gut« betrachtet werde, dass mein Gott und meine Seelsorge nicht gut sind, dass ich abgewiesen bin, wie ich als Seelsorger und Theologe bin. Es macht mich mutlos.«

Beterin D:

»Ich stehe hier am Ort von der Beterin, die wählt, um erforscht zu werden. Ich will suchen, ob ich auf dem altbewährten Weg bin. Das fühlt sich für mich an wie die Suche nach Wahrheit, nach meinen Wahrheiten mit Gott. Und zugleich ist Gott für mich weit weg. Ich fürchte mich vor ihm; will er mich, sucht er mich? Es bebt dann in mir. Tremendum. Und doch: Gott hält mich im Bann, fasziniert mich. Ich weiß nicht...«

Beterin E:
»Ich bin eine Beterin, ich stehe bei der Geborgenheit Gottes. Er kennt mich, und ich gebe mich zu erkennen. Ich bin gerne auf seinem Weg. Ich will auch untersuchen, ob ich auf dem altbewährten Weg bin. Er darf mich erforschen, dazu bin ich bereit. Was mich beschäftigt ist, dass Gott Feinde kennt. Ich höre im Psalm, dass er hasst und dass wir Beter und Beterinnen aufgefordert werden, die Menschen zu hassen, die ihn hassen, die Menschen kaputtmachen, die die Erde schänden, die Adonai kränken. Ich kenne schon viele Feinde: Das sind für mich die Menschen, die auf Priester fixiert sind und die mich in meiner Seelsorge nicht anerkannt haben; die kaum akzeptiert haben, dass auch ich eine Sendung bekommen habe. Die noch weniger anerkennen und sehen, dass ich eine eigene Berufung habe und meine eigene Beziehung zu Adonai. Auch ich will auf altbewährten Wegen gehen. Ich merke, dass ich dann auch diesen Ort besuche, um noch mehr Menschen als Feinde benennen zu können. Ich habe schon gewagt zu erkennen, dass es Feinde gibt und dass ich das erkennen muss und darf. Es ist Adonai selbst, der hier im Gebet dafür Raum schafft. Ich zögere noch. Jetzt geht es um meine Eltern, die mir nicht guttun: Sie verarbeiten ihre eigene Geschichte nicht und haben dadurch zu wenig Raum für mich, um mich echt zu erkennen. Ich will sie nicht länger bekehren, und zugleich muss ich doch erkennen, dass sie mir nicht guttun. Ich habe es noch nicht gewagt, sie Feinde zu nennen, und doch spüre ich, dass diese Wahrheit in mir ist.«

Beterin F:
»Ich bin eine Beterin, stehe an dem Ort, wo die Feinde anerkannt und gesehen werden und benannt werden. Ich kenne schon viele Feinde. Ich finde, dass die kaputtmachen. Ich nenne den Papst, ich nenne Bischöfe, die aus Angst handeln, die nicht kommunizieren, kein Gespräch wagen. Ich nenne den Papst wirklich einen Feind. Er macht kaputt, und ich wünsche ihm den Tod. Ich töte ihn nicht, aber es würde mir guttun, wenn er bald sterben würde. Sonst gibt es auch für die Kirche keine Zukunft. Ich kann innerhalb meiner Familie sagen, dass da viele Feinde sind. Menschen, die mich nicht sein lassen, so wie ich bin, die mir nicht vertrauen, so wie ich bin. Sie tun mir nicht gut, und ich habe schon gelernt, sie als Feinde zu sehen und zu benennen. Und zugleich

stehe ich hier, weil ich lernen möchte, welche anderen Feinde es noch gibt. Manchmal spüre ich, dass ich mir selbst noch ein Feind bin, und auch da will ich mich auf den Weg begeben und mich von Adonai durchforschen lassen. Viele Feinde sind subtiler. Und als Beterin fühle ich mich jetzt eingeladen, das wirklich zu untersuchen. Ich merke, dass Adonai mich wirklich einlädt, destruktive und korrumpierende Mächte zu erkennen und zu bekämpfen – und das will ich lernen.«

Beterin G:
»Ich bin eine Beterin, und ich weiß nicht mehr, wo mein Platz ist. Ich stehe am Ort, wo ich Gott tiefer kennen und verstehen lerne, aber so geht es mir gar nicht. Ich sehe hier zufälligerweise ein Kreuz hängen, und ich spüre eigentlich nur Schmerz und Wut, und Tränen kommen mir. Ich fühle mich von Adonai im Stich gelassen. Warum geht mir alles kaputt im Leben? Warum begegne ich immer so vielem Destruktiven in meiner Arbeit? Auch für dich, Gott, ist dann kein Platz mehr! Dann weiß ich nicht mehr, was ich tun soll. Ich bin wütend, und mir kommen die Tränen. Warum lässt du mich im Stich?«

Beter H:
»Ich bin Beter, und ich fühle mich gut aufgehoben bei Gott. Ich fühle mich geborgen, weiß mich erkannt. Diese Situation ist mir bekannt, und das tut mir gut. Ich fühle mich solidarisch mit Gott, wenn es um Menschen und Situationen geht, die schlecht sind und destruktiv. Dann kämpfe ich zusammen mit Gott. Ich glaube nicht, dass ich am Ort stehen muss, wo ich die Feinde noch kennen lernen muss. Ich fühle mich mit beiden Beinen fest auf der Erde. Ich werde gut zuhören, ob ich den Ort der Feinde doch noch besuchen will oder muss. Aber jetzt weiß ich mich geborgen in diesem Gott.«

Beter I:
»Ich stehe als Beter am Ort der Feinde. Ich bin Theologe und bedenke mit den Beterinnen des Psalms, was an Hass real und wesentlich ist. Wenn ich etwas gelernt habe in meinem Leben, dann ist es anzuerkennen, dass es Feinde gibt und dass es Menschen und Situationen gibt, die schlecht machen wollen, was Gott gut geschaffen hat. Und ich fühle mich einig mit der Beterin, die das genau benennt: Papst, viele Bischö-

fe, mehrere Menschen, die nicht gut für uns sind. Menschen, die durch ihr Misstrauen geleitet werden und meinen, in der Kirche Bischöfe benennen zu müssen, die nicht aus der Beziehung mit Adonai leben und arbeiten, aber aus der Angst heraus agieren, dass die Kirche nicht genug Recht bekommt. Ich will das nicht, und ich will mich nicht länger verbergen und öffentlich auch sagen, wie schlecht ich das finde und wie sehr ich hoffe, dass die Menschen verschwinden, sterben, dass dieses Unrecht aufhört. Und damit meine ich auch die Päpste. Sie haben die Bedeutung von Befreiungstheologie abgelehnt. Was sie machen, finde ich schlecht. Jetzt muss das aufhören, und ich muss es laut sagen.«
(Dieses Bibliodrama wurde 2012 gespielt.)

Beterin J:
»Ich bin eine Beterin und suche jetzt Ruhe. Ich sitze auf dem Platz, wo ich mich erforschen und durchsuchen lasse, ob ich auf dem altbewährten Weg bin. Ich stehe offen vor Gott, weiß mich in Kontakt mit ihm und will zuschauen und zuhören. Als Beterin. Und ich weiß auch noch nicht, ob ich dem Wort ›altbewährt‹ vertraue… Sind das die eingeschliffenen Wege oder sind das Wege, die nach Wahrheit suchen?«

Der Leiter/Seelsorger macht im Spiel immer kleine »Hausbesuche«, führt kurze Gespräche, versucht die Betenden in Verbindung zu bringen mit dem eigenen Verlangen, miteinander und mit Adonai. Er erforscht mit ihnen auch, ob sie auf Gottes Wegen gehen.

Die Beterin D ist in Bewegung gekommen. Der Seelsorger fragt: »Bist du schon einmal bei Gott gewesen, um ihm das selbst zu sagen?« »Es hat keinen Zweck, ihm das zu sagen.« »Ich glaube eher, dass du Angst hast, es ihm selbst zu sagen. Du hast noch nie zu Gott gesagt, dass er machtlos ist. Ich erlebe, dass du Angst davor hast, zu ihm zu gehen, und dass du darum sagst, es habe keinen Zweck. Ich lade dich ein, zum Ort von Adonai zu gehen und es ihm zu sagen, auch wenn sein Platz jetzt noch leer ist. Du kannst immer noch zurückkehren an deinen alten Platz.« Nach langem Zögern geht sie und sagt Adonai wirklich, was sie von ihm hält. Irgendwie fühlt sie sich dann verändert und setzt sich nieder und bleibt bei Adonai sitzen (dort hat inzwischen der Seelsorger stellvertretend einen Stuhl mit einer Jacke hingestellt).

Auch der Beter H ist in Bewegung gekommen. Er hat sich ausgesprochen. Der Seelsorger fragt dann: »Bist du schon bei Gott gewesen, um ihm das zu sagen?« »Ich brauche Zeit«, entgegnet er. Nach kurzem Zögern antwortet der Seelsorger: »Das glaube ich dir nicht. Du weißt um deine Erfahrungen, du weißt, was dich schmerzt, du weißt genau, was los ist. Jetzt ist für dich Kairos, um endlich Kontakt aufzunehmen mit Gott und es ihm zu sagen oder vorzuwerfen oder was auch immer. Es ist Kairos, jetzt!« Der Beter geht sehr langsam. Er hat Angst. Aber er geht doch, Millimeter für Millimeter, bis er nach langer Zeit Gott erreicht. Er hat Angst vor diesem Gott und zugleich auch Verlangen, ihn zu berühren, zu spüren. (Ein Stuhl mit Jacke steht schon da: Gott von hinten.) Der Seelsorger geht – in einiger Distanz – mit in Richtung Adonai, begleitet ihn und platziert sich dann sehr nah an Adonai. Endlich kommt der Beter am Ort von Adonai an, ist erschöpft, verspürt eine ganz kleine und leise Berührung, setzt sich und kommt jetzt zur Ruhe. Dabei hat ihn der Leiter beharrlich und geduldig auf dieser langen Reise begleitet.

J ist auch in Bewegung geraten. Sie will, hat aber viel Angst vor Gott. Die größte Unsicherheit ist: Will er mich haben, will er, dass ich komme? Bin ich gewollt? Oder sind es nur meine Wünsche und meine Gedanken. Der Leiter fragt: »Traust du deinem Wunsch? Deinem Verlangen? Hängt es nur von Gott ab, ob du bei ihm sein willst? Hast du selbst auch einen eigenen Wunsch?« (Im zweiten Spiel haben zwei Menschen – D und H – die Rolle Gottes gewählt. Sie möchten in der Rolle neue Erfahrungen machen.) Er macht keine Bewegung. Doch er zieht sie. Er zieht sie an. Und er sieht sie an, diese Beterin. Er wartet auf sie. Wartet ab, was sie tut. Immer wieder fragt der Leiter: »Was willst du, was ist dein Verlangen?« Faszinosum et Tremendum. Auch sie geht Millimeter für Millimeter auf Gott zu. Immer wieder sagt sie: »Ich glaube, dass Gott mir den Rücken zugewandt hat.« »Was ich sehe, ist, dass Gott nur ausdrückt, was du sagst. Ich höre dauernd, dass Gott dir den Rücken zudreht, dass du nicht glauben kannst, dass Gott dich sucht. Der andere Gott wartet auch noch immer auf dich: Ich sehe es in seinen Augen.« Die Beterin sieht es auch. Immer wieder fühlt sie sich vom Leiter ermutigt zu suchen, was sie selbst will, und dann zu tun, was an Bewegung in ihr ist. Sie will zu Gott. Und sie spürt, dass Gott sie anzieht. Einmal spricht Gott: »Komm doch zur Quelle des Lebens.« Sie hört es, reagiert erst kaum. Dann geht sie doch einen Schritt weiter auf Gott zu. Bis sie endlich ankommt bei Gott. Der ist vorsichtig, nimmt sie nicht in die Arme, was sie vielleicht ersehnt. Doch sagt Gott mit Tränen in seinen Augen: »Ich freue mich, dass du gekommen bist, ich habe so lange auf dich gewartet.« Der andere Gott dreht sich dann um und sagt: »Und auch ich freue mich.« Die Beterin seufzt vor Freude, dass sie doch gegangen ist und dass sie jetzt bei Gott angekommen ist. Jetzt möchte sie ruhen, will sich setzen, doch Gott sagt: »Jetzt habe ich endlich Beziehung zu dir, und du willst dich setzen?« Die Beterin hört die Einladung und bleibt stehen – auf Augenhöhe.

Auch A findet Mut. Sie steht am Ort, wo in diesem Raum ein Kreuz hängt und wo sie auch stehen geblieben ist, als sie ihren Platz im Raum des Psalms gesucht hat. Sie steht hier nicht so sehr wegen ihrer tiefen Beziehung zu Adonai. Sie steht da, weil sie den Leidensdruck hier spürt, der sie so quält. Sie geht dann zum Ort, wo die Beterin des Psalms sich eher eingeengt und kontrolliert fühlt. Dort äußert sie ihre Wut auf Gott, ihre Enttäuschung. Gott wendet sich zu ihr, bleibt aber auch auf seinem Platz stehen. Er hat offene Augen. Sie weint, händeringend, unruhig. Sie ist und bleibt in Kontakt mit Adonai, kommt aber noch nicht in Bewegung. Der Leiter fragt: »Hast du alles gesagt, was du Gott sagen willst?« Sie antwortet wütend: »Nein, noch nicht. Warum muss ich immer wieder so viel Widerstand und Druck in meiner Seelsorge erfahren? Warum bist du dann nicht da, finde ich keine Wege, um dich in die Mitte zu stellen? Es tut mir so weh!« »Spürst du Bewegung in dir?« Die Beterin geht langsam auf Gott zu. Da ist schon eine andere Beterin angekommen, das hilft ihr sichtbar. Sie geht, fühlt sich jetzt gehört, anerkannt, geht zu Gott, der sie ansieht und offen für sie ist. Und die andere Beterin nimmt sie in die Arme, und sie lässt es zu.

Reflexion

Vier Themen fallen mir auf:
    1. Das Thema der Verlangsamung.
    2. Das Thema von Ärger und Wut.
    3. Das Thema von Wut auf die Kirche.
    4. Das Thema »Sich von Gott unterbrechen lassen« (Metz).

Verlangsamung

Wir nehmen uns einen ganzen Tag Zeit für uns und Psalm 139. Zeit für einen ganzen Psalm, Zeit für sich, Zeit für einander. Da ist Zeit für jede und jeden, Zeit für jeden Schritt. Zum Beispiel eine halbe Stunde, um den Weg zu Adonai zu gehen. Zeit, um sich selbst, das Zögern, das eigene Wollen, den Wagemut zu untersuchen und zu erfahren, dass ich den Weg so noch nie gegangen bin.

Da ist Zeit, um sich auseinander zu setzen mit Aggression, Ärger, Hass, Wut. Die anderen sind beteiligt, zeigen Respekt, zeigen Bereitschaft, die Suche mit zu vollziehen. Da ist Zeit, um sich von anderen anstecken zu lassen und selbst den Ort aufzusuchen, wo du deinen Hass und die Wut endlich zeigen kannst und dich nicht länger zu verstecken brauchst. Alle Zeit haben wir und nehmen sie uns. Wissend um die Hektik im Alltag, wissend auch, wie sehr wir es brauchen, Zeit zu haben und uns Zeit zu nehmen. Unsere Seele kann dadurch mehr und mehr zur Ruhe kommen. Und diese Verlangsamung tut uns gut. Nichts wird überlagert, jedes Gefühl kommt zu seinem Recht, wird von uns wahrgenommen und bekommt Raum. Oder wir fragen nach, wenn etwas droht, verschleiert zu werden.

Hass, Ärger, Feinde und Wut

Als ich 25 Jahre alt war, habe ich oft gezögert, diesen Psalm vollständig zu lesen, zu beten bis zum letzten Vers und vollständig ernst zu nehmen. Inzwischen habe ich auch dazugelernt und entdeckt, dass in der katholischen Sonntagsliturgie die Psalmen nur dazu dienen, ihre schöne Seite nach vorne zu bringen. Hass, Wut, Ärger, Gewalt, Aggression, Vorwürfe, Streit mit Gott, Feindschaft: das alles wird in der Sonntagsliturgie weggelassen. Als ob es nur Harmonie gäbe. Als ob es keine Feinde gäbe. Als ob es keinen Hass gäbe. Ich zitiere nochmal Psalm 139:

[19] Wolltest du, Gott, doch den Frevler töten! Ihr blutgierigen Menschen, lasst ab von mir!
[20] Sie reden über dich voll Tücke und missbrauchen deinen Namen.
[21] Soll ich die nicht hassen, Herr, die dich hassen, die nicht verabscheuen, die sich gegen dich erheben?

²² Ich hasse sie mit glühendem Hass; auch mir sind sie zu Feinden geworden.

»Frevler, blutgierig, die deinen Namen missbrauchen, ich hasse, die dich hassen, ich verabscheue, ich hasse mit glühendem Hass, Feinde«: Wenn diese Worte wegfallen, fällt die Realität unseres Lebens, fällt ein Teil unseres Alltags weg. Fällt der Reichtum weg, den unsere Gebetskultur in den Psalmen bewahrt und ausgedrückt hat. Licht und Finsternis, Heil und Unheil, Freunde und Feinde, Menschen, die aufrichtig sind, und unaufrichtige. Dieser Psalm benennt die alltägliche Realität. Und er lässt uns entdecken, wie viel davon wir kaum sehen, wie viel wir nicht wissen wollen. Aus Angst? Aus Furcht? Zu Recht, denn was wir an Terror und Verwüstung alltäglich sehen und lesen, ist schrecklich. Dieser Psalm und die Texte der Bibel bringen zum Ausdruck, dass es die schreckliche Realität noch immer gibt und dass wir nicht so tun müssen, als ob wir heute damit viel weitergekommen wären. Aber da ist noch eine andere Seite: Wut, Ärger, Hass haben nicht in erster Linie eine verwüstende und zerstörerische Seite. Sie haben vor allem auch die Kraft-Seite. In der Bibel stehen diese Begriffe meist in Verbindung mit Unrecht. Und wenn Unrecht geschieht, dann brauchen wir Kraft, um gegen das Unrecht zu protestieren. Dann werden wir von Gott eingeladen, alle Wut und allen Hass in Kraft umzusetzen, um das Unrecht in Recht zu verwandeln.

Liebe und Barmherzigkeit sind immer Qualitäten, die in der Bibel zum Vorschein kommen. Erst wird Unrecht signalisiert, dann wird aufgerufen, Recht zu tun. Es geht um Gerechtigkeit, Rechtfertigkeit. In diesem Buch ist das beim Propheten Amos schon zur Sprache gekommen. Wollen wir die Wut und den Ärger Gottes wirklich verstehen lernen, dann müssen wir lernen, was Wut und Hass in unserem Leben bedeuten. Dann gilt es zu entdecken: Diese Gefühle hängen sehr oft damit zusammen, dass wir verletzt sind, dass etwas Kostbares angetastet, dass uns oder anderen Unrecht angetan wurde. Hier in Psalm 139 werden die Feinde benannt. Und in der Entwicklung unseres Spieles fanden immer mehr Menschen – es wirkt auch ansteckend – den Mut, ihre eigene Wut, ihre Enttäuschung, den Ärger und Schmerz über Entwicklungen in der Kirche oder in familiären Situationen zu benennen. Mir haben diese und viele andere Situationen geholfen, immer besser zu verstehen, was Zorn und Wut Gottes in der Bibel bedeuten: Im Grunde wirbt Adonai immer um Menschen und lädt sie ein, mit ihm gegen Ungerechtigkeit zu streiten. Freilich nicht, um selbst Rache zu üben. Denn der Psalm endet mit der Bitte: »Sieh, ob ich auf dem altbewährten Weg bin.«

Wut auf die Kirche

Der Psalm 139 hat in diesem Spiel konkret Raum geschaffen, um das Herz zu entlasten. Er hat Raum geschaffen für die große Enttäuschung, die unter vielen Seelsorgenden lebt, am meisten unter Pastoralreferenten und -referentinnen. Ich kenne das aus den Niederlanden, aus Deutschland, aus der Schweiz. Natürlich klingt das nicht schön, so wie es gesagt wird. Es ist auch nicht schön. Mit allem Respekt für das, was die Oberen der Kirche (Papst und Bischöfe) als Stellvertreter der Kirche für die Welt auch bedeuten und bedeutet haben (ökumenisch, sozial, politisch) – im Inneren der Kirche haben meist Be- und Verurteilungen und viel Angst den Schauplatz beherrscht. Kontrolle war und ist das Hauptwort. Die Ernennungen von Bischöfen waren meist nie Antwort auf die Vorschläge, die aus den Bistümern selbst kamen, sondern sie unterstützten die kontrollierende und auf die kirchliche Lehre bezogene Linie aus Rom. Priester haben manchmal dadurch weniger gelitten, aber die theologisch gebildeten Frauen und Männer der Pastoral, die mit ihrer Berufung und Mission mit Herz und Glauben innerhalb der Kirche gearbeitet haben, leiden am meisten darunter. Das wurde auch im Spiel deutlich. Wichtig war, dass dafür Raum war, bei allen. Wichtig war, dass es im Raum des Psalmengebetes gesagt werden konnte. Dieser Ärger und die Wut gehören auch zu unserem Leben. Und zugleich wurde deutlich, dass die Beziehung zu Adonai die tragende Kraft bei allem ist. Daran wird gearbeitet. Denn, was es auch zu leiden gibt, auch innerhalb der Kirche, es kann nie bedeuten, dass man nicht weiterarbeitet am eigenen Erwachsensein und der eigenen Gottesbeziehung. Es geht hier nicht um einen falschen Gehorsam, es geht darum, so zu wachsen, dass wir auch innerhalb der Kirche erwachsene Schwestern und Brüder sind, in unserem Gottesglauben, in unserem Menschenglauben. Und das wurde im Spiel gelebt und getan.

Sich von Gott unterbrechen lassen

Sich Zeit nehmen, verlangsamen, mit weniger Hast leben: das verweist schon auf »sich unterbrechen zu lassen«. Mir ist immer stärker aufgefallen, wie sehr die Fragen: »Hast du Kontakt mit Adonai? Bist du hier im Raum schon da gewesen, wo Adonai steht?« in Verlegenheit bringen. Besonders bei Fachleuten. Das sind wir nicht gewohnt. Und sehr oft ist das der Anfang einer Entdeckungsreise. Die Frage kann zurückgewiesen werden. Meistens aber, so ist meine Erfahrung, wird diese Frage angenommen, um hier und jetzt, öffentlich, die Beziehung zu Adonai zu untersuchen. Ob und wie diese Beziehung da ist, ob und wie nah ich kommen will oder wie viel Abstand ich brauche, um in Kontakt zu treten oder abwartend auszuhalten. Um zu entdecken, wie viel Verlangen nach Kontakt wirklich in mir lebt oder wo ich mich scheue. Das Spiel zeigt, wie langsam manchmal diese Entdeckungsreise vorankommt. Und wie sehr es sich lohnt, diese Fragen zu stellen und selbst diese Entdeckungsreise zu machen. Sich von Gott unterbrechen zu lassen, gehört für mich zu den besten Möglichkeiten, auf eigene Art und Weise die eigene Bestimmung zu entdecken. Im Bibliodrama wird jeder zum Handwerker seiner Bestimmung, an sich selbst, mit anderen Menschen, mit diesem Psalm und dadurch mit Adonai.

Schlussbemerkung

Vielleicht war das Allerwichtigste in unserer gemeinsamen Erfahrung, dass Wut, Pein, Schmerz, Hass, Feindschaft unter vielen Seelsorgenden, ihr Leiden an der Kirche, in vollen Maßen auf den Tisch kommen konnte. Erst dann konnte Veränderung stattfinden. Nichts musste unter den Teppich gekehrt werden. Und die Veränderung hat in diesem Spiel auch damit zu tun, dass Radikalität gesucht wurde, auch in Beziehung zu Adonai. Unsere gemeinsame Erfahrung war, dass diese Haltung entscheidend ist, um weiterzukommen.

Den Glauben teilen wie das Brot
Ein Bibliodrama mit der Frohbotschaft des Gekreuzigten, 1 Korinther 1,14–31

Einführung

In der vierten Woche eines Ausbildungskurses spielten wir Texte aus der Apostelgeschichte. Wir gingen Pfingsten entgegen. Mit narrativen Texten gab es schon viele bibliodramatische Erfahrungen. Zusätzlich wollten wir Bibliodrama mit Brieftexten des Paulus üben, um uns daran zu gewöhnen, dass beinahe alle Texte in der Bibel gespielt werden können. Auch wenn die Briefe des Paulus abstrakter sind als narrative Texte. Diese Texte erzählen von Menschen, es gibt immer die Rollen von Gläubigen in den vielen Gemeinden von Rom, Philippi, Ephesus und Korinth. Die Erfahrung mit dem Text aus dem ersten Korintherbrief verdeutlicht, worum es uns im Bibliodrama geht: um Lebens- und Glaubenserfahrung, um Glaubensentwicklung und Glaubenskommunikation. Wer im Leben weiterkommen will, muss neue Schritte gehen: Umkehr wagen, die Umkehr, die fruchtbringend ist. Keine Umkehr ins Alte. Für die weitere Entwicklung ist es zwingend, an eigenen Erfahrungen emotional anzuknüpfen. Dann betreten wir einen Erfahrungsraum, in dem sich spüren lässt, was größer ist als wir selbst.

Text

[14] Ich danke Gott, dass ich niemand von euch getauft habe, außer Krispus und Gaius, [15] sodass keiner sagen kann, ihr seiet auf meinen Namen getauft worden. [16] Ich habe allerdings auch die Familie des Stephanas getauft. Ob ich sonst noch jemand getauft habe, weiß ich nicht mehr. [17] Denn Christus hat mich nicht gesandt zu taufen, sondern das Evangelium zu verkünden, aber nicht mit gewandten und klugen Worten, damit das Kreuz Christi nicht um seine Kraft gebracht wird. [18] Denn das Wort vom Kreuz ist denen, die verloren gehen, Torheit; uns aber, die gerettet werden, ist es Gottes Kraft. [19] Es heißt nämlich in der Schrift: Ich lasse die Weisheit der Weisen vergehen und die Klugheit

der Klugen verschwinden. [20] Wo ist ein Weiser? Wo ein Schriftgelehrter? Wo ein Wortführer in dieser Welt? Hat Gott nicht die Weisheit der Welt als Torheit entlarvt? [21] Denn da die Welt angesichts der Weisheit Gottes auf dem Weg ihrer Weisheit Gott nicht erkannte, beschloss Gott, alle, die glauben, durch die Torheit der Verkündigung zu retten. [22] Die Juden fordern Zeichen, die Griechen suchen Weisheit. [23] Wir dagegen verkündigen Christus als den Gekreuzigten: für Juden ein empörendes Ärgernis, für Heiden eine Torheit, [24] für die Berufenen aber, Juden wie Griechen, Christus, Gottes Kraft und Gottes Weisheit. [25] Denn das Törichte an Gott ist weiser als die Menschen und das Schwache an Gott ist stärker als die Menschen. [26] Seht doch auf eure Berufung, Brüder! Da sind nicht viele Weise im irdischen Sinn, nicht viele Mächtige, nicht viele Vornehme, [27] sondern das Törichte in der Welt hat Gott erwählt, um die Weisen zuschanden zu machen, und das Schwache in der Welt hat Gott erwählt, um das Starke zuschanden zu machen. [28] Und das Niedrige in der Welt und das Verachtete hat Gott erwählt: das, was nichts ist, um das, was etwas ist, zu vernichten, [29] damit kein Mensch sich rühmen kann vor Gott. [30] Von ihm her seid ihr in Christus Jesus, den Gott für uns zur Weisheit gemacht hat, zur Gerechtigkeit, Heiligung und Erlösung. [31] Wer sich also rühmen will, der rühme sich des Herrn; so heißt es schon in der Schrift.

Wir haben Rollen gesammelt und ein Gespräch über diesen Text geführt. Alle waren dadurch gut vorbereitet. Die gemeinsame Suche um eine Raumeinteilung vertiefte diesen Prozess. Wir haben dann in Halbgruppen gespielt, jeweils von einer Kursteilnehmerin geleitet. Die Raumeinteilung zeigt Orte des Textes inklusive der äußeren Umwelt.

Raumeinteilung

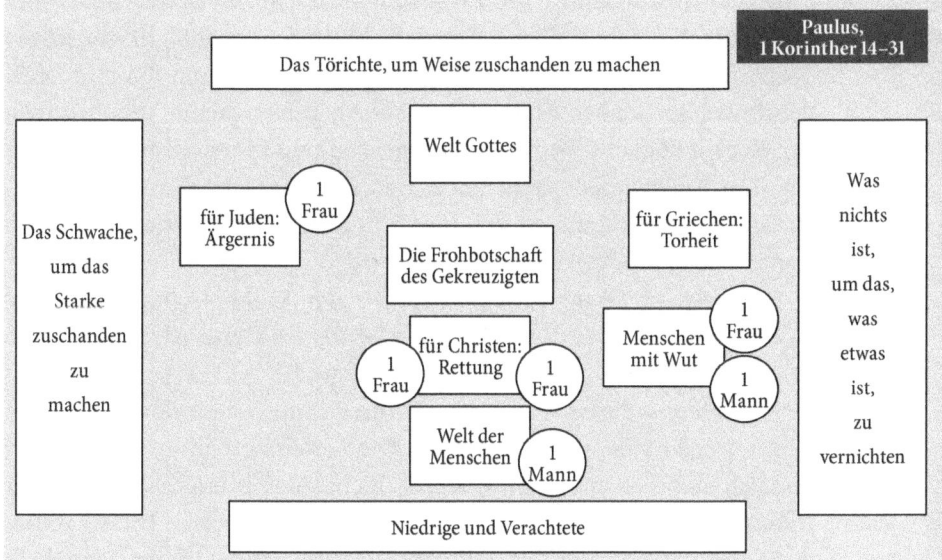

Spiel und Spielerfahrungen

Im Folgenden beschreibe ich die Arbeit in einer Halbgruppe. Eine zentrale Rolle im Spiel nahm eine Frau ein, die mit ihrer persönlichen Frage in Kontakt kam: »Zwar verstehe ich, dass dieser Text wichtig ist. Ich verstehe auch, dass das Schwache stark ist und das Weise zuschanden kommt. Aber es ist so abstrakt. Ich empfinde nichts dabei. Und dieser Zwiespalt zwischen Verständnis und Empfindungslosigkeit macht mich wütend. Ich würde so gerne etwas spüren bei diesem wichtigen Text und fühle nichts.«

Eine andere Frau kam hinzu, als Frau aus Korinth, und sagte: »Ich kann dich gut verstehen und möchte dir erzählen, wie es mir damit ergangen ist. Wenn du es hören willst, würde ich es gerne mit dir teilen, hier am Platz der Frohbotschaft des Gekreuzigten.« Und sie setzten sich, und andere aus der Gruppe kamen dazu. Auch ein Mann, der als Christ mitten in der Welt stand, angerührt von Paulus und der Frohbotschaft. Und die Frau aus Korinth erzählte, wie es ihr ergangen war, als nicht erwünschtes Kind von Eltern, die immer nur arbeiteten und sie oft allein gelassen hatten. Und sie erzählte von einer Kette von Schuld und Abweisung: von ihrer Mutter, die auch ein unerwünschtes Kind war. Und sie erzählte von sich, Mutter einer total erwünschten Tochter. Sie hat diese Kette von Schuld und Abweisung durchbrochen durch ihr Gottsuchen und durch ihr stetes Eintauchen in den Brunnen der Heiligen Schrift. So hat sie gelernt, Paulus zu verstehen: Das Schwache und Abgewiesene wird stark, wenn es angeschaut und angesprochen wird und dann auf den Tisch kommt. Es wird stark, wenn es immer mehr liebevoll angenommen wird.

Eine weitere Frau, sie stand am Ort der Frohbotschaft, bestätigte das. Sie sagte: »Leg es doch hier in die Mitte, ich kenne Ablehnung auch aus meinem Leben. Und ich habe vergeben, das hilft mir.« »Nein«, ruft die Frau, die wütend wurde wegen ihrer Empfindungslosigkeit: »Erst will ich erzählen«, und das tut sie. Die Geschichte ihrer Großmutter, die sich das Leben nahm, die Geschichte der Mutter, die nach der Geburt des kleinen Geschwisters nur noch depressiv war. Immer musste sie, die große Schwester, stark sein, Verantwortung tragen. Und diese Last wog schwer. Sie hatte gelernt, stark und aufrecht zu sein, ganz authentisch war sie darin. Aber sie hatte nie gelernt, schwach zu sein, hat nie gelernt, Verantwortung zu teilen. »Euch davon zu erzählen, mit euch zu teilen, lässt mich einen Teil meiner Last abgeben. Ich weiß nicht, ob ich mich schwach fühle, aber es tut mir unendlich gut, hier davon zu sprechen.«

Nach dieser Geschichte erzählte noch eine andere Frau von ihrem Leid. Und so wurden Leben und Glauben geteilt, voller Vertrauen ineinander. Wie das Brot. So teilten wir stehend und sitzend unsere Erfahrungen. Auf diese Weise konnten wir die Frohbotschaft des Gekreuzigten verstehen, fühlen, teilen und in unseren eigenen Geschichten erden. Wir erfuhren Heilung im Teilen, im Berührtwerden voneinander, sicher, dass es echt war. Geholfen hat uns dabei, dass wir in diesem Prozess immer noch in der Perikope aus dem Paulusbrief standen und darauf verweisen konnten. Hier zeigte sich Bibliodrama als großartiges Instrument der Glaubenskommunikation. Der Text war sichtbar in der Raumeinteilung, und wir alle konnten einander darauf verweisen. »Kannst du deine Last in die Mitte legen?«, fragte eine Frau die Frau mit Wut. Nach einigem Zögern antwortete sie: »Ja, das kann ich, und ich will es jetzt auch.«

Ein Mann fragte sie, ob er ihr einen Rat geben dürfe, und sie wollte ihn hören: »Kannst du jetzt in der Mitte stehen, an dem Ort der Frohbotschaft des Gekreuzigten, wo das Schwache stark ist?« Sie schaute ihn nachdenklich an, blickte in die Mitte, sagte: »Ja«, stand auf und mit ihr alle anderen auch. Erst stand sie mit den anderen im Kreis und klatschte mit ihren Händen den Rhythmus eines Flamencos. Und als wir alle diesem Rhythmus mit unseren Händen folgen konnten, ging sie in die Mitte und tanzte ihren Flamenco: aufrichtig, aufrecht, im Schwachen stark, im Gekreuzigtsein auferweckt, auferstanden. So war es gut.

Wir schlossen unser Spiel ab, verwundert, dankbar, erlöst und machten Pause vor dem Nachgespräch.

Nachgespräch

Ein solcher Prozess fällt nicht einfach vom Himmel. Nach vier Wochen Bibliodrama-Ausbildung war das Vertrauen zwischen den Kursteilnehmenden und der Leitung, genauso wie das unter den Teilnehmenden gewachsen. Und es war der Kairos für die Frau mit Wut, und sie hat ihre Chance ergriffen und nicht verpasst. Und die anderen auch nicht.

In der gleichen Zeit hat die andere Halbgruppe den gleichen Text gespielt, mit einer fast identischen Raumeinteilung. Davon sei nur berichtet, dass eine Frau beinahe eine Stunde lang auf dem Platz gestanden hatte, wo Gott das Schwache erwählt und das Starke zuschanden macht: bewegungslos und ohne Worte. Die Bibliodrama-Leiterin hatte sie nach ihrer Rolle gefragt und nicht nachgehakt. Die Frau wollte nur stehen und fühlen, nicht reden. Beim Nachgespräch hat sie mir zugeflüstert: »Was bin ich froh, euch (Bibliodrama-Ausbilder) kennengelernt zu haben!« Vor vier Jahren hatten wir sie kennengelernt. Damals hatte sie sich im Bibliodrama mit ihrem Thema gezeigt: ihrer Stagnation. Sie hatte Heilung gesucht, aber wir spürten nur ganz wenig Bewegung in ihr. Ich wollte auf ihr Zuflüstern reagieren und fragte sie nun, vier Jahre später: »Was ist los mit dir? Du bist keinen Schritt weiter als damals. Was bewegt dich, immer nur stark zu sein, nur groß und mächtig? Was schneidest du da ab von dir? Ich verstehe dich nicht.« »Ich weiß nicht«, antwortete sie. Und ich glaubte ihr nicht: »Ich denke, du weißt es ganz genau, aber du willst nicht. Was ist dein Vorteil, wenn du dich immer selbst an den Haaren aus dem Sumpf ziehst, wenn du dir immer nur Stärke erlaubst und nie, schwach zu sein? Dein Weg läuft ins Leere.« Sie antwortete nicht. Auch in der Abschlussrunde des Tages erzählte sie nichts von ihrem Erleben. Mir blieb die Frage, ob sie doch etwas gespürt hatte an dem Ort, wo das Schwache von Gott benutzt wird, um das Starke zuschanden zu machen.

Morgenmeditation

Am nächsten Morgen war ich an der Reihe, die Morgenandacht mit Bildmeditation zu leiten. Ich hatte in der Woche davor schon einige Bilder ausgesucht, aber weil wir prozessorientiert arbeiten und in der Morgenmeditation immer den Prozess des vorigen Tags aufnehmen, trafen wir am Vorabend eine Auswahl, und wir wählten dieses Bild. Im Folgenden beschreibe ich den Ablauf der Morgenmeditation und das, was ich dabei erlebte:

»Ich begrüße euch heute Morgen mit diesem Bild: Dieses Kreuz hängt im Neumünster in Würzburg. Es hat mich tief berührt: Jesus, am Kreuz hängend und doch sich frei bewegend. Die Bewegung ist ein Wiegen. Er hält etwas in seinen Armen. Etwas? Du kannst selbst hineinlegen, was er wiegt.

Das Bild ist mir vor einigen Monaten begegnet. Und vier Monate zuvor habe ich bei einem anderen Bibliodrama eine Frau gesehen, auf einem Weg, der ins Leere führe. Sie konnte die Einladung zur Richtungsänderung vom Propheten Amos erst nicht hören. Später fand ich sie am Ort, wo Schmerz und Leid der Menschen verortet waren. Ich schaute damals zu der Frau. Sie stand da, wiegend. Ich fragte nach, was sie tue. Sie antwortete: ›Ich trage endlich meinen Schmerz und mein Leid. Das habe ich bis jetzt verweigert. Ich wollte erst den Propheten nicht hören. Aber jetzt tue ich es.‹

Und jetzt sehe ich vor meinem inneren Auge noch einmal diese Frau. Und ich schaue zum Bild und sehe Jesus, den Menschensohn, der ein Mensch wurde, wie Gott ihn gewollt hat: ein Mensch nach seinem Herzen. Und ich sehe die Frau von damals. Und ich sehe eine von gestern. Und ich sehe die Verbindung vom Bild mit beiden Frauen, mit beiden Situationen.

Plötzlich kam mir Romano Guardini in Erinnerung. ›Freiheit, Gnade, Schicksal‹: so der Titel eines seiner Bücher. Jesus vereint diese Worte in sich. Er nimmt sich und sein Leben an, verbunden mit Gott, seinem und unserem Vater. Er wiegt sein Leben. Ich sehe ihn, dornengekrönt, mit Schmerz auf seinem Gesicht. Und so ein liebevoller Blick. Mit Beziehungskraft zu mir, zu dir. Er lädt ein zu wiegen, dein Leben, deinen Schmerz, dein Glück, deine Wunden. Damit haben wir diese Kurswoche angefangen: Thomas, der fordert, dass Jesus seine Wunden sehen lässt, weil er sonst selbst nicht weiß, was sein eigener Schmerz bedeutet.

Jesus wiegt, und es fühlt sich für mich so befreiend an, so ganzheitlich, so mittragend. Und ich sehe dich, Frau mit Wut, gestern deine Geschichte erzählend und Flamenco tanzend. Du hast erzählt, was hinter deiner Stärke steckt: deine Schwäche, vor der du Angst hattest. Du hast erzählt, indem du deinen Schmerz und dein Leben tanzend in deine Armen genommen hast; du hast es damit angenommen. So sieht die Frohbotschaft des Gekreuzigten aus.

Und du, Frau, die auf dem Weg, der ins Leere führt, gingst? Du bist beinahe eine Stunde an dem Ort gestanden, wo Gott das Starke zuschanden macht, um das Schwache zu zeigen. Es wird sich noch zeigen, was das für dich und für uns bedeutet. Die Wirkungskraft der Frohbotschaft des Gekreuzigten ist da. Paulus hat mich erreicht. Und ich habe den Eindruck, dass er viele von uns erreicht hat. Eine von uns sagte gestern: ›Ich war immer beschäftigt mit Jesus und seiner Verkündigung vom Reich Gottes mit seinem Recht, seiner Gerechtigkeit und seiner Barmherzigkeit und hatte Mühe mit Paulus und seiner Botschaft vom Kreuz, die im Bild vom wiegenden Jesus zum Ausdruck kommt. Sie steht im Gegensatz zur Botschaft der Menschenwelt, die lautet: Wer an das Kreuz genagelt wurde, ist ein Verfluchter und von Gott abgewiesen. In diesem Bild vom wiegenden Jesus und mit unseren Erfahrungen durch den gemeinsamen Weg gestern wissen wir, dass hier an diesem Kreuz noch ganz anderes zu erfahren und zu holen ist.‹

Mit diesem Kreuz an der Wand ist das Christentum die einzige Religion, die es wagt, die Aggression und die Gewalt sichtbar werden zu lassen. Unter der Eisdecke unserer Kultur ist Gewalt und Aggression immer noch anwesend. Wir irren uns gewaltig, wenn wir sagen, dass im Ersten Testament vor allem Gewalt und Gesetz eine Rolle spielen und dass Jesus mit dem Zweiten Testament die Liebe erfunden hat. Denn auch die Tora beinhaltete die Liebe zum Nächsten, zu Gott und sich selbst. Und sie beinhaltet die zärtlichen Bilder bei den Propheten, zum Beispiel von Gott als Hirtin, die die Mutterschafe behutsam führt. Und das Zweite Testament beinhaltet neben den vielen Worten von der Liebe auch viele von Gewalt. Jesus war nicht der Liebevolle.

Hier im Bild sehen wir den wiegenden Jesus, in seinen Armen lag seine Gewaltlosigkeit. Er war nicht ohnmächtig, er trug sein Kreuz, sein Leid und seine Liebe. Die Gewalt der anderen hat er mit seinem Leib angenommen und ausgehalten. So sehe ich ihn als leidenden Dienstknecht von Adonai. So ist er für mich das Zentrum von Humanität. So verstehe ich die Frohbotschaft des Gekreuzigten, der im Sterben das eigene Leben und Schicksal wiegt.

Ich lade euch jetzt ein, aufzustehen und im Halbkreis um dieses Bild zu gehen und zu suchen, welche Haltung ihr jetzt einnehmen wollt: wiegend, schauend, betend, still...«

Nach sieben Minuten haben wir unsere Morgenmeditation abgeschlossen mit dem Lied, das wir am Abend davor gelernt hatten: »Im Anschauen deines Bildes, im Anschauen deines Bildes, da werden wir verwandelt, werden wir verwandelt, werden wir verwandelt in dein Bild.«

Wirkung

Am Donnerstagnachmittag um 16 Uhr schlossen wir die vierte Kurswoche ab. Und am späten Abend erreichte uns Kursleitende eine E-Mail der Frau, die eine Stunde am gleichen Ort gestanden hatte, da wo Gott das Schwache erwählt hat, um das Starke zuschanden zu machen. Zu Hause angekommen spürte sie: Jetzt darf ich meine Chance nicht verpassen, jetzt ist mein Kairos. Und sie schrieb ihre Leidensgeschichte, schrieb von den Menschen, die ihr nicht gutgetan haben. Sie schrieb vom Hass und von ihrer ermüdenden Krankheit. Immer hatte sie die Lösung im Starksein gesucht. Sie wusste, dass dieser Weg ins Leere führte, und hatte es ignoriert. Inzwischen studierte sie Theologie aufgrund der Erfahrung, dass Gott ihr immer die Treue gehalten hatte und sie liebevoll und kräftig unterstützte. Diese Liebe will sie unbedingt als Seelsorgerin weitergeben. Tief in ihrem Herzen wusste sie, dass das aber nur geht, wenn sie ihre Verwundung zu sich nimmt, nur als verwundete Heilerin kann sie Heilerin werden. Jetzt, am letzten Tag dieser Kurswoche, hat unsere Botschaft und die Botschaft von Paulus sie erreicht. Sie begann, ihre Schwachheit, ihre Verletzungen, ihre Schande und Scham nicht länger zu verneinen, zu unterdrücken, wegzuschieben. Sie begann das Gegenteil: all das endlich zu erkennen und mit anderen zu teilen, was da ist, was da sein darf. »Ich lasse es euch unter Tränen sehen und lesen. Ich unterdrücke es nicht länger.« Und damit hat sie ihrem Weg eine neue Richtung gegeben. Der Raum im Bibliodrama und der Raum in der Morgenmeditation sind zur existenziellen Bühne geworden, auf der sie sich erkennen und mit einer neuen Lebens- und Glaubenspraxis beginnen kann. Sie hat einen Anfang gemacht damit, dass alles offenbar werden darf. Bei Johannes heißt das: Die Wahrheit macht frei. Bei Paulus: Das Schwache macht stark. Theologisch gesprochen hat der alte Begriff Transsubstantiation seine eigentliche Bedeutung wieder gefunden: Nur was auf den Tisch gelegt wird, kann verwandelt werden.

Eine wichtige eigene Erfahrung zum Schluss

Obwohl ich mich schon lange mit Paulus beschäftige, hat mich diese Woche noch viel tiefer verwurzelt in der Frohbotschaft des Gekreuzigten. Und in der Meditation habe ich selbst auch dagestanden. Und dabei merkte ich, wie ich einen meiner wichtigsten Freunde wiegend gehalten habe. Er ist schon lange gestorben, und bisher hatte ich vor allem meine Wut auf ihn getragen, darüber, dass er so viel versteckt und verborgen gehalten hatte, so viel Vernichtung in seinem Leben, das er seiner Frau, seinen Kindern und mir zugemutet hatte. Ich habe immer seine Ambivalenz gespürt zwischen Freund sein wollen und der Unfähigkeit, das Leben zu teilen. Ich habe dies nie verdrängt. Und wusste zugleich, dass er auch eine andere Seite hatte, die mich zur Freundschaft gelockt hat: sein Suchen nach dem Geheimnis, nach Gott, sein Verlangen, menschlich zu sein, dem Lebendigen zu dienen. Und obwohl ich vieles nicht wusste, habe ich gespürt, wie sehr er unter seiner eigenen Geschichte gelitten hat. Ich hatte ihm schon viel vergeben, aber ich hatte es noch nie echt gefühlt. Jetzt, im Wiegen bei diesem Kreuz, merkte ich, dass ich ihn wiegend im Arm hielt, und zwar ganz: mit meiner Wut und mit meiner freundschaftlichen Liebe, in der Anerkennung, dass er mehr war und mehr ist als das, was er aus seinem Leben gemacht hat. Seine Frau hatte beim Grab gesagt: »Ich gebe dich zurück an deinen Schöpfer.« Ich hatte ihn auch schon lange aus den Händen gegeben an den Lebendigen. Und jetzt ist meine Wunde zugegangen. Auch für mich wurde der Raum des Bibliodramas zu einer existenziellen Bühne, auf der ich eine neue Erfahrung auf meinem Glaubensweg machte und neue Schritte ging.

BIBLIODRAMA UND GEWALT

Wie gehören die Rache Gottes und seine Verheißung zusammen?
Bibliodramatische Erfahrung mit Jesaja 35,1–10

Einleitung

Wir spielten mit einer Gruppe von Theologen aus dem Bildungsbereich im Advent Jesaja 35,1–10 »Die Verheißung des messianischen Heils«.

¹ Die Wüste und das trockene Land sollen sich freuen, die Steppe soll jubeln und blühen. ² Sie soll prächtig blühen wie eine Lilie, jubeln soll sie, jubeln und jauchzen. Die Herrlichkeit des Libanon wird ihr geschenkt, die Pracht des Karmel und der Ebene Scharon. Man wird die Herrlichkeit des Herrn sehen, die Pracht unseres Gottes. ³ Macht die erschlafften Hände wieder stark und die wankenden Knie wieder fest! ⁴ Sagt den Verzagten: Habt Mut, fürchtet euch nicht! Seht, hier ist euer Gott! Die Rache Gottes wird kommen und seine Vergeltung; er selbst wird kommen und euch erretten. ⁵ Dann werden die Augen der Blinden geöffnet, auch die Ohren der Tauben sind wieder offen. ⁶ Dann springt der Lahme wie ein Hirsch, die Zunge des Stummen jauchzt auf. In der Wüste brechen Quellen hervor und Bäche fließen in der Steppe. ⁷ Der glühende Sand wird zum Teich und das durstige Land zu sprudelnden Quellen. An dem Ort, wo jetzt die Schakale sich lagern, gibt es dann Gras, Schilfrohr und Binsen. ⁸ Eine Straße wird es dort geben; man nennt sie den Heiligen Weg. Kein Unreiner darf ihn betreten. Er gehört dem, der auf ihm geht. Unerfahrene gehen nicht mehr in die Irre. ⁹ Es wird keinen Löwen dort geben, kein Raubtier betritt diesen Weg, keines von ihnen ist hier zu finden. Dort gehen nur die Erlösten. ¹⁰ Die vom Herrn Befreiten kehren zurück und kommen voll Jubel nach Zion. Ewige Freude ruht auf ihren Häuptern. Wonne und Freude stellen sich ein, Kummer und Seufzen entfliehen.

Raumeinteilung

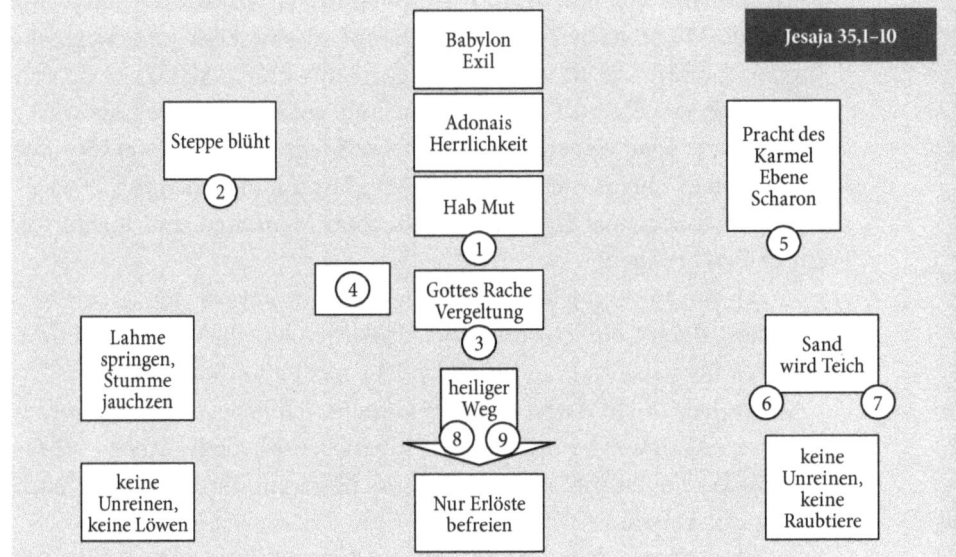

Erfahrungsbericht und Reflexion

Erfahrungsbericht von (1), der bei *Hab Mut* steht: »Ich bin ein Israelit im Exil in Babylon. Ich stehe am Ort, an dem Menschen zueinander sagen: ›Gott ist hier. Seine Vergeltung und seine Rache werden kommen!‹ Ich habe Angst vor diesem Gericht. Denn ich habe mich in Babylon eingerichtet. Ich habe Karriere gemacht. Ich habe etwas zu verlieren. Und ich habe mich auch schuldig gemacht – nichts Großes, aber viele Kleinigkeiten. Ich habe die Machtspiele in Babylon mitgespielt und bin Kompromisse eingegangen, zuerst, um zu überleben, später, um es zu etwas zu bringen.«

Vor mir (1) steht ein anderer Israelit (3). Er freut sich an Gott, der befreit und richtet, der barmherzig ist und gerecht. Er ist Opfer in Babylon und zugleich auch Täter. Auch wenn es ihm nicht leichtfällt, er will alles auf den Tisch legen und vor Gott bringen. Denn nur was auf den Tisch kommt, kann verwandelt werden. Rechts von mir sitzt eine Israelitin mit schwachen Händen und voller Sehnsucht nach Befreiung aus dem Elend (4). Hinter mir steht ein Löwe (6), der sich im warmen

Sand der Wüste genauso wohlfühlt wie am Wasser und der frei umherstreicht. Links vor mir beginnt der Weg der Heiligkeit, der durch die blühende Wüste nach Zion führt. Darauf ist eine Frau unterwegs, die sagt, dass andere sie als »unrein« bezeichnen würden (8). Das ist sie aber nicht, sagt sie. Sie will nur frei sein und endlich ihren eigenen Weg gehen, jetzt. »Und was machst du mit der Rache Gottes?«, fragt (3). »Das ist jetzt mein Thema nicht«, sagt (8). »Du bist unmöglich!«, ruft (3).

Im Spiel begegnet (1) unterschiedlichen Menschen und macht folgende Erfahrungen:

- Ich bin unrein, ich bin mit mir nicht im Reinen. Ich habe überlebt, darauf bin ich stolz. Das Überleben hat aber alles dominiert. Ich überlebe, statt zu leben. Ich lebe nicht alles, was in mir ist.
- Ich habe nicht Angst vor dem Gericht. Ich habe Angst vor Veränderung. Ich habe mich an das Überleben gewöhnt. Das gewohnte halbe Leben gibt Sicherheit und übertönt die Sehnsucht nach mehr Leben.
- Ich weiß um die Bedrohtheit des Lebens. Wenn ich nach Zion zurückkehre, kann ich wieder alles verlieren, kann zum Heimatvertriebenen, zum Exilanten werden, oder noch Schlimmeres kann geschehen. Das wäre beim zweiten Mal sogar schlimmer als beim ersten Mal, weil eine zweite Enttäuschung noch mehr weh tut. Lieber nicht zu viel wünschen, dann werde ich nicht enttäuscht.
- Ein Gespräch über die Rache erschließt mir etwas: Meine Art zu leben beziehungsweise nicht zu leben, hat Konsequenzen. Es rächt sich auf jeden Fall. Und es ändert sich nichts. Die Rache Gott zu übergeben, bedeutet, dass sich etwas ändern kann.
- Als der Löwe (6) mich in die Bewegung ruft, spüre ich die Sehnsucht, mich auf den Weg der Heilung und Heiligung zu machen. Aber viel stärker spüre ich die Trauer über all das verpasste Leben. Das will erst betrauert werden.

Die Frau mit schwachen Händen und großer Sehnsucht (4) hört die Frau, die sagt: »Ich bin nicht unrein« (8). Sie sagt: »Ich will nicht vom heiligen Weg als Mensch ausgeschlossen werden. Der Weg ist für alle, jedenfalls möchte ich meinen Weg gehen.« Darauf antwortet (4): »Nein, ich möchte verwandelten Menschen auf diesem heiligen Weg begegnen, nicht jenen, die wie wir im Exil sind, so unrein, so unfrei, so schwach.

Nur wenn ich bereit bin, mit diesem Gott von Rache und Vergeltung umzugehen, kann ich selbst und können andere sich verwandeln oder verwandelt werden. Ich hoffe, dass, wenn unreine Menschen auf diesem heiligen Weg daherkommen, diese das selbst auch spüren und dass ich den Mut habe, so wie jetzt, laut zu sagen, dass sie dafür sorgen sollen, rein zu werden. Sonst sollen sie hier verschwinden. Ich habe nicht gehört, dass die Unreinen nicht auf dem heiligen Weg gehen dürfen, ich habe nur gehört: Sie werden nicht auf dem heiligen Weg gehen.«

Der Mann, der bei der *Rache Gottes und seiner Vergeltung* steht (3) spricht mit dem Mann aus Babylon (1). Er sagt: »Ich bin immer mehr dankbar für die Rache Gottes. Gott tut Recht und bringt alles Unrecht auf den Tisch. Opfer und Täter kommen ans Licht, für sich selbst und füreinander.« Mit der Frau, die laut sagt, keinem Unreinen auf dem Weg nach Zion mehr begegnen zu wollen (4), kommt (3) auch in Kontakt. Zugleich wehrt er sich gegen den *Sand* (7), der nur spielerisch Badeferien machen will. Die Leitung interveniert mit den Worten: »Ich erinnere dich daran, dass du, Sand, zum Teich wirst, sodass endlich wieder Wasser bewahrt werden kann für Menschen und Tiere unterwegs. Das ist doch etwas anderes, als nur warmer Sand zu sein.« Darauf gab es kaum Resonanz. Ebenso erging es auch mit einer Person, die auf dem Weg war (6): »Ich bin auf dem Weg, aber für mich ist es kein heiliger Weg. Hier kann und muss ein Jeder kommen können.«

In Nachgespräch wurde deutlich, dass die Menschen, die aus dem Exil weggingen, schwerlich in Kontakt treten konnten mit den Menschen, die schon auf dem heiligen Weg waren. Sie fühlten sich teilweise missverstanden. Teilweise gestanden sie sich mehr Raum zu, als der Text selbst Raum gab. Wir hatten leider keine Zeit, um länger den Text zu spielen. Uns wurde klar, dass in einem kurzen Spiel unmittelbar Unglaubliches ans Licht kommen kann: die Rache Gottes, Verheißung, Chancen verpassen oder finden, gelungene und misslungene Kommunikation, Glaubens- und Lebensreflektion. Das waren die Erfahrungen, mit denen – gleichwohl unbefriedigend – das Bibliodrama im Nachgespräch abgeschlossen wurde. Das Spiel machte auch deutlich, wie hilfreich es ist, wenn neben dem Leiter auch weitere Spielende Anwaltschaft für den Text übernehmen.

Reflexion über Gewalt, Recht und Unrecht, Heil und Unheil, Rache und Vergeltung in der Bibel und im Bibliodrama

Vorgeschichte

In der Bibel gibt es viele Texte, die mit Gewalt, Hass, Rache und Vergeltung zu tun haben. In vielen biblischen Texten ist auch von Feinden die Rede, die den Glaubenden nach dem Leben trachten. Auch wenn sich alles gegen diese negativen Wirklichkeiten, Haltungen und Handlungen wehrt, sie gehören zur menschlichen und darum auch zur biblischen Realität. In der Bibel sind viele Texte bewahrt, um uns daran zu erinnern, dass unter der dünnen Humusschicht unserer Kultur noch immer viel Aggression und Gewalt verborgen liegen. Ich habe von den biblischen Geschichten gelernt, dass sie dazu beitragen, dass wir diese Realität sehen und sie uns vergegenwärtigen. Wir können aus den biblischen Geschichten lernen, was passiert, wenn Menschen sich das Recht nehmen und das imitieren, was ihnen angetan wurde. Wir können lernen, wieviel Zukunft darin liegt, wenn Menschen auf die Selbstjustiz verzichten und ihre Aggression und Gewalt in Gottes Hände legen, um ihm Vergeltung und Rache zu überlassen.

Der Film »Antonias Welt«

Vieles in der Welt und in meiner Geschichte hat mich in den 90er-Jahren dazu gebracht, immer mehr Texte zu spielen, in denen die Rede ist von Gewalt, Hass, Feinden, Feindschaft, Zorn, der Wut Gottes, Urteil, Recht und Gerechtigkeit. Ich begegnete diesen Themen immer häufiger in der Gesellschaft, in der Zeitung, in der Literatur und im Film. Ich meine, dass ich selbst und wir in der Kirche uns zu wenig mit dieser Realität beschäftigen. Es sind Tabuthemen. In meiner Seelsorge- und Ausbildungsarbeit haben wir zu viele harmonische Geschichten mit harmonischen Themen gespielt. Aggressive Texte wurden nicht beachtet bei unseren besinnlichen Zusammenkünften, so als hätte zuhause in der Familie noch nie die Tür geknallt. Zur gleichen Zeit, als wir Jesaja 35 gespielt haben, sahen wir in der Gruppe von Theologen den Film »Antonias Welt«.[11] Ich fasse den Inhalt dieses Films, den ich mehrmals gesehen habe, zusammen und bringe ihn in Verbindung mit unserem Thema. Im Film gibt es eine Szene, die zu verstehen hilft, wie Gewalt aussieht, was Gewalt mit uns tut und wie Vergeltung und Rache aussehen.

Die verwitwete Antonia zieht im Alter von vierzig Jahren Ende des Zweiten Weltkriegs zurück in ihr Heimatdorf. Gemeinsam mit ihrer Tochter Danielle kommt sie, um ihre Mutter zu Grabe zu tragen. Tatsächlich ist aber die alte Frau, die jahrelang von Antonias Vater mit anderen Frauen betrogen wurde, noch sehr lebendig und stirbt erst nach zahlreichen Flüchen auf ihren Ehemann. Als man die Rückkehr von Antonia im Dorf bemerkt, spricht man vom Schwarzen Schaf, das zurückgekehrt sei. Antonia lassen diese Sticheleien kalt. Die wortgewandte, freiheitsliebende und nicht wirklich gläubige Frau lässt zwar alte Freundschaften im Dorf, wie die mit der Russin Olga und dem einsiedlerischen Intellektuellen Krummer Finger, wieder aufleben, doch sonst braucht sie niemanden. Antonia und Danielle richten sich in dem rosa Haus auf dem Bauernhof ein und beginnen, das Land von Antonias Eltern zu bewirtschaften. Durch ihren Gerechtigkeitssinn macht Antonia bald die Bekanntschaft mit dem jungen Lippen Willem. Der Mann wird stets von den Kindern des Dorfes wegen seiner enormen Körpergröße und seiner geistigen Zurückgebliebenheit gehänselt. Als Antonia eines Tages beim Ausreiten den Streichen der Störenfriede Einhalt gebietet und einen der aufdringlichen Jungen packt und an den Ast eines Baumes hängt, tritt Lippen Willem sofort aus den Diensten seines Herrn aus und folgt Antonia, die auf ihrem Pferd davontrottet. Bald schon gibt es erneut Zuwachs auf dem Hofe. Danielle rettet Desiree, genannt Dede, vom benachbarten Hof eines reichen Bauern, nachdem sie durch Zufall Zeugin wurde, wie die geistig behinderte Dede von ihrem Bruder Pitte vergewaltigt wurde. Pitte, dem Danielle bei der Befreiungsaktion eine Mistgabel in den Schoß gerammt hat, verlässt daraufhin das Dorf. Das Idyll auf Antonias Hof droht zu zerbrechen, als Pitte nach jahrelanger Abwesenheit zurück ins Dorf kommt. Sein Vater ist verstorben, und Pitte ist sofort zur Stelle, um am Erbe des äußerst rentablen Hofes beteiligt zu werden, sehr zum Ärger seines jüngeren Bruders Janne. Pitte genießt es bald, sich provozierend dem Hof und den Feldern von Antonia zu nähern, was vor allem für Dede seelische Qualen bedeutet. Als Pitte die 13-jährige Thérèse, die Enkelin Antonias, die mittlerweile in der Stadt Mathematik lernt, vergewaltigt, sieht sich Antonia gezwungen zu handeln. Sie greift sich ein Gewehr und stürzt in das Dorfcafé ihrer Freundin Olga. Den dort sitzenden Pitte zwingt Antonia auf den Dorfplatz und beginnt, ihn mit einem Fluch zu belegen, da sie es nicht vermag, einen Menschen zu töten. Pitte solle schreckliche Qualen erleiden, sollte er nicht auf schnellstem Wege das Dorf verlassen. Noch am selben Abend erfüllt sich der Fluch, als Pitte, der von den fünf Söhnen des Bauern Sebastian schwere Prügel für sein Verbrechen einstecken musste, auf den elterlichen Bauernhof zurückkehrt. Sein jüngerer Bruder Janne sieht die Zeit gekommen, sich des älteren Bruders zu entledigen und selbst Herr auf dem Hof seines Vaters zu werden. Janne ertränkt kurzerhand den schwer verletzten Pitte im Brunnen des Hofes. Das Dorf schweigt über den Mord an dem Vergewaltiger.

Meine Gedanken

Soweit meine Beschreibung des Films. Es geht mir um folgende Szene: Antonia packt ein Gewehr, geht ins Dorfcafé, schießt einmal auf den Boden, um den arroganten Pitte zu zwingen, nach draußen zu kommen, und ihm zu zeigen, dass sie keine Angst vor ihm hat. Er hat ihre Enkeltochter vergewaltigt – aus Rache, da Danielle vor Jahren Desiree vor Pitte gerettet hat. Antonia ist wütend, Feuer und Flamme. Sie verflucht Pitte und zwingt ihn, das Dorf zu verlassen. Töten kann und will sie diesen Menschen nicht. Ihr Gerechtigkeitssinn macht, dass sie wütend ist und sich auch so äußert. Sie belegt ihn mit einem machtvollen Fluch und jagt ihn endgültig fort. Durch ihr Handeln fassen auch andere im Dorf Mut. Der Film zeigt nun seinen Bruder und alte Freunde, die immer Angst vor Pitte hatten, ihn aber gewähren ließen. Jetzt packen sie Pitte und verprügeln ihn. Als Pitte sich auf den Hof schleppt, begegnet er seinem Bruder. Dieser tut so, als wolle er ihm am Brunnen zu trinken geben und das Blut abwaschen. Als Pitte seinen Kopf über den Brunnenrand beugt, drückt der Bruder seinen Kopf unter Wasser – bis er sich nicht mehr bewegt. Das Dorf schweigt über diesen Mord.

Ich war unglaublich froh über das Handeln von Antonia. Sie ist wütend, sucht Gerechtigkeit, bekennt Farbe und stellt mit ihren Mitteln die Ordnung wieder her. Sie nimmt keine Rache und wird auch nicht körperlich gewalttätig, aber sie legt Pittes unmenschliches Verhalten offen. Ihre Waffe ist der Fluch, der alle Gewalttaten von Pitte ins Wort bringt und gegen ihn wendet. Außerdem fügt Antonia die unmissverständliche Drohung hinzu, er solle sofort aus dem Dorf verschwinden und nie mehr zurückzukommen. Um ihren Worten Nachdruck zu verleihen, schießt sie in die Luft. Natürlich geht es im Film um ihre Tochter und Enkeltochter, aber zugleich zeigt der Film über die Familie hinaus unsere Gesellschaft, unsere Kultur, unser Zusammenleben mit Recht und Unrecht.

Dass die Brüder Pitte verprügeln, ist verständlich. Es tat mir trotzdem weh zu sehen, wie er geschlagen wurde. Zugleich war ich einverstanden damit. Es ging hier um eine Abstrafung. Für das Wegschicken hatte Antonia schon gesorgt. Der jüngere Bruder von Pitte hat neben seiner Wut auch Machtansprüche. Er nimmt das Recht in die eigenen Hände: Er tötet ihn, er mordet. Und hier ist er für mich zu weit gegangen! Er ist sein eigener Richter geworden: unsauber, unrein, intransparent. Er verletzt das fundamentale biblische Gebot »Du sollst nicht töten«.

Die Bibel lässt an unterschiedlichen Stellen Gott mit folgenden Worten sprechen: »Ich verstehe euren Hass und eure Feindschaft, ich verstehe euren Schmerz und eure Wut. Mein ist die Rache.« (Römer 12,19; Hebräer 10,30; 5 Mose 32,35.41)

Gottes Gedanken?!

Für mich bedeutet dieses Sichtbar- und Hörbarmachen von Gewalt in unserer Gesellschaft durch den Film »Antonias Welt« dreierlei:

1. Immer und überall ist Gewalt. Es ist nicht Sache der Menschen, Rache zu üben.

2. Verlasst euch darauf, dass Gerechtigkeit geschieht; überall, wo wir von Rechtstaaten sprechen. Allerdings bleibt auch in unserem Rechtstaat vieles ungerecht. Und es gibt viele Staaten auf dieser Welt, in denen überhaupt kein Recht geschieht.

3. Unser Glauben eröffnet mir eine neue Perspektive. Für mich bedeutet der Satz »Mein ist die Rache« das Gleiche wie »Überlass es mir«. Dieser Gott hat einen anderen Überblick als ich.

Deutlich wird mir, dass ich – bevor ich von Barmherzigkeit rede – von Recht und Gerechtigkeit sprechen muss. Meine Aufgabe ist es, Opfer und Täter zusammenzuführen und dafür zu sorgen, dass sie sich aussprechen können, sodass Opfer Gerechtigkeit erfahren, weil sie endlich sagen können, was Menschen ihnen angetan haben. Täter müssen endlich zulassen, die Worte der Opfer zu hören. Sie sollen hören und sehen, was sie verbrochen haben. Opfer sollen merken, wo sie selbst auch Täter gewesen sind. Täter können entdecken und zeigen, wo sie selbst Opfer ihrer Geschichte wurden. Mir scheint, dass Gott mit seiner Gerechtigkeit, aber auch mit Rache und Vergeltung, einen Raum schafft, um eine letzte Entscheidung zu treffen. Zu welchem Leben entscheiden sie sich? Urteil, Gericht, Rechtfertigung und Barmherzigkeit gehören zusammen und als solches zu einer reifen erwachsenen Form von Leben und Glauben. Der Gott der Bibel ist dafür Garant. Vor dem Tod. Und, Geheimnis, nach dem Tode. Dazu fällt mir diesen Satz ein: »Du bist uns die Auferstehung schuldig, gerade um allen Opfern der Geschichte Recht zu tun.«

Diese Einsichten habe ich auf meinem Entwicklungsweg gefunden, durch das immer wiederkehrende Lesen der Bibel, durch Bibliodrama spielen, durch Bücher, Filme und Ausstellungen. So habe ich Leben und Glauben immer mehr verbinden können. Im Laufe der Jahre wurde ich ermutigt, die ganze Bibel ernst zu nehmen, vor allem auch die schwierigen Texte, die von Hass und Gewalt, Vergeltung, Gericht und Rache handeln. Mir ist klar geworden, wie großartig die Bibel als Ganzes ist, weil sie nichts wegredet, nichts schönredet, nichts eliminiert. Wir sind dadurch eingeladen, das ganze Leben wahr und ernst zu nehmen, das Gute und Schöne genauso wie das Böse und Hässliche. Bei Jesus hat mich immer stärker fasziniert, dass er lehrt: »Sei einfach wie die Taube und schlau wie die Schlange.« Und: »Dass die Kinder dieser Welt manchmal weiser und klüger sind als die Kinder des Lichts.«

Schlussbemerkung

Auch die Propheten, die über den Zorn und die Wut Gottes sprechen, habe ich besser verstehen gelernt. Zorn und Wut Gottes haben nichts zu tun mit Strafe, Hass, Vergeltung, moralisierenden Urteilen. Sie sind zu verstehen als Gottes Suche nach Beziehung zu seinen Menschen, zu seinem Volk. Wut und Zorn sind Ausdrücke seiner Enttäuschung, sind Ausdruck von Verlangen, wieder in Beziehung miteinander zu kommen. Das Spielen prophetischer Texte (vgl. Amos, in diesem Buch Seiten 33–68) hat mir geholfen, biblische Texte radikal existenziell und niemals moralisch zu verstehen. Stattdessen wurde mir die existenzielle und religiöse Grundbedeutung biblischer Geschichten immer deutlicher, lebendiger und fruchtbarer für das alltägliche Leben. Im Leben wie im Bibliodrama zeigt sich, dass Gefühle, Orte von Rache und Vergeltung, nicht verneint oder umgangen werden können. Erst wenn beide Orte ernst genommen werden, kann Rettung geschehen.

Gott ist schuldig! Bibliodramatische Wahrnehmung der Anklage gegen Gott

Einführung

Der Wegbegleiter, der Fremdling, der Auferstandene in der Emmaus-Geschichte versucht Raum zu schaffen für einen leidenden Messias: Er hat seinen Lebensweg in Beziehung zu seinem Vater, seinem Gott, unserem Vater und unserem Gott, so verstanden. Viele Christen wollen das nicht. Und auch viele Juden, Griechen, die Völker der Welt – Gojim – und Muslime wollen das nicht. Dieser Leidensweg ist nicht leicht zu verstehen. Für die Jünger damals nicht und für JüngerInnen heute auch nicht.

In Lukas 24,27 heißt es: »Und er, Jesus, legte ihnen dar, ausgehend von Mose und den Propheten, was in der gesamten Schrift über ihn geschrieben steht.« In 24,45 ist die Rede davon, dass er ihnen die Augen für das Verständnis der Schrift öffnet. Das Grab ist geöffnet, die Augen werden geöffnet, der Verstand wird geöffnet, die Schriften werden geöffnet. All diese Öffnungen sind nötig, um sich der Frage zu stellen: Musste der Messias das alles erleiden?

Das Leiden dieser Welt und die Schriften

Es geht hier um eine nicht unmittelbar einleuchtende Seite Gottes. Um den Schatten Gottes. Leiden ist nicht etwas, das anzieht. Wir suchen es nicht. Das Leiden gibt es einfach. Es ist meistens nicht sinnvoll, es ist eher sinnlos. Es ist eher selten, dass Gott dafür gedankt wird. Eher wird Gott darin abgewiesen oder immer wieder die Frage gestellt: »Warum lässt Du das zu?«

Die Schriften verneinen nicht die Existenz des Leidens und der Gewalt. Leiden und Gewalt werden in der Hebräischen und in der christlichen Bibel anerkannt und wiedergegeben. Nicht verherrlicht. Im Christentum zeugt das öffentlich gezeigte Kreuz seit Jahrhunderten davon. Gewalt wird nicht verneint oder unsichtbar gemacht. Das Christentum bleibt verantwortlich für alle Momente, in denen es sich der

Gewalt zugewandt hat oder durch Intoleranz und Inquisition Gewalt vorbereitet und verursacht hat. Zugleich haben sowohl die Propheten als auch Jesus in der Bergpredigt dazu aufgerufen, die Waffen umzuschmieden zu Pflugscharen und der Gewalt den Rücken zu kehren. Aber auch wenn der Gewalt im Leben, in der Bibel und in der christlichen Kultur ins Auge geschaut wird, gibt es immer wieder blinde Flecken. Und trotzdem sind viele unerzählte, ungehörte und erhörte Geschichten, uns zum Trotz, in der Bibel bewahrt geblieben. Das macht die Qualität der Bibel aus.

Der Film »God on trial«

Zu unserer jüngsten Geschichte gehört der Holocaust. Es ist 2015: Wir erinnern uns am 70. Jahrestag der Befreiung des Konzentrationslagers Auschwitz. Unfassbares Leiden und Tod. Die dunkle Seite Gottes zeigt sich da voll und fordert von uns, uns mit ihr auseinanderzusetzen. Leiden, Aggressivität, Gewalt, damals und jetzt, Holocaust: Ich kann und will mich damit auseinandersetzen. Ich versuche zu verstehen. Ich bin dabei auf einen Film gestoßen. In diesem Film »God on trial« von Andy de Emmony[12] von 2008 nach einem Stück von Elie Wiesel (»The Trial of God«), geht es noch einen Schritt weiter als nur darum zu verstehen: Im Konzentrationslager Auschwitz klagen jüdische Häftlinge Gott an und verurteilen ihn wegen seiner Taten. Sie verurteilen Gott wegen seines Verrats an dem Bund, den er mit seinem Volk geschlossen hat. Eine Thematik, die Anklage Gottes, der wir im Bibliodrama-Spiel öfters begegnen, kommt hier konzentriert ans Licht. Es ist ein Bibliodrama im Film.

Die Filmhandlung ist folgende: Menschen machen einen Besuch im Konzentrationslager Auschwitz. Der Sprecher, der diese Gruppe herumführt, erzählt die Geschichte vom Gerichtsprozess gegen Gott, der hier stattgefunden hat. Und dann zeigt der Film uns diesen Prozess. Was in diesem Prozess gezeigt und gesagt wird, bestätigt die Tradition der Bibel: Alles wird gesehen, alles wird zur Sprache gebracht, niemand und nichts wird geschont. Was mich am tiefsten bewegt hat bei diesem Film, ist, dass alles auf den Tisch gebracht wird. Dass da keine Zurückhaltung mehr ist, auch nicht Gott gegenüber. Gott wird angeklagt und für schuldig befunden. Er wird verurteilt. Mich berührt tief, dass dieses Reden über Gott und mit Gott im Film trotzdem »beten« genannt wird. »Er ist hier, auch wenn ich es nicht verstehe«, sagt einer der jüdischen Häftlinge im Film. Bußpsalmen fluchend und betend gehen die Männer nach ihrem Urteil, in dem sie Gott für schuldig befunden haben, in die Gaskammer. Ob ich will oder nicht: Ich sehe, die Verbindung zu Gott bleibt – trotz der Anklage und des Urteils, dass Gott den Bund mit seinem Volk gebrochen hat. Atemberaubend. Für mich eine sehr tiefe, vielleicht die beste Art, um mit der Realität – selbst mit dieser Realität – in Verbindung zu kommen und zu bleiben. Auf diese Weise mache ich mich nicht schuldig am Schweigen über Auschwitz.

Auf der Grundlage des Filmes fertige ich eine Skizze, um noch deutlicher sichtbar zu machen, wie und wo dieser Prozess abläuft. Obwohl ich es noch nicht gewagt habe, ist diese Passage wie ein Bibliodrama zu spielen. Die jüdischen Häftlinge gestalten in ihrer Baracke einen Gerichtssaal. Es gibt drei Richter und einen Ankläger. Der Ankläger formuliert, unterstützt von den Männern in der Baracke, die Anklage. Und es gibt einen Verteidiger – ebenfalls unterstützt von einigen Männern in der Baracke. Außerdem gibt es die lebendige Tora. Die Tora muss bei Gericht immer anwesend sein. Aber da gibt es keine Bibel, keine Tora. Sie wählen für diese Rolle einen Rabbiner, der die Tora auswendig kennt. Sie nennen ihn, ein wenig spottend, die »lebendige Bibliothek«. Nach langem Hin- und Herreden ziehen sich die drei Richter zurück, um sich zu beraten. Sie stehen dafür an der Tür der Baracke.

Raumeinteilung

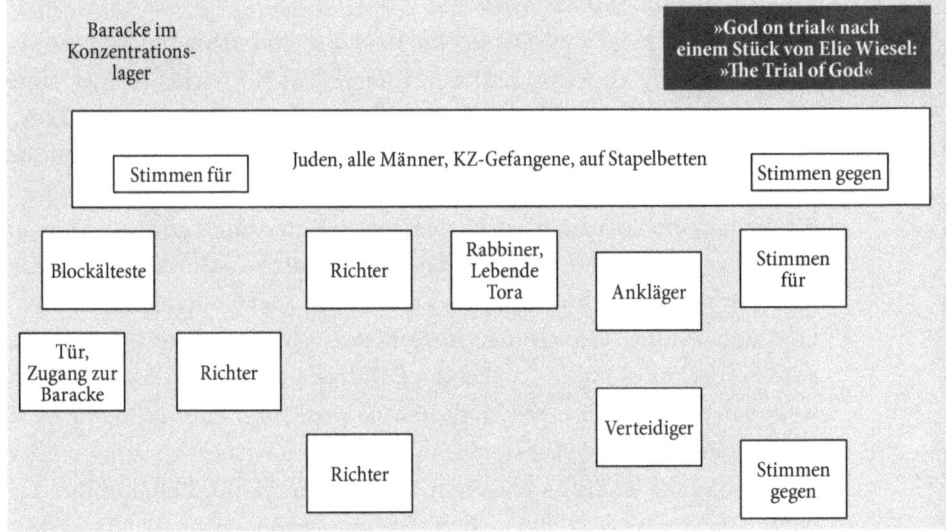

Dialog zwischen dem Ankläger (A) und dem Verteidiger – den Stimmen (S)

Der folgende Dialog ist nur ein Teil des Films. Ich habe diesen Dialog gewählt, weil die Anklage hier auf den Punkt gebracht wird mit Zitaten aus biblischen Texten, die wir manchmal gespielt haben.

Einer der Richter (R1) sagt: »Ich wusste nicht, dass ich jüdisch bin. Ich habe meinen Vater nie gekannt. Er starb, als ich ein Baby war. Meine Mutter war Deutsche. Sie ging zurück in ihr Elternhaus und nahm wieder ihren Geburtsnamen an. Sie dachte, dass alles vergessen sei. Es ging mir gut auf der Schule. Ich wurde ein guter Vater. Meine Kinder gingen in die Hitlerjugend. Als die Gestapo mich abholte, hörte ich zum ersten Mal von meiner Herkunft. Ich dachte, ich sei ein normaler Deutscher. Ich ekelte mich sogar vor Juden. Ich kannte eure Lebensweise nicht, die lernte ich hier. Ich kannte das Wort Tora nicht, bevor ich hierher kam. Und ich bin nicht der einzige. Ich hatte früher gelernt, dass Juden fies und schmutzig sind, betrügerisch und chaotisch. Und hier sah ich, dass das stimmte. Es war chaotisch, schmutzig, betrügerisch. Ich dachte, dass das durch die Juden kam.«

Ein anderer Richter (R2) entgegnet: »Natürlich ist es hier schmutzig. Eine Latrine für 5000 Menschen!«

(R1): »Darum geht es. Denkst du, dass das ein Irrtum ist? Denkst du, dass sie zufällig zu wenig sanitäre Anlagen haben? Nichts ist hier ohne Absicht gemacht. Die Schmutzigkeit gehört zum System. Genau wie der Zaun und die Scheinwerfer. Das alles hat ein Ziel. Das Ziel ist, euch die Würde zu nehmen. Unsere Würde. Das gehört zum Prozess, der dazu führt, dass die normalen Deutschen uns leichter töten können. Darum sehen wir genauso aus, wie sie das gelernt haben. Schmutzig, gruselig und gottlos. Als ihr hier ankamt, wurde euch euer Besitz abgenommen. Und euer Name. Sie nahmen eure Haare, nahmen eure Kinder mit, eure Frauen, eure Mütter. Selbst die Füllungen aus euren Zähnen. Alles, was euch menschlich macht, nahmen sie weg. Sorgt dafür, dass sie euch Gott nicht wegnehmen. Wie dumm und sinnlos das auch scheint. Der Bund mit Gott ist etwas von euch. Gott ist euer Gott. Behaltet ihn. Da muss etwas sein, was sie euch nicht wegnehmen können. Etwas von uns.«

Während die Richter beraten, erklärt der Ankläger (A): »Es sind drei Richter, sodass eine Entscheidung fällt. Einstimmig. Oder mit Mehrheit. Ich möchte erst die Anklage nochmal weiterführen. Die Anklage lautet, dass Gott seinen Bund mit dem jüdischen Volk gebrochen hat.«

Die Richter kommen zurück zu den anderen Leuten in der Baracke.

Der Ankläger fährt fort und sagt zu den drei Richtern: »Ich möchte erst noch etwas sagen. Wer hat uns aus Ägypten befreit?«

Eine der vielen Stimmen aus der Baracke (S) antwortet: »Na endlich, das war Gott.«

(A): »Noch eine Frage: Warum waren wir in Ägypten?«

(S): »Weil wir Hunger hatten.«

(A): »Und wer hat das verursacht?«

(S): »Das wissen wir nicht.«

(A): »Das war Gott. Gott bringt uns nach Ägypten und holt uns da wieder weg.«

(S): »Genau. Und später holt er uns aus Babylon weg.«

(A): »Und wie befreite Gott uns aus Ägypten? Mit Worten, Visionen, Wundern?«

(S): »Moses hat es dem Pharao gesagt.«

(A): »Und hat er dann ›ja‹ gesagt?«

(S): »'Nein' hat er gesagt. Und dann kamen die Plagen. Erst verwandelte Moses das Nilwasser in Blut, dann schickte Gott Frösche, Mücken, Hornissen. Danach eine Viehpest. Dann eiternde Wunden, danach Hagel, so schlimm, dass Bäume und die Ernte vernichtet wurden. Und Gebäude, außer in Goschen, wo die Israeliten wohnten. Und der Pharao weigerte sich. Und dann kamen die Springhasen und Finsternis.«

(A): »Und am Ende?«

(S): »Gott tötete die Erstgeborenen und führte uns aus Ägypten. Er tötete alle Erstgeborenen. Vom Erstgeborenen des Pharao bis zum Erstgeborenen aller Sklaven. Alle Kinder. Und dann floh das Volk Israel und nahm Gold, Silber und Kostbarkeiten aus Ägypten mit. Und Gott ertränkte die Soldaten, die die Israeliten verfolgten. Er schloss das Meer wieder zu, um das Volk zu schützen.«

(A): »Er wartete, bis sie alle ertrunken waren. Und dann?«

(S): »Die Wüste. Das versprochene Land.«

(A): »War das Land unbewohnt? Nicht bebaut?«

(S): »Nein.«

(A): »Da steht geschrieben: Wenn der Herr euch in das Land bringt, müsst ihr die Völker, die da wohnen, verjagen. Völker, die mächtiger sind als ihr. Vernichtet sie. Schließt keinen Bund mit ihnen und habt kein Mitleid.«

(S): »Gott ließ seine Erwählung erkennen. Wir sind sein Volk.«

(A): »Und er schenkte uns König Saul. Und als das Volk von Amelek gegen Saul kämpfte, was hat der Herr dann befohlen? Ich frage euch, die Schriftgelehrten unter euch?«

(S): »Vernichte Amelek.«

(A): »Und Saul, durfte er gnädig sein? Menschen verschonen?«

(S): »'Nein, verschone sie nicht, töte Männer, Frauen, Kinder, Ochsen, Esel, Schafe, Kamele', hat Gott gesagt. Und Saul machte sich auf den Weg, und unterwegs begegnete er Kanaanitern. Sie gehörten nicht zum Volk Amelek, und Saul hatte keinen Konflikt mit ihnen. Er sagte ihnen, dass sie fliehen können.«

(A): »Und war Gott zufrieden mit ihm, mit seiner Barmherzigkeit, mit seiner Rechtschaffenheit?«

(S): »Nein, das war er nicht.«

(A): »Und als Saul das Vieh nicht tötete, das er als Nahrung brauchte für sein Volk, war der Herr da zufrieden mit Sauls liebevollen Handlungen?«

(S): »Nein, das war er nicht.«

(A): »Er sagte: ›Du verneinst das Wort von Gott, dann verneine ich dich als König.‹ Und um den Herrn zufrieden zu stellen, ging Samuel zu König Agag und hackte ihn in Stücke. Und nach Saul kam David, der Batseba eroberte, die Frau des Urias, nachdem er Uria hatte töten lassen. Das war gegen den Wunsch Gottes. Und strafte Gott David dafür? Strafte er Batseba?«

(S): »Und?«

(A): »Gott sagte: ›Weil sie gesündigt haben, muss das Kind sterben‹. Du hast vorher einmal gefragt: ›Wer straft eigentlich ein Kind?‹ Gott tut es. Und ist das Kind schnell gestorben ohne Schmerzen?«

(A): »Sieben Tage dauerte es. Sieben Tage hatte das Kind Schmerzen. David nahm sich ein Bußgewand. Er fastete und zeigte Reue. Aber hörte Gott auf ihn?«

(S): »Das Kind starb.«

(A): »Und empfand das Kind Gott als gerecht? Und empfand das Volk von Amelek Gott als gerecht? Empfanden die Mütter in Ägypten, die Mütter, fanden sie Gott als gerecht?«

(S): »Aber Adonai ist unser Gott.«

(A): »Oh, schuf Gott sie denn nicht? Tat er das, um sie zu strafen? Auszuhungern, ängstlich zu machen, zu morden? Das Volk von Amelek, das Volk von Ägypten, wie war es für sie, als Gott sich gegen sie kehrte? Und was tat Saul, als er die Moabiter unterworfen hatte?«

(S): »Sie mussten in Reihen auf dem Boden liegen. Eine Reihe blieb leben, zwei Reihen mussten sterben.«

(A): »Wir sind die Moabiter. Wir lernen, wie es war für das Volk der Moabiter, für das Volk von Amelek. Sie sind ausgerottet worden von Gott. Gestorben für seine Ziele. Sie sind gefallen, genauso wie wir. Sie hatten Angst, genauso wie wir. Und was haben sie gelernt? Sie lernten, dass Adonai, unser Gott, nicht gut ist. Er ist nicht gut. Er war nie gut. Und stand er auf unserer Seite? Gott ist nicht gut. Was ist das, wo er bereute, den Menschen geschaffen zu haben, und die Sintflut kommen ließ? Warum? Was hat der Mensch Schreckliches getan? Warum hat er diese Schlachtung verdient? Gott ist nicht gut. Und wenn er von Abraham forderte, seinen Sohn zu opfern? Der hätte ›Nein‹ sagen müssen.«

»Wir hätten unseren Gott lehren müssen, was Rechtschaffenheit ist. Wir hätten uns auflehnen müssen. Gott ist nicht gut.«

»Gott ist stark, Gott steht an unserer Seite. Und stand er an unserer Seite? Wir sind hierhergekommen mit dem Zug. Ein Wächter schlug mir ins Gesicht. Auf ihren Riemen steht: Gott mit uns. Vielleicht ist er das auch. Gibt es eine andere Auslegung? Was sehen wir hier? Seine Kraft, seine Größe, seine Majestät: Er benutzt das alles gegen uns. Er ist noch immer Gott. Aber nicht unser Gott. Er ist unser Feind geworden. Das ist mit dem Bund passiert: Er hat einen neuen Bund mit anderen geschlossen.«

Dann ist es lange still.

Gott ist schuldig

Aus der Gruppe, die durch das KZ geführt wird und bei den Gaskammern steht, wird die Frage gestellt: »Und, fanden sie Gott schuldig?«

Der Begleiter, der diese Gruppen durch das Lager führt, sagt: »Sie fanden Gott schuldig! Sie sagten: Er hat seinen Bund gebrochen. Seinen Bund mit uns.«

Und dann gehen sie im Film in die Gaskammer. Unterwegs und dort beten sie. Sie beten Psalmen, fluchend, schimpfend beten sie, dass sie gesündigt haben. Sie beten. Sie tun, was sie immer taten. Betend singen, singend beten. Ist das »Kavod«? Bedeutet das auch: Gott Gewicht geben? Ist das Gott in seiner Herrlichkeit, inklusive seiner Schattenseite, seiner dunklen Seite?

Gott thront auf den Lobgesängen Israels. Adonai ist präsent, wenn wir von ihm reden, ihn in unserer Sprache zum Vorschein bringen. Wo wir ihn zulassen. Sonst zieht er sich zurück, was nichts anderes ist, als dass Gott nicht oder nicht mehr existiert. Es ist natürlich paradox, dass ich jetzt von Lobgesängen spreche: Der Film ist eine schonungslose Anklage gegen Gott. Aber sie kämpfen um diesen Gott, mit diesem Gott. Sie streiten und suchen und ringen um die Wahrheit, die sie erfahren in ihrem Leben. Gott, wo bist du? Suchend, fluchend, betend, flehend, um sich und ihn zu verstehen in diesem Holocaust, untersuchen sie ihre Erfahrung und ihre Propheten und Gebete, ihre Geschichte und holen alles zum Vorschein. Sie weisen ihn ab, weil er seinen

Bund mit ihnen gebrochen hat. Fallen sie damit aus der Beziehung, aus der Beziehung mit ihm?

Im Raum Gottes ist alles möglich, sagen mir die Schriften. Diese Lebens- und Glaubenshaltung wird in diesem Film aufrecht weiter geführt. Es erinnert mich an Zvi Kolitzs »Jossel Rakovers Wendung zu Gott«. Jossel, der im letzten Haus des Warschauer Ghettos war, das noch nicht brannte. Er schreibt über die Rache Gottes Folgendes: »Bis jetzt hatte ich jenen Satz im Talmud nie richtig verstanden, der sagt: ›Die Rache ist heilig, weil sie zwischen zwei Namen Gottes erwähnt wird, wo geschrieben steht: Ein Gott der Rache ist der Herr.‹ Jetzt verstehe ich es. Jetzt fühle ich es, und jetzt weiß ich, worüber mein Herz so jubelt, wenn ich mich daran erinnere, dass wir unseren Gott schon seit Jahrtausenden so rufen: ›l Nekome Adonaj – Gott der Vergeltung, o Herr! Gott der Rache, erhebe Dich!‹«

Und das führt mich zu Psalm 88, wo auch die Anklage Gottes stattfindet. Dieser Psalm gehört auch unbedingt zu unserem Lebens- und Glaubensbrunnen.

Psalm 88

Meine Intuition, mit diesem Film zu arbeiten und ihn in unseren bibliodramatischen Kontext aufzunehmen, war schon vor 20 Jahren vorgeformt durch das Buch von Walter Groß und Karl-Josef Kuschel »Ich schaffe Finsternis und Unheil«. Ich hatte es vergessen und bin jetzt wieder auf diese Spur gestoßen.

Ich lese Psalm 88 und sehe, dass hier geschieht, was auch im Film geschieht: Der Beter klagt Gott an und macht ihn schonungslos für sein Leiden verantwortlich. Der Psalmist verzichtet auf alle sprachlichen Strategien der Abschwächung und macht auch nicht, wie es oft in anderen Psalmen und Bibelpassagen geschieht, sich selbst verantwortlich für sein Leiden durch seine Sünden. Er steht Auge in Auge mit seinem Gott.

[1] (Ein Lied. Ein Psalm der Korachiter. Für den Chormeister. Nach der Weise »Krankheit« zu singen. Ein Weisheitslied Hemans, des Esrachiters.)

[2] Herr, du Gott meines Heils, zu dir schreie ich am Tag und bei Nacht.

³ Lass mein Gebet zu dir dringen, wende dein Ohr meinem Flehen zu!
⁴ Denn meine Seele ist gesättigt mit Leid, mein Leben ist dem Totenreich nahe.
⁵ Schon zähle ich zu denen, die hinabsinken ins Grab, bin wie ein Mann, dem alle Kraft genommen ist.
⁶ Ich bin zu den Toten hinweggerafft wie Erschlagene, die im Grabe ruhen; an sie denkst du nicht mehr, denn sie sind deiner Hand entzogen.
⁷ Du hast mich ins tiefste Grab gebracht, tief hinab in finstere Nacht.
⁸ Schwer lastet dein Grimm auf mir, all deine Wogen stürzen über mir zusammen.
⁹ Die Freunde hast du mir entfremdet, mich ihrem Abscheu ausgesetzt; ich bin gefangen und kann nicht heraus.
¹⁰ Mein Auge wird trübe vor Elend. Jeden Tag, Herr, ruf ich zu dir; ich strecke nach dir meine Hände aus.
¹¹ Wirst du an den Toten Wunder tun, werden Schatten aufstehen, um dich zu preisen?
¹² Erzählt man im Grab von deiner Huld, von deiner Treue im Totenreich?
¹³ Werden deine Wunder in der Finsternis bekannt, deine Gerechtigkeit im Land des Vergessens?
¹⁴ Herr, darum schreie ich zu dir, früh am Morgen tritt mein Gebet vor dich hin.
¹⁵ Warum, o Herr, verwirfst du mich, warum verbirgst du dein Gesicht vor mir?
¹⁶ Gebeugt bin ich und todkrank von früher Jugend an, deine Schrecken lasten auf mir und ich bin zerquält.
¹⁷ Über mich fuhr die Glut deines Zorns dahin, deine Schrecken vernichten mich.
¹⁸ Sie umfluten mich allzeit wie Wasser und dringen auf mich ein von allen Seiten.
¹⁹ Du hast mir die Freunde und Gefährten entfremdet; mein Vertrauter ist nur noch die Finsternis.

Raumeinteilung

Ich gebe hier eine Raumeinteilung, so wie ich diesen Psalm einmal gespielt habe. Die theologische Mitte – immer wieder eine wichtige Frage bei der Raumeinteilung der biblischen Texte – ist hier die Leere.

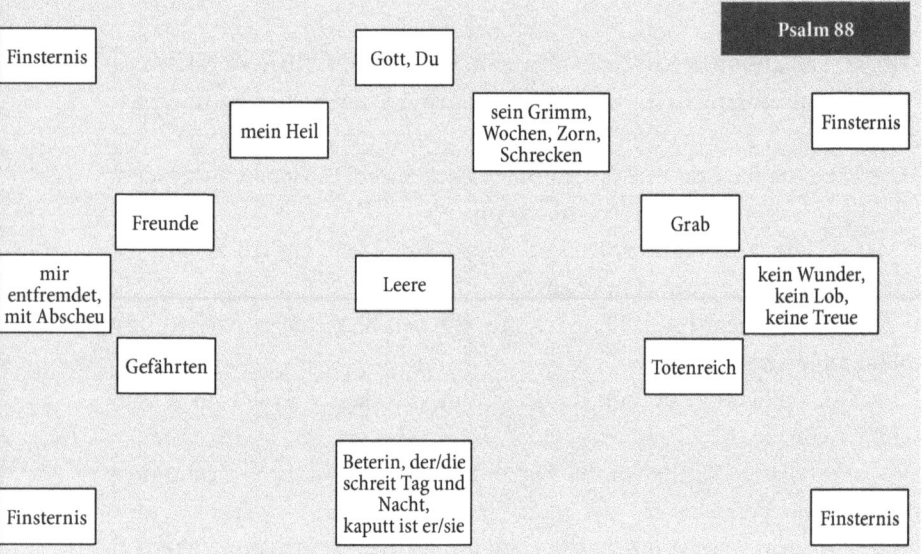

Erfahrung und Reflexion

Dieser Beter hat seinen Psalm als konsequente und geschlossene Anklage Gottes gestaltet und seinem Gott die alleinige Verantwortung für sein Schicksal zugewiesen: Alles, was er leidet, ist Adonais Werk. Aber, obwohl er kein Heil erfahren hat, fängt er seine Anklage an mit: Gott meines Heils. Das bleibt. Danach ist der Psalm eine einsame und aussichtslose Konfrontation zwischen dem leidenden, kranken Beter und Adonai, der das alles bewirkt hat.

Es ist wichtig zu beachten, dass sowohl die jüdische wie die christliche Tradition diesen Psalm in ihre Gebetssammlungen aufgenommen und bewahrt haben. Und selbst wenn ich bedenke, dass Psalm 88 nur ein Psalm unter 150 Psalmen ist – mit Ergänzung und Relativierung durch viele andere Gebete, Klagen, Fragen, Antworten – muss dieser Psalm doch als selbständige Einheit für sich gelesen und gebetet werden. Hier ist ein Beter, der noch immer um seinen Gott kämpft. So habe ich die Menschen im Film auch erfahren. Und zugleich machen der Beter des Psalms und die Menschen im KZ ihren Gott schonungslos verantwortlich für ihr eigenes unverschuldetes Leiden. Ich erfahre das als Ausdruck einer kräftigen, mutigen und geerdeten Spiritualität, um so mit unserem Gott umzugehen.

Ich habe diesen Psalm einmal einer Gruppe angeboten, um ihn bibliodramatisch zu spielen. Die wichtigsten Erfahrungen waren dabei: Es war erstens ein Lernprozess für mich, den Mut zu finden, dieses Angebot zu machen. Und zweitens: Ich fand eine Gruppe, die das Angebot angenommen hat. Und alle Teilnehmenden haben sich eine Rolle gewählt aus diesem Text. Im Spiel war die Realität des Textes auch Realität unseres Lebens. Es stimmte im Spiel auf unterschiedliche Weise, dass diese Anfrage und Anklage Gottes ein finsterer Teil unseres Lebens ist: sowohl im persönlichen Bereich – schwierige familiäre Umstände – als auch im politischen und religiösen Bereich – Ukraine und Russland und die viele Gewalt im Zusammenhang mit dem Islamischen Staat, in Asien und in Afrika. Es ist eine intensive Lernerfahrung, in der Finsternis die Frage auszuhalten, ob Gott anwesend oder abwesend ist. In Zvi Kolitzs »Jossel Rakovers Wendung zu Gott« lese ich: »Ich bin hier, um dir ungestört zu dienen. Du aber tust alles, dass ich nicht an dich glauben soll. Wenn du aber meinen sollst, dass es dir gelingen wird, mich mit diesen Versuchungen vom richtigen Weg abzubringen, ruf ich dir zu, mein Gott und Gott meiner Eltern, dass es dir nicht helfen wird. Ich werde immer an dich glauben. Ich werde dich immer liebhaben, immer – dir selbst zum Trotz.«

Warum ist es mir wichtig, diesen Psalm und diesen Film in unser bibliodramatisches Angebot aufzunehmen? Weil es mir wichtig ist, dass wir – soll unser christlicher Glauben überhaupt noch eine Chance haben in unserer Gesellschaft – als gläubige Menschen zu einem erwachsenen Glauben kommen. Und das verlangt, dass der Gott unseres Heils und der Gott der Gerechtigkeit – Gott als Richter – in uns zusammengebracht werden. Das verlangt eine hörbare und sichtbare Anerkennung, dass Gewalt da ist und dass wir unsere Augen davor nicht länger verschließen können. Das verlangt, dass wir mehr und mehr aufhören zu beschönigen, was an Ungerechtigkeit da ist. Voriges Jahr sind 132 Journalisten in Kriegsgebieten umgekommen. 132 von vielen mutigen Frauen und Männern. Ich merke, dass ich für sie bete, weil ich dankbar bin, dass sie so gut ihre Arbeit machen. Sie lassen sehen und sprechen aus, was dort los ist. Wir müssen es wissen: Das ist unsere, meine Verantwortung, auch wenn ich nicht da sein kann.

Das verlangt, dass auch wir lernen auszusprechen, was wir sehen und hören und fühlen. Wir sind doch ein Volk, das königlich ist – fallen, Krone richten, aufstehen, weitergehen – und priesterlich – jede und jeder von uns kann Auge in Auge mit Gott stehen, ohne dass ein Lehrer oder ein Priester dazwischen steht – und prophetisch – sprich aus, was du weißt, was du siehst, was du hörst. Das verlangt, dass Täter und Opfer gesehen, erkannt und genannt werden. Das verlangt, dass Gott von uns auch gesehen wird als der urteilsgerechte Richter – ein Hinweis auch auf die Wichtigkeit des Urteils. Es geht um den Lernprozess, nicht selbst gewalttätig zu werden und nicht selbst das Streitlied der Terroristen anzustimmen. Es geht darum anzuerkennen, dass Gott unser Befreier ist. »Mein ist die Rache.« In diesem Satz erkennt Gott von seiner Seite aus an, dass Gewalt eine Realität ist. Sein Angebot ist, dass wir in Niedrigkeit und Hilflosigkeit die Einladung bekommen, die eigene Mordlust zu bezwingen und Gott die Rache zu übergeben. Der echte Psalmbeter unterstellt sich so Gottes Gerechtigkeit. Es geht darum, dass mir der Ausdruck »Gott, du bist uns die Auferstehung (von Jesus und von uns) schuldig« im letzten Jahr bis ins Herz und an die Nieren gegangen ist: Nur so haben die Opfer der Geschichte ihre letzte Chance.

Schlussbemerkung

Dieser Film und dieser Psalm sind wichtig, um zu lernen, dass diese Haltung Gebetshaltung ist. Das Sehen dieses Films und das Spielen von Psalm 88 haben mich auf dem Weg weitergebracht, so zu beten. In den vollständigen Psalmen wird gedankt, gelobt und gepriesen und geflucht, geklagt, zur Verantwortung gerufen, um Rache gebeten, Gewalt ins Auge gesehen. Fluch und Segen. Segen und Fluch. In den vollständigen Psalmen ist manchmal der Bauch voller Wut. Müssen wir da nicht lernen zu sagen: »Auch das gehört zu unserem Gebetsraum.« »Auch das gehört zu unserer Gebetshaltung.«?

Die Ehre Gottes ist der lebendige Mensch, wie Irenäus von Lyon sagt, in wirklich all seinen Facetten.

Noch einmal: mehr als ein Familiendrama! Eine Geschichte zum Davonlaufen
3. Teil: Die Bindung von Isaak oder das Opfer Abrahams.
Eine Bibliodrama-Meditation zu Genesis 22,1–19

Text

Wir lesen zuerst Genesis 22,1–19:

Abrahams Opfer/Isaaks Bindung

¹ Nach diesen Ereignissen stellte Gott Abraham auf die Probe. Er sprach zu ihm: Abraham! Er antwortete: Hier bin ich. ² Gott sprach: Nimm deinen Sohn, deinen einzigen, den du liebst, Isaak, geh in das Land Moria und bring ihn dort auf einem der Berge, den ich dir nenne, als Brandopfer dar. ³ Frühmorgens stand Abraham auf, sattelte seinen Esel, holte seine beiden Jungknechte und seinen Sohn Isaak, spaltete Holz zum Opfer und machte sich auf den Weg zu dem Ort, den ihm Gott genannt hatte. ⁴ Als Abraham am dritten Tag aufblickte, sah er den Ort von weitem. ⁵ Da sagte Abraham zu seinen Jungknechten: Bleibt mit dem Esel hier! Ich will mit dem Knaben hingehen und anbeten; dann kommen wir zu euch zurück. ⁶ Abraham nahm das Holz für das Brandopfer und lud es seinem Sohn Isaak auf. Er selbst nahm das Feuer und das Messer in die Hand. So gingen beide miteinander. ⁷ Nach einer Weile sagte Isaak zu seinem Vater Abraham: Vater! Er antwortete: Ja, mein Sohn! Dann sagte Isaak: Hier ist Feuer und Holz. Wo aber ist das Lamm für das Brandopfer? ⁸ Abraham entgegnete: Gott wird sich das Opferlamm aussuchen, mein Sohn. Und beide gingen miteinander weiter. ⁹ Als sie an den Ort kamen, den ihm Gott genannt hatte, baute Abraham den Altar, schichtete das Holz auf, fesselte seinen Sohn Isaak und legte ihn auf den Altar, oben auf das Holz. ¹⁰ Schon streckte Abraham seine Hand aus und nahm das Messer, um seinen Sohn zu schlachten. ¹¹ Da rief ihm der Engel des Herrn vom Himmel her zu: Abraham, Abraham! Er antwortete: Hier bin ich. ¹² Jener sprach: Streck deine Hand nicht gegen den Knaben aus und tu ihm nichts zuleide! Denn jetzt weiß ich, dass du Gott fürchtest; du hast mir deinen einzigen Sohn

nicht vorenthalten. ¹³ Als Abraham aufschaute, sah er: Ein Widder hatte sich hinter ihm mit seinen Hörnern im Gestrüpp verfangen. Abraham ging hin, nahm den Widder und brachte ihn statt seines Sohnes als Brandopfer dar. ¹⁴ Abraham nannte jenen Ort Jahwe-Jire (Der Herr sieht), wie man noch heute sagt: Auf dem Berg lässt sich der Herr sehen. ¹⁵ Der Engel des Herrn rief Abraham zum zweiten Mal vom Himmel her zu ¹⁶ und sprach: Ich habe bei mir geschworen – Spruch des Herrn: Weil du das getan hast und deinen einzigen Sohn mir nicht vorenthalten hast, ¹⁷ will ich dir Segen schenken in Fülle und deine Nachkommen zahlreich machen wie die Sterne am Himmel und den Sand am Meeresstrand. Deine Nachkommen sollen das Tor ihrer Feinde einnehmen. ¹⁸ Segnen sollen sich mit deinen Nachkommen alle Völker der Erde, weil du auf meine Stimme gehört hast. ¹⁹ Darauf kehrte Abraham zu seinen Jungknechten zurück. Sie machten sich auf und gingen miteinander nach Beerscheba. Abraham blieb in Beerscheba wohnen.

Einführung

Obwohl ich mich früher gegen diesen Text gewehrt habe, bin ich schon so lange mit der Bibel verbunden und daher froh, dass *alles* darin steht, alles bewahrt worden ist und alles weitergegeben wird. Dieser Text wurde nicht gestrichen, obwohl alle Menschen und alle Generationen sich damit schwertun. Ich denke, das ist auch beabsichtigt: Wir sollen uns immer wieder schwertun, wenn wir lernen wollen, das volle und das ganze Leben zu leben, und wir sollen uns Mühe geben, diesen fremden, vertrauten Gott kennenzulernen. Wer das nicht will – und das sind viele –, hat Gott schon abgehakt, ist davongelaufen und hat diese Chance verpasst.

Und doch: Diese Geschichte ist zum Davonlaufen. Ein Vater, der seinen Sohn opfern will. Ein Gott, der verlangt, dass ein Vater seinen Sohn opfert. Ist das nicht zum Heulen? Lässt uns das nicht definitiv Abschied von diesem Gott nehmen? Sollten wir uns diesem Gott nicht besser verweigern? Wäre es nur eine Familiengeschichte, dann könnte man sagen: Das ist eine gute Beschreibung unserer Realität, denn Kinder- und Menschenopfer kommen noch immer vor – Kindesmissbrauch durch Gewalt oder Sexualdelikte, Kindersoldaten in Afrika,

Opfer in all unseren Kriegen. Wir opfern immer noch junge Menschen. Sag nie mehr: »Es kommt bei uns nicht mehr vor.« Sag nie mehr: »Wir sind besser als früher.« Sag nie mehr: »Das Neue Testament ist liebevoll, das Alte Testament umfasst nur Schreckenstexte.« Im Alten Testament geht es auch schon um Nächstenliebe und um Gott, so zärtlich wie ein Mutterschaf (Jesaja). Aber: dass dieser Gott Kinderopfer will?

Familiengeschichte und Heilsgeschichte

Damit wird deutlich, dass es hier nicht *nur* um eine Familiengeschichte geht. Hier geht es um Gott, unseren Gott, Adonai, JHWH. Das ist mehr als ein Familiendrama. Mir kommt sofort ein Bild von Chagall in den Sinn: Abraham, der den Berg besteigt, ein großes Messer in der einen Hand, eine Fackel in der anderen. Was im Text »Feuer« heißt, ist in Chagalls Malerei Fackel geworden, warmes Licht. Und damit sind wir sofort im Bereich Gottes, im Bereich vom Geheimnis. Für mich ist diese Geschichte erschreckend und zugleich unermesslich faszinierend, geheimnisvoll.

Die Bindung Isaaks, augenscheinlich ein Schreckenstext, ist ebenso in die Bibel aufgenommen worden wie das erotische Hohe Lied. Zwei Extreme. Beide Texte stehen in der Hebräischen Bibel, und beide Texte sind auch in den christlichen Kanon aufgenommen. Wir wissen, wie sparsam und karg unsere Kirchen mit Sexualität und Erotik umgehen. Es ist leichter, allgemein über Liebe zu sprechen, jedenfalls wenn es existenziell gemeint ist und nicht moralisierend. In der Bibel steckt das ganze Leben, alles wird bewahrt: Liebe, Freundschaft, Hass, Feinde, Krieg, Mord, Ehebruch, Schlitzohrigkeit, Betrug, Ausbeutung, Sehnsucht, Verlangen nach Liebe, Hoffnung, Zweifel, Dummheit, Freude, Eifer, Wankelmut, Freiheit – alle möglichen Arten, um das Leben und um Gott, diesen fremden Vertrauten, kennenzulernen. Ob er für alles im Leben verantwortlich ist, das ist die große Frage. Dass er sich auf uns Menschen eingelassen hat, bedeutet jedenfalls, dass er mit uns Geschichte macht und nicht und nie außerhalb steht.

Und doch eine Osternachtsgeschichte!

Wenn wir einen *nur* barmherzigen und liebevollen Gott wollten, dann müssten wir vieles aus der Bibel streichen. Wenn es um die Texte für die Osternacht geht, hat die Liturgiekommission zu Recht verstanden, wie wichtig die ganze Bibel ist. Und hat viele wichtige Texte in die Liturgie aufgenommen. Es sind in der Osternacht neun Lesungen vorgesehen, vom Anfang der Bibel bis zum Neuen Testament. Und alle sind Befreiungsgeschichten, Erlösungsgeschichten, Geschichten vom Tod zum Leben. Wie mutig, die Geschichte von der Bindung Isaaks in der Osternacht zu lesen! Leben ist Leben und Tod, Segen und Fluch, Gastfreundschaft und Hass, Treue und Bruch. Leben ist Gelassenheit, und Leben ist Zorn.

Müsste Abraham nicht zornentbrannt auf den Opferauftrag reagieren? Ich bin dankbar, dass ich in meinem Leben erkannt habe, dass der Zorn zu Gott dazugehört. Während meiner Seelsorge habe ich entdeckt, dass Menschen Angst vor einem zornigen Gott haben. Sie haben in ihrer Erziehung nie gelernt, den eigenen Zorn und die Wut kennenzulernen und darauf zu vertrauen. So wie echte Zärtlichkeit und offene Sanftheit sich ebenfalls nur sparsam selbst zugestanden werden. Wenn wir uns selbst ernst nehmen, dann sind unsere Wut und unser Zorn meistens Zeichen dafür, dass wir ungerecht behandelt werden oder dass andere Unrecht erleiden. Und dann ist Zorn die beste Antwort. Die Psalmen und die Propheten lehren uns, dass der Zorn Gottes immer damit zu tun hat, dass er dieses Unrecht nicht ertragen kann und uns das wissen lässt. Das hat mit seinem Schmerz zu tun und nicht mit unserer Angst. Der Zorn Adonais ist auch da, wo er nicht gehört wird, nicht angenommen wird. Da bemüht er sich vergeblich, mit uns Menschen umzugehen, und bleibt alleine zurück. Wir haben es nie oder zu wenig kennengelernt, dass Gott sich nach uns sehnt und nach uns sucht. Die goldene Pforte in Jerusalem, der heiligen Stadt, hat zwei Tore, das erste ist das der Gerechtigkeit, Recht zu tun, und das zweite ist das der Barmherzigkeit. Der Gott der Bibel ist ein gerechter Gott, er will Menschen Recht tun, Opfern und Tätern, er will Unrecht ans Licht bringen, sodass Opfer und Täter endlich hören und sehen, was los ist, was angetan wird, wie gelitten wird, wie verletzt wird. Erst so lernen wir, dass Gott anders ist, als wir denken.

Warum schreibe ich das alles? Weil ich denke, dass wir spontan diesem Text an Ostern keinen Platz geben wollen. Mit diesem Gott wollen wir nichts zu tun haben. Soll Abraham doch endlich zornig darüber werden, dass dieser Gott von ihm verlangt, seinen liebsten Sohn zu opfern! Es ist die Mühe wert, über diesen Text zu streiten. Nur wenn wir diese Geschichte wie einen Brunnen ausgraben, werden wir fündig.

Die Rollen in dieser Geschichte

Es gibt drei Hauptrollen in diesem Text: Gott, Abraham und Isaak, sein Sohn. Daneben gibt es andere Rollen: die Diener, die zurückbleiben, das Opfertier, das gefunden wird. Es gibt mindestens eine Rolle, die nicht genannt wird: Sara, Ehefrau, Mutter und Erzmutter.

Gott gibt einen Auftrag: Nimm deinen Sohn, deinen einzigen, den du liebst, Isaak, geh in das Land Moria und bringe ihn dort auf einem der Berge als Brandopfer dar. Und da steht: Gott prüft. Was es auch bedeutet, Gott prüft. Die ganze Geschichte von Abraham und Sara ist eine Geschichte vom Prüfen, von Auf-die-Probe-gestellt-Werden. Neun Mal schon. Warum?

Ich habe immer stärker den Eindruck, Gott endlich als den total Anderen kennenzulernen: geheimnisvoll, mit Schatten, mit Licht und Dunkel, mit Liebe und Zorn, aber vor allem mit Möglichkeiten, die wir nicht sehen. Wo wir enden, fängt Gott an. Im Grunde ist die ganze Geschichte für mich eine Geschichte, ob Abraham und Sara Vertrauen lernen, ob ich Vertrauen lerne. Es ist keine Befehlsgeschichte. Ich lese immer mehr eine Beziehungsgeschichte von Du und Ich. Darum prüft Gott. Prüft Abraham und Sara, prüft mich, prüft uns.

Abraham macht sich auf den Weg. Er geht einfach. Einfach? Wir wissen es nicht. Die Geschichte ist sparsam mit Gefühlen. Wir haben Buchstaben, das schwarze Gold der Bibel. Und wir haben viel Weiß zwischen den Zeilen, weißes Gold. Darin können wir uns mitteilen, was wir fühlen und denken. Und soweit wir wissen, zürnt Abraham nicht. Er geht. Hat er mit Sara geredet? Macht er es mit sich alleine aus? Was denkt er von seinem Gott? Spürt er die Prüfung? Denkt er: »So etwas macht Gott doch nicht!« Wir müssen uns erinnern, dass Abraham und Sara eigentlich die Lebensalter von Urgroßeltern haben, als sie ihren Sohn bekommen. Es ist doch absurd, dann noch ein Kind zu bekommen, oder? Sie haben es selbst nicht geglaubt. Darum sollte Hagar ein Kind für sie bekommen. Auch da hat Gott schon geprüft. Es hat natürlich Eifersucht und Elend und Machtstreit gegeben, so ist das mit uns Menschen. Abraham und Sara verursachen solche Komplexitäten. Und Gott? Gott trägt Sorge für Hagar und Ismael. Hagar nennt ihn »El-Roï« – »Gott, der nach mir schaut«. Und Gott sagt zu Abraham und Sara: »Das ist eure Lösung, nicht meine. Ich habe etwas anderes vor, und ich gehe meinen Weg. Ihr seid ziemlich eigensinnig, ich habe euch etwas anderes zu bieten. Ich verspreche euch ein Kind, und es wird gesegnet sein.« Gott lässt einfach hören und sehen, dass er andere Möglichkeiten hat und die auch einsetzt. Er hat gut für Hagar und Ismael gesorgt, er hat sie in der Wüste beim Brunnen gesehen und gerettet.

Abraham geht zum Ort, den Gott genannt hat. In das Land Moria. Zu dem Ort, an dem später der Tempel gebaut wird und wo Gottes Heiligtum ist. Jetzt ist noch kein Volk Gottes da. Jetzt ist noch kein Tempel da. Aber Abraham gibt einen Hinweis: »Wir wollen hingehen und anbeten, dann kommen wir zu euch zurück«, sagt er zu den Dienern.

Was mich beeindruckt, ist, dass Abraham Gott ernst nimmt. Feuerholz, auf das er seinen Sohn legt, Feuer und Messer sind auch da. Will er Gott jetzt so anbeten? Ihm jetzt so Recht tun? Das hat Abraham nicht immer getan. Er geht gerne eigene Wege. Und jetzt? Ihm und Sara hat Gott verheißen: Ihr bekommt einen Sohn und ihr werdet ein großes Volk werden. Und jetzt geht er. Akzeptiert er nun diese Prüfung? Davor haben er und Sara es manchmal anders gemacht und mussten entdecken, dass Gott sich nicht an ihre Gedanken anpasst. Jetzt es ist anders herum.

Dann Isaak. Sein Vater hat ihn einfach mitgenommen, und sie gehen los. Er geht einfach mit. Was er denkt und fühlt, wird nicht erzählt. Er hat einfach Vertrauen zu seinem Vater. Er weiß sich geliebt! Er sagt nur: »Vater.« Abraham antwortet: »Hier bin ich, mein Sohn.« Isaak: »Feuer und Holz sind da, wo ist das Lamm für das Brandopfer?« Abraham: »Gott wird sich das Opferlamm aussuchen, mein Sohn.«

Und beide gehen miteinander. Eine Szene geprägt von Vertraulichkeit und Intimität. Sie nehmen es, so wie es ist. Sagt die Liebe das? Ist er nur Kind, nur junger Sohn? Ist er junger Erwachsener? Geht er selbst? Ist er gehorsam? Ist er doch voll Vertrauen? In der Kunst wird Isaak manchmal mit einem Tuch vor den Augen dargestellt. Das steht aber nicht im Text. Er liegt gebunden, aber nicht mit verbundenen Augen. Was denkt Isaak? Was fühlt er? Was ist zwischen ihm und seinem Vater? Er liegt da auf dem Holz. Sein Vater hebt das Messer. Was sieht er?

Dann spricht Gott durch seinen Engel: »Da rief ihm der Engel des Herrn vom Himmel her zu: Abraham, Abraham!« Abraham antwortete: »Hier bin ich.« Jener sprach: »Streck deine Hand nicht gegen den Knaben aus und tu ihm nichts zuleide! Denn jetzt weiß ich, dass du Gott fürchtest; du hast mir deinen einzigen Sohn nicht vorenthalten.« Du hast mir deinen einzigen Sohn nicht vorenthalten. Was geht da in Gott vor? Ich weiß es natürlich nicht. Und doch schreibe ich, was ich denke und fühle: Gott fühlt sich respektiert, gekannt, anerkannt, verstanden. Endlich gebraucht Abraham keine Tricks mehr, er bleibt ehrfürchtig in der Beziehung zu seinem Gott, akzeptiert, dass er Gott nicht verstehen kann bei dieser verrückten Opferfrage und tut doch das, was dieser verlangt. So entsteht eine neue Ebene, auf der die Beziehung zwischen Gott und Abraham neu gelebt wird, neu gestaltet wird, neue Tiefe bekommt. Gott fühlt sich erkannt und weiß sich von Abraham akzeptiert in dem Sinn, dass er unvorstellbare Möglichkeiten hat. Er, der total Andere, der Fremde.

Und Abraham? [13] »Als Abraham aufschaute, sah er: Ein Widder hatte sich hinter ihm mit seinen Hörnern im Gestrüpp verfangen. Abraham ging hin, nahm den Widder und brachte ihn statt seines Sohnes als Brandopfer dar. [14] Abraham nannte jenen Ort Jahwe-Jire (Der Herr sieht), wie man noch heute sagt: Auf dem Berg lässt sich der Herr sehen.«

Hat Abraham seinen Atem angehalten? Hätte er noch gewartet? Hatte er schon vermutet, dass ein Engel kommt, um ihn zurückzuhalten? Die ganze Umwelt von Kanaan war gekennzeichnet durch Kinderopfer. Aus Angst und um die Götter und die Göttinnen positiv zu stimmen, opferten Menschen ihre Kinder. Angstversklavung war das. Sie mussten ihre Erstgeborenen opfern, weggeben, abschlachten, um das eigene Leben gestattet zu bekommen. James Michener hat das in seinem Roman »Die Quelle« über die Geschichte von Israel als Gottes Volk dramatisch gut beschrieben. Auf der Beziehungsebene zwischen Gott und Abraham wird deutlich, dass Gott definitiv anders ist: Er will diese Kinderopfer, diese Menschenopfer nicht. Der Gott von Abraham und der Gott von Sara und der Gott von Isaak ist definitiv anders als alle Götter in der damaligen Welt und immer anders, als wir denken. Abraham lernt Gott auf neue Weise kennen. Gott sagt: »So wie die anderen Götter, so bin ich nicht. Ich bin anders.« Und Abraham nimmt einen Widder und bringt das Tier als Brandopfer dar. Er nannte den Ort Jahwe-Jire: Gott sieht.

Das führt zu Isaak. Er lag da. Die jüdischen Rabbis haben natürlich auch immer schon mit diesem Text gerungen. Eine ihrer Erzählungen sagt: »Isaak lag auf seinem Rücken und hat schon gesehen, dass der Engel Adonais kam, um seinen Vater zurückzuhalten.« Ich erinnere mich an ein Bibliodrama-Spiel, wo wir uns einen ganzen Tag mit diesem Text beschäftigt haben: Ein Mann spielte da Isaak. Er hatte schon 50 Jahre mit seinem leiblichen Vater und mit Gott gerungen und fühlte sich noch immer als Opfer seiner Elterngeschichte. Er wollte im Spiel nochmal überprüfen, ob er wirklich in diesem endlosen Kreis gefangen bleiben müsse. Nach einem Spieltag wurde ihm abends in der Schlussmeditation etwas klar: Zum ersten Mal in seinem Leben ging er selbst zu dem Ort, wo das Opfer stattfinden sollte. Er ging aus eigenem Antrieb. Er ging selbst. Er ging mit Abraham mit. Er hatte erfahren: Ich kann wählen, mit meinem Vater mitzugehen. Freiwillig. Ich will meinem Vater vertrauen. Und endlich kam er damit aus der Opferrolle heraus. Er fühlte sich befreit, erlöst. Nach aller Therapie, kam er jetzt mit dieser Seelsorgesituation ans Ende seiner Opfergeschichte. Endlich wurde eine neue Beziehung zu seinem Vater möglich, neuer Zugang und zugleich neuer Zugang zu Gott. Auch danach sehnte er sich.

Raumeinteilung

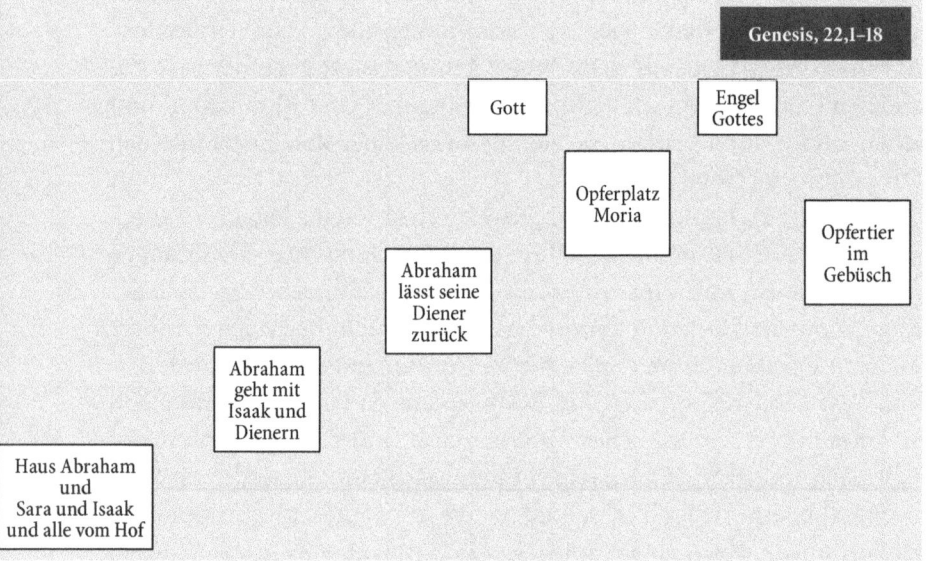

Und wie endet diese Geschichte?

Nochmal spricht Gott selbst durch seinen Engel: »¹⁵ Der Engel des Herrn rief Abraham zum zweiten Mal vom Himmel her zu ¹⁶ und sprach: ›Ich habe bei mir geschworen – Spruch des Herrn: Weil du das getan hast und deinen einzigen Sohn mir nicht vorenthalten hast, ¹⁷ will ich dir Segen schenken in Fülle und deine Nachkommen zahlreich machen wie die Sterne am Himmel und den Sand am Meeresstrand. Deine Nachkommen sollen das Tor ihrer Feinde einnehmen. ¹⁸ Segnen sollen dich mit deinen Nachkommen alle Völker der Erde, weil du auf meine Stimme gehört hast.‹«

Ich habe am Anfang gesagt, diese Geschichte wird in der Osternacht gelesen, eine Geschichte von Tod zum Leben, eine Geschichte, die mit Segen endet. Abraham, Sara und Isaak werden gesegnet, und darüber hinaus wird durch Isaak ein großes Volk entstehen. Leben mit diesem fremden, vertrauten Gott bringt Segen. Deshalb sollen viele, alle Menschen diesen fremden, vertrauten Gott kennenlernen. Er bringt Segen. Was ist Gottes Motivation? Die Bibel antwortet: »Weil du – Mensch – auf meine Stimme gehört hast.« Sch'ma Israel. Höre Israel. So spricht Gott: »Weil du auf meine Stimme gehört hast.«¹³

BIBLIODRAMA UND PRAXIS

Die Texte der Osternacht – ein Geschenk an die Welt

Bedeutung der Ostertexte

In einem Leserbrief in *CiG* Nummer 21/2015 mit dem Titel »Der Gott der Gewalt: Österlich?« stand der folgende Satz: »Die Osterkerze wird entzündet, die auf den auferstandenen Christus und den liebenden Gott hinweist: Christus ist das Licht der Welt. Und danach folgen alle Jahre wieder höchst problematische Lesungen.« Und in Verbindung mit dem Durchzug der Israeliten durch das Rote Meer kommentiert der Schreiber: »Gott ist hier für die Israeliten der Heilsbringer, für die Ägypter jedoch ein Gott des Todes.«

Ich lade ein, diese Texte mit einem anderen Blick anzuschauen. Dazu verhilft mir auch das Lesen von Zeitungen (u. a. *Die Zeit* und *Christ in der Gegenwart*). Ein Beispiel aus der *Zeit* vom Juni 2015: »Die meisten Menschen im mehrheitlich katholischen Irland sprechen sich für die Anerkennung der Homo-Ehe aus. Einer der irischen Bischöfe sagt anschließend: ›Wenn das so ist, wird es Zeit, dass die katholische Kirche mal einen Reality Check macht.‹« So ein Reality Check ist das Vorlesen der Exodus-Geschichte in der Osternacht. Diese Wahrnehmung wird bestätigt durch einen Artikel von Swetlana Alexijewitsch in der *Zeit* vom 13. Mai 2015 »Wir Menschen des Krieges«: »Im Verlauf des 18. und 19. Jahrhunderts führte Russland 128 Jahre lang Krieg, nur 72 Jahre herrschte Frieden. (…) Fünf waren Verteidigungskriege, die Übrigen waren Eroberungsfeldzüge. Nicht besser war das 20. Jahrhundert. Der russische Mensch ist an das friedliche Leben nicht gewöhnt. Er lebte immer im Krieg, für den Staat, nie für sich selbst. Er hat ein besonderes Verhältnis zum Tod.«

Die Exodus-Geschichte in der Osternacht vorzulesen, ist die Anerkennung, dass das biblische Ägypten ein Land des Todes war, ein »Angstland«, wo Menschen unterdrückt und erniedrigt wurden, wo Aggression und Macht die Hauptrolle spielten, so wie das überall in der Welt noch immer passiert. Und damit wird diese Exodus-Geschichte eine Geschichte vom Tod zum Leben – und erst dann sind wir wirklich in der Osternacht angekommen: Nicht Gott ist ein Gott des Todes, sondern die Menschen leben oft in einem Land des Todes. Denn all diese liturgischen Texte sprechen von Menschen, die den Weg vom Tod zum Leben suchen oder gewiesen bekommen, von Finsternis und Nacht zur Morgenröte und Licht: Lumen Christi. Das bekommen wir in der Osternacht angeboten. Die Hymnen singen selbst von Sol Invictus: der unüberwindbaren Sonne. »Tod, wo ist deine Stachel?« Das geben wir mit diesen Lesungen der ganzen Welt weiter. Das ist auch die Anerkennung: Leben wollen, durch das Wasser gehen, in die Wüste gehen, sind hier verbunden mit Gewalt, mit Krieg, mit Gott. Heißt es dann: Gott der Gewalt? Ich will die Frage nicht mit Ja oder Nein beantworten: Gott hat mit dieser Gewalt zu tun, steht nicht außerhalb. Die hier im Roten Meer getötet werden, sind die Menschen – die Krieger –, die selbst zum Todesinstrument geworden sind, denn in Ägypten zählen nur Todesmacht, Chaosmächte. Sie kommen um. Sie sterben. In vielen Bibliodramen mit dieser Exodus-Geschichte ist mir deutlich geworden, dass die Menschen, die sich mit Chaos- und Todesmächten identifizieren, nichts mehr zu bieten haben: Sinnlos, leblos sind sie. Sie können nur noch andere Menschen instrumentalisieren und für ihre Ziele benützen. Mitten in unserem langen europäischen Frieden ziehen jetzt junge Leute los, um im Irakischen Zweistromland Köpfe abzuschneiden und die Denkmäler der frühen Zivilisationen in die Luft zu sprengen. Das ist unsere Realität.

»Geht endlich weg. Hier ist kein Leben mehr zu finden. Wir sind schon lange tot«, sagte eine ägyptische Frau im Bibliodrama-Spiel zu den Israeliten. Jedoch: auch die Ägypter sind seine Menschen, Gottes Menschen. Die Midraschim – rabbinische Erzählungen, die die Bibeltexte kommentieren – kämpfen genau mit unserer Frage und erzählen: »Gott verbot seinen Engeln im Himmel zu singen, als das ägyptische Heer vernichtet wurde.« Gott identifiziert sich mit dem Leben, nicht mit Todesmächten und Chaos. Wie oft habe ich gehört oder gelesen, dass Menschen im Angesicht des Todes sich (erotisch) lieben, um Lebendigkeit zu spüren und neues Leben zu wecken in aller Trauer. Leben gegen den Tod. Darum lesen wir diese Texte in der Osternacht.

Das Wort Chaos führt mich zur ersten Lesung in der Osternacht: Schöpfung. Die Erde war wüst und wirr. Und Gottes Geist schwebte über den Wassern. Und dann hören wir die poetische Lesung. Seit dem Anfang schöpft und ordnet Gott und unterscheidet und bringt zum

Vorschein, was wir Tag für Tag sehen und hören können: Licht und Finsternis, Abend und Morgen, Erde und Wasser, Sonne und Mond, Pflanzen, Tiere, Menschen. *Wir* wissen, dass die Welt nicht in Ordnung ist. In der Schöpfungsgeschichte steht mehrmals, dass die Welt doch in Ordnung ist: Gott sah, dass es gut war, sehr gut sogar. Für mich ist beides wahr. In der Osternacht stehen wir in dieser Spannung: hier die eine Seite der Realität, in der die Welt nicht in Ordnung ist, und dort die Seite der Hoffnung – Gott sah, es ist gut. Der Zweifel bleibt, und doch: Die Perspektive ist offen auf Zukunft hin, immer wieder. Und das ist gut so.

Dann folgt in der Osternacht die Lesung von der Opferung Isaaks, dieser Geschichte zum Davonlaufen – wie wir oben gesehen haben.

Eine wichtige Erfahrung möchte ich erzählen: In einem Bibliodrama mit diesem Text waren Menschen, die sich dem Aufruf Gottes verweigerten. Das geht. Und ein Mann von 55 Jahren, der lange unter dem Missbrauch seines Vaters gelitten hatte, sagte in der Meditation am Abend – nachdem wir einen Tag lang diesen Text im Bibliodrama gespielt hatten: »Jetzt lade *ich* meinen Vater ein, mit mir mitzugehen zum Ort der Opferung, damit wir zusammen diesen Gott anschauen.« Er wurde vom Opfer endlich zum Handelnden, zum ersten Mal selbst handelnd auf diese Art und Weise. Er ging vom Tod zum Leben. Denn wer nicht handelt, wird behandelt.

Und dann folgen in der Osternacht zwei Texte von Jesaja 54 und 55. In Kapitel 54 verheimlicht der Prophet nichts von dem, was da läuft: Das Volk hat Gott verlassen, Gott hat sich von seinem Volk zurückgezogen, die Beziehung ist wie so oft nicht gepflegt worden. Im Zorn verbirgt Gott sein Angesicht, und es entsteht eine Dunkelheit, die lähmend wirkt. Denn Beziehung, die nicht zur Begegnung führt, ist keine Beziehung. Und er: Er bleibt treu. Schicksal – so vieles, was uns zufällig zufällt – gehört zu uns und zu unserem Leben, so wie Scheitern zu unserem Leben gehört. Doch auch mitten im Schicksal und mitten im Scheitern hat er uns etwas zu sagen. Denn Gott hat Erbarmen mit Israel, seinem Volk. Er wendet sich seinem Volk wieder zu. Gott lässt sich die Initiative nicht nehmen. Und in Jesaja 55 schreibt der Prophet, dass wir so oft essen, was nicht satt macht, und trinken, was den Durst nicht löscht. Gott spricht hier seine große Einladung aus, unser Ohr zu ihm zu neigen und zu hören, ihn zu suchen, solange er sich finden lässt. »Meine Gedanken sind nicht eure Gedanken, eure Wege sind nicht meine Wege. Mein Wort kehrt nicht leer zurück, es bewirkt, was ich will.« Das sind konfrontierende und auch trostvolle, hoffnungsvolle Worte: Wir werden eingeladen, unsere »Holzwege« zu verlassen und wieder auf dem Weg des Heils zu gehen, vom Tod zum Leben. Das erfordert Anerkennung der Realität: Wir erzeugen oft Unheil – und vergessen im Alltag, was das Wesentliche ist, nämlich die Beziehung mit dem Geheimnis zu suchen, unserem Verlangen nach dem Lebendigen Raum zu geben, durch die Beziehung mit Gott wieder ins Lot zu kommen (vergleiche Amos: Gott hält das Senkblei in seiner Hand). Solche Lesungen bringen uns in Kontakt mit gefährlichen Erinnerungen. »Man muss seiner Geschichte in die Augen gucken«, sagte am 8. Mai 1985 Bundespräsident Richard von Weizsäcker. Und er hat Gehör gefunden.

Dann folgt in diesem vertikalen Querschnitt der biblischen Geistesgeschichte eine Lesung aus dem Buch Baruch. Baruch will die Beziehung mit Gott deuten und formuliert seine Wahrnehmung: Israel lebt in Gottferne, im Reich des Todes. Denn außerhalb dieser Beziehung gibt es kein Heil. Menschen leben. Menschen suchen. Oft bleibt die Suche ohne Erfolg, das muss man ehrlich zugeben. Baruch schreibt, dass der Weg aus dem Elend über Einsicht, Klugheit und Weisheit geht. Für Israel ist die Tora die Weisheit, dieser lebendige Wegweiser. Israel braucht diese Weisheit nicht mühsam zu suchen: Gott hat sie schon geschenkt. So ist die Tora Rettungsgeschichte, denn Befreiung zum Leben und Erneuerung der Gesellschaft gehen zusammen. In der Osternacht gehen Tora und Lumen Christi Hand in Hand.

Ezechiel schließt die Reihe der Lesungen aus dem Ersten Testament ab: Israel hat unreine Hände. Schmutzige Hände. Wer hat die nicht? Wenn die Hände zu schmutzig werden, wird eine Grenze erreicht. In der Gesellschaft und auch bei Gott. Er wird dann zornig. Was für eine Qualität, seine Wut zu zeigen! Da haben wir noch etwas zu lernen: Wütend werden bei Ungerechtigkeit, wenn der Beziehung kein Recht getan wird, wenn die Balance verloren geht. Wie viele Geschichten und wie viele Filme machen deutlich, dass Menschen zu lange unter Unrecht und Gewalt gebückt gehen und sich nicht wehren, Gewalt ertragen? Wie oft kommt es vor, dass Menschen nicht um Hilfe schreien? Wie weit sind wir dann aus dem Lot, entfernt von unserem Lebensfundament? Gott steht für Recht und Gerechtigkeit. Er will, dass die Menschen wissen, dass Er Retter und Befreier ist. Er bleibt offen, um die Beziehung zu erneuern. Er ist bereit, die Initiative zu ergreifen. Er gießt reines Wasser aus, gibt Menschen ein neues Herz, gibt jedem und jeder seinen Geist: »Denn ihr seid mein Volk, ich bin euer Gott.« Ezechiel erinnert uns daran. Nur was offenbar wird, nur was auf den Tisch kommt, kann verwandelt werden! Es geht nicht um das Gute bei mir und das Böse bei anderen: Ich bin Abel und ich bin Kain. Wer es will, kann gereinigt werden und einen neuen Geist bekommen. Das muss jede und jeder selbst entscheiden: Auch sich nicht zu entscheiden, ist eine Entscheidung und hat Folgen. Wer nicht handelt, wird behandelt, im Leben wie im Glauben. Angesichts dieses prophetischen Redens kann und muss jeder von uns lernen, »ich« zu sagen und selbst Verantwortung zu übernehmen. »Geh endlich für dich, Abraham«, ist eine wichtige exegetische Übersetzung für: »Geh in das Land, das ich dir zeigen werde.«

Und dann folgt, im Zweiten Testament, Paulus mit seinem Brief an die Gemeinde von Rom: eine kurze, ergreifende Lesung. Wo wir Menschen gefangen sind in der Welt, die nicht in Ordnung ist – wo wir Chaosmächten, Zynismus, Hoffnungslosigkeit, Unrecht und Gewalt den Vorrang geben, da lebt der »alte Mensch« in Sünde. Und wir werden eingeladen, mit Christus begraben zu werden durch die Taufe auf den Tod. Und dann – mit ihm gleich geworden – werden wir als »neue Menschen« auferweckt zum Leben und werden in seiner Auferstehung mit ihm vereinigt sein. Der Durchzug durch das Rote Meer wird so auch eine Taufe auf den Tod. Und dann klingt dieser mächtige, hoffnungsvolle Satz: »Wir wissen, dass Christus, von den Toten auferweckt, nicht mehr stirbt; der Tod hat keine Macht mehr über ihn.« Ich erinnere mich jetzt an das Hochgebet von Huub Oosterhuis: »Gott, wenn er (Christus), tot und begraben, doch lebt bei dir, rette auch uns und halte uns im Leben, hole auch uns jetzt durch den Tod hindurch. Und mach uns neu, denn warum wohl er nur, und nicht auch wir, wir sind doch auch Menschen.« So gesungen und gebetet macht dies Mut zum Leben. »Tod, wo ist dein Stachel?« Diesen Satz kann mir beim Verlassen der

Osternacht keiner mehr nehmen, selbst wenn ich sehe, dass neue, sinnlose Gewalt vor meinen Augen passiert. Gerade weil ich diese Lesungen gehört habe, bekommt meine Hoffnung festen Halt, einen Anker.

Und dann hören wir den Osterbericht als letzte Lesung. Vier geniale Evangelisten, alle mit einer eigenen Version, um auszudrücken, dass Jesus, tot und begraben als Krimineller, der wichtigste Mensch ist, der von Gott bestätigt wird: »Du, du, du bist mein geliebter Sohn, du bist der Mensch nach meinem Herzen.« Du Mensch, so habe ich dich gewollt, du lebst bei mir, scheinen alle Ostergeschichten zu sagen.

Unmögliche Geschichten. Nicht zu glauben. Verrückt. Und wir wissen schon lange, dass der Auferstandene kein zurückgekehrter Leichnam ist. Alle Auferstehungsgeschichten machen eins deutlich: Da ist etwas passiert, das nicht nur mit meiner Fantasie und Interpretation, mit meinem Glaubenwollen zu tun hat. Die Erfahrung von Auferstehung ist eine auf die Realität bezogene Erfahrung. In der Auferstehung ist etwas mit dem toten Jesus geschehen – er wird auferweckt –, und da geschieht etwas mit mir: Meine Trauer wird verwandelt in Freude und Hoffnung. Je sprachloser ich werde, desto geerdeter kann ich schreiben, dass für mich die Ostergeschichten die schönsten, mutigsten und genialsten Geschichten sind, die ich kenne. Sie tragen mich. Ich lese sie gerne, höre sie noch lieber und spiele sie am liebsten bibliodramatisch. Denn dadurch habe ich wirklich gelernt, in der Haltung zu leben: »Tod, wo ist dein Stachel?« Ein Freund von mir hat vor vielen Jahre gesagt: »Bete morgens erst die Psalmen und schau dann Nachrichten oder lese die Zeitung: Anders herum ist das Leben nicht zu ertragen.« Osternachttexte sind mehr denn je ein Geschenk von Christen an die Welt.

Raumeinteilungen für Bibliodrama-Spiele und zur Predigtvorbereitung

In den letzten Jahren haben wir mit vielen Menschen die Texte aus der Osternacht und vom Ostermorgen gespielt. Es war immer eine bereichernde Erfahrung. Es sind spannende Texte, und sie haben immer mit Leben und Tod, Tod und Leben zu tun. Mit Auferstehung: Herzstück unseres Glaubens. Wir möchten mit diesem Kapitel anregen, dass viele

Texte, auch die weniger bekannten, gelesen und zum Spielen angeboten werden. Wir zeigen die Raumeinteilungen als Anregung, sich selbst in die Texte hineinzubegeben.

Zugleich möchten wir anregen – zum Beispiel zur Predigtvorbereitung –, die für dich wichtigste Rolle in einem Text zu wählen, dich in der Raumeinteilung zu positionieren und dann zu spüren, welche Wirkung diese Rolle auf deine Einsichten und Gefühle hat.

Konkrete Raumeinteilungen

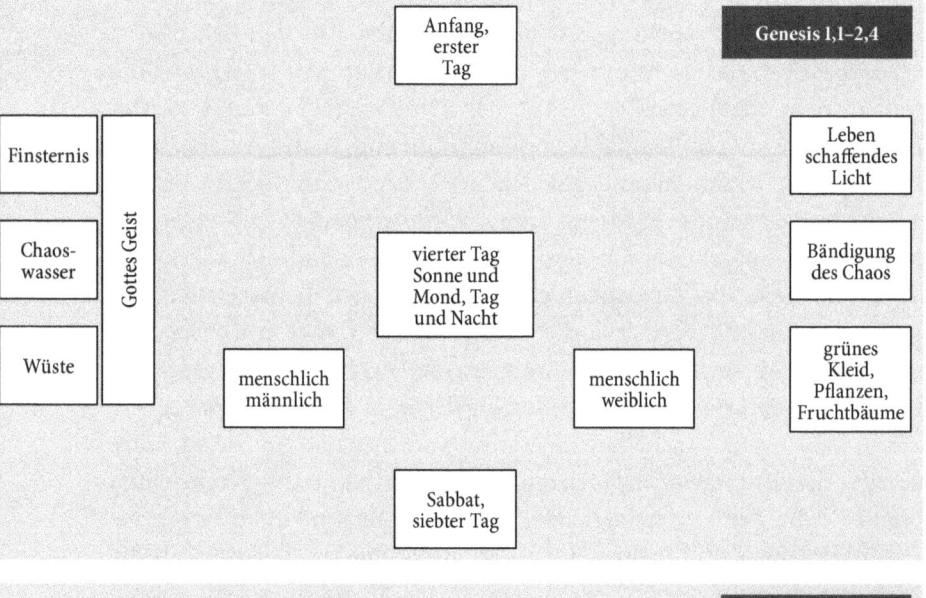

Eine Raumeinteilung zu Genesis 22,1–18 findet sich auf Seite 154.

Die Texte der Osternacht – ein Geschenk an die Welt   171

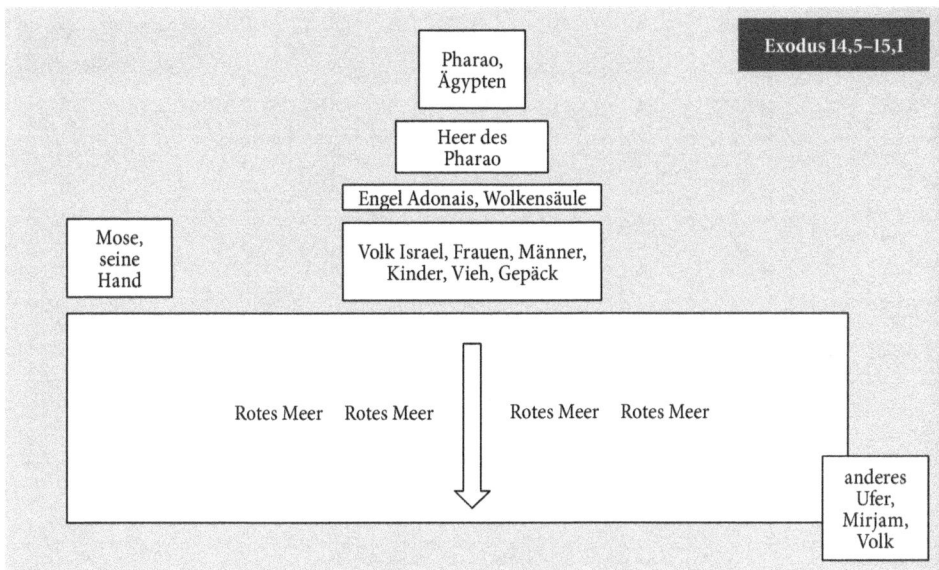

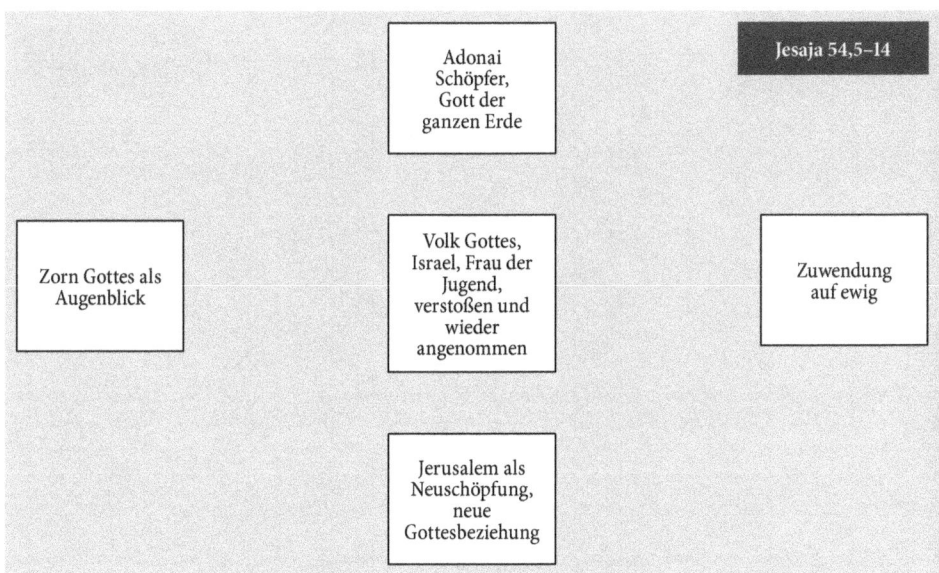

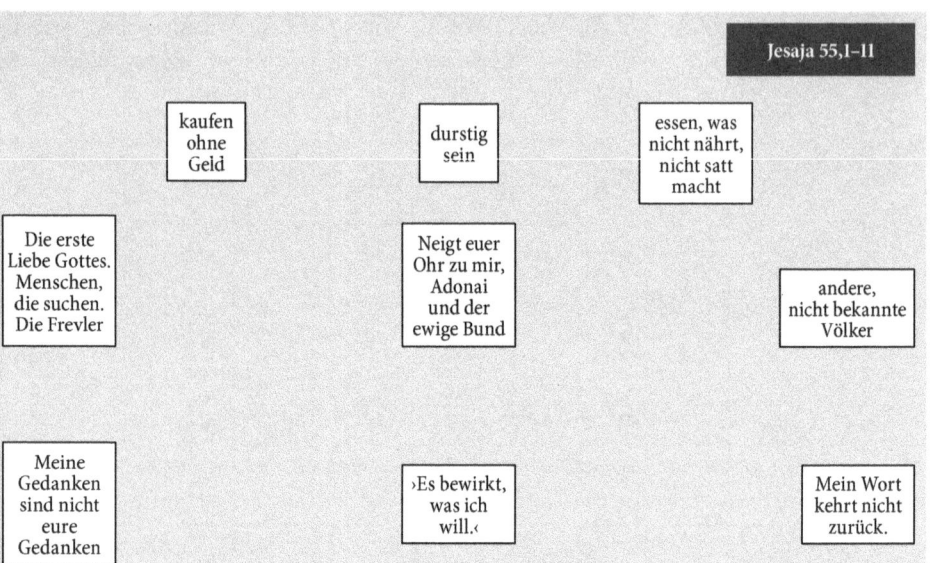

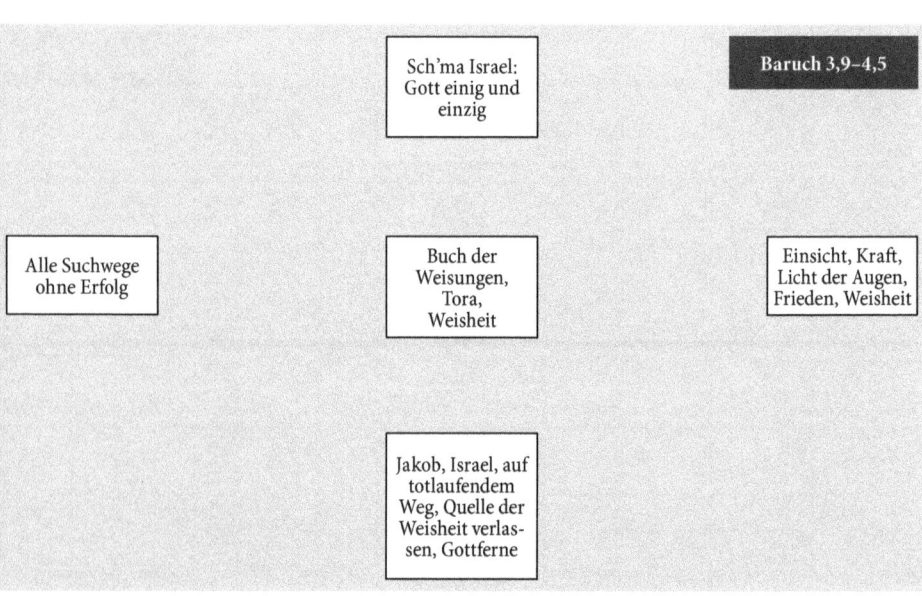

Die Texte der Osternacht – ein Geschenk an die Welt   173

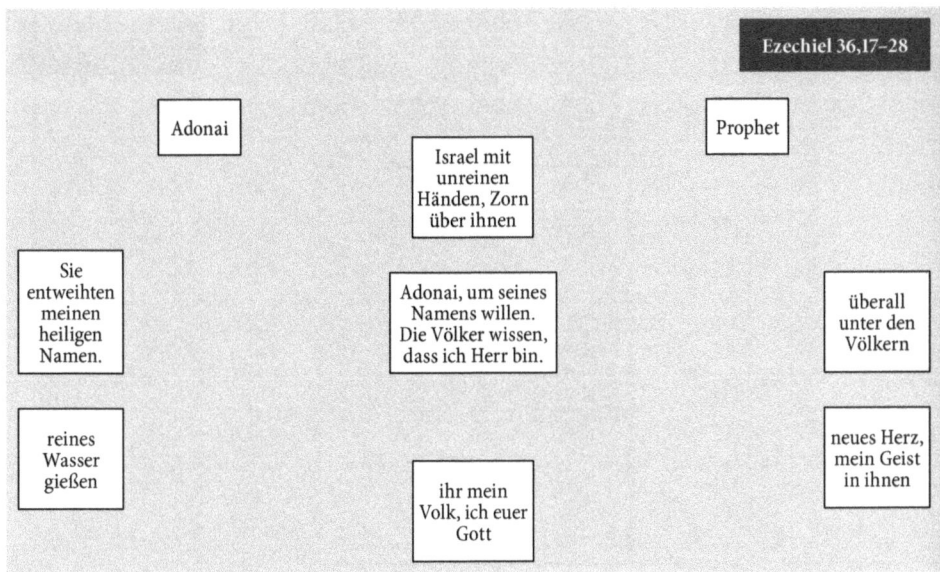

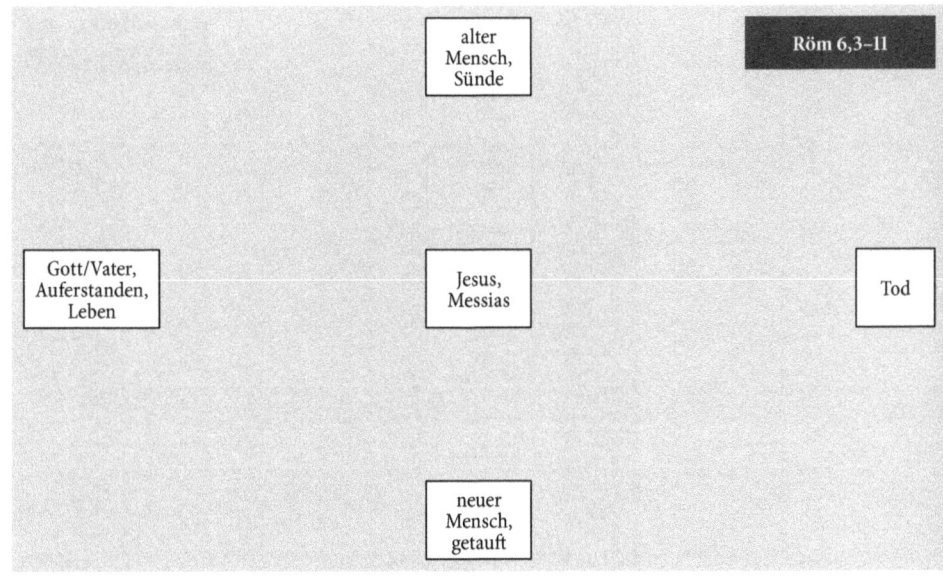

174 Bibliodrama und Praxis

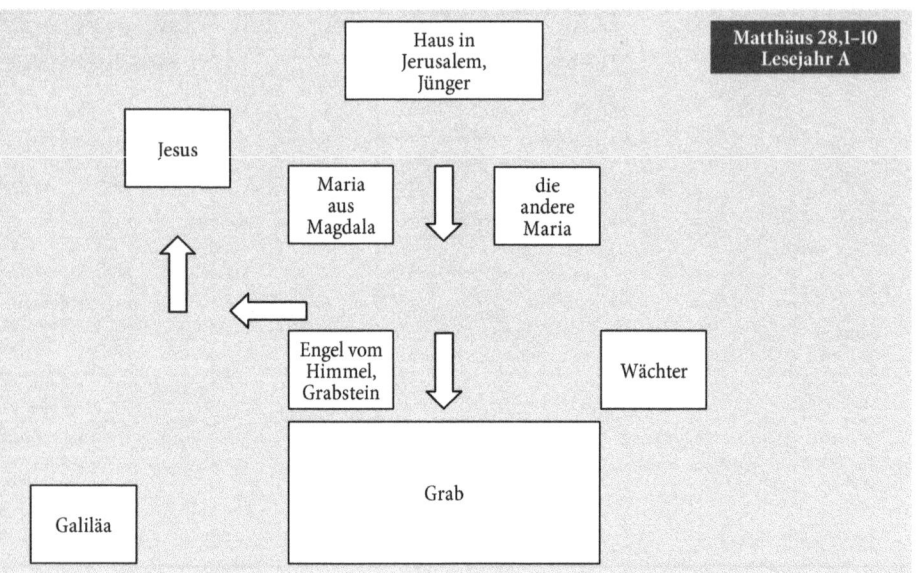

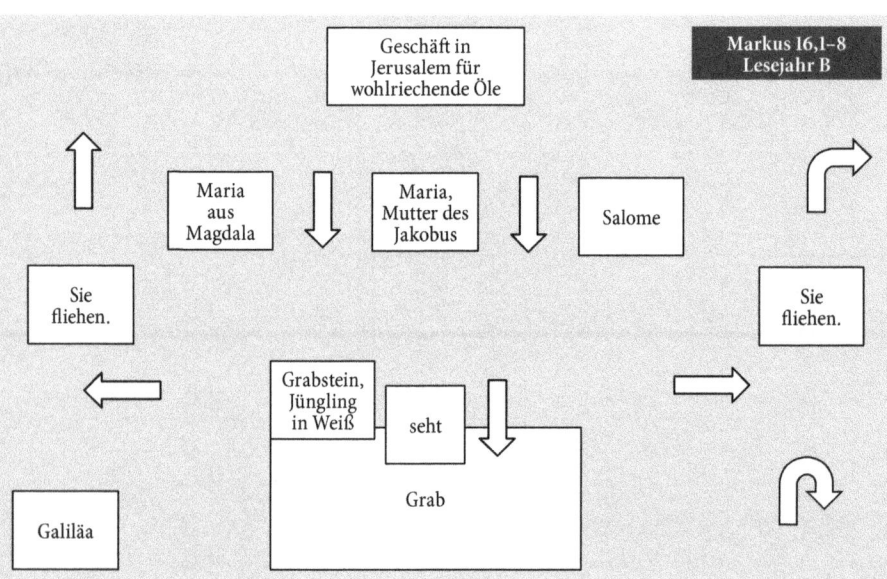

Die Texte der Osternacht – ein Geschenk an die Welt 175

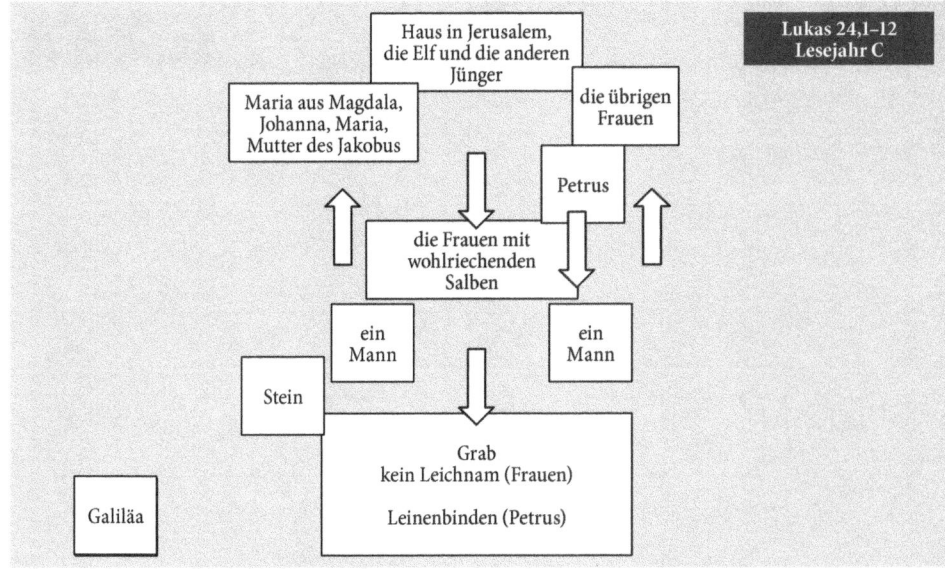

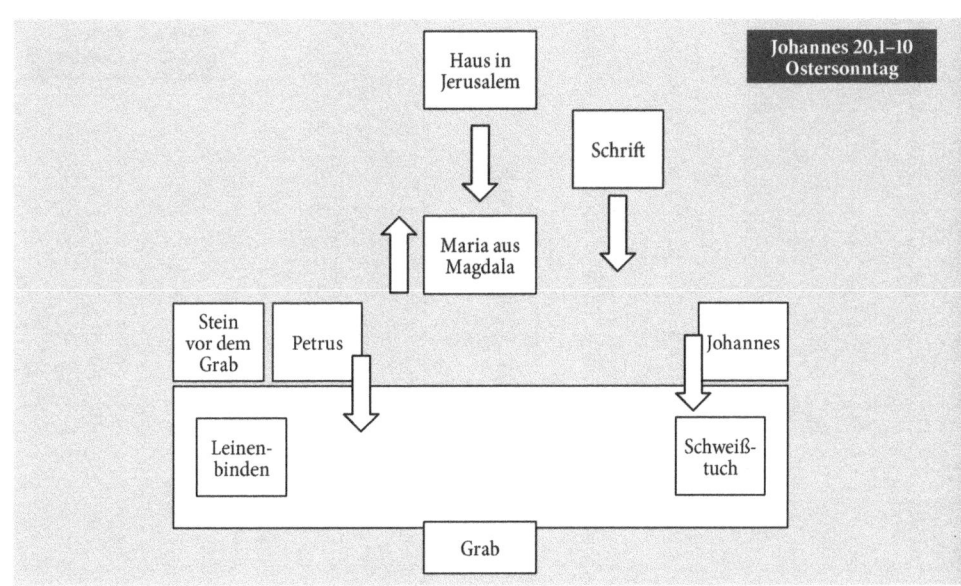

176   Bibliodrama und Praxis

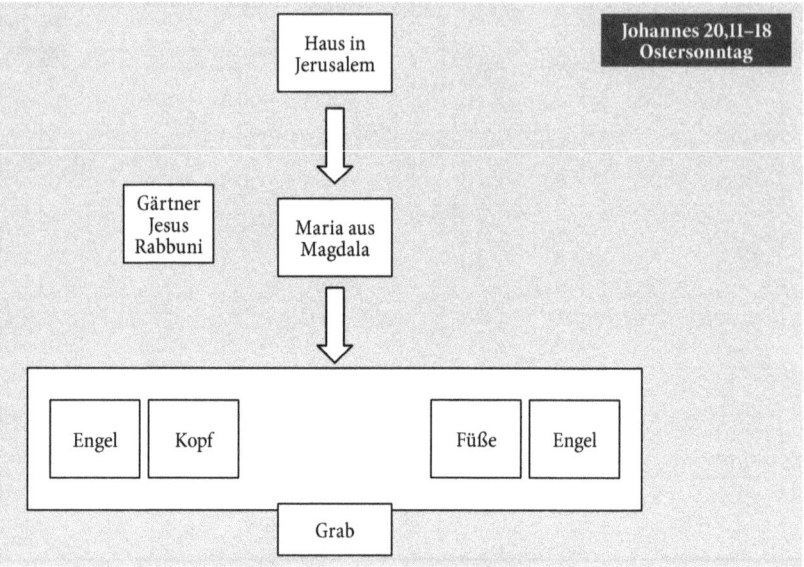

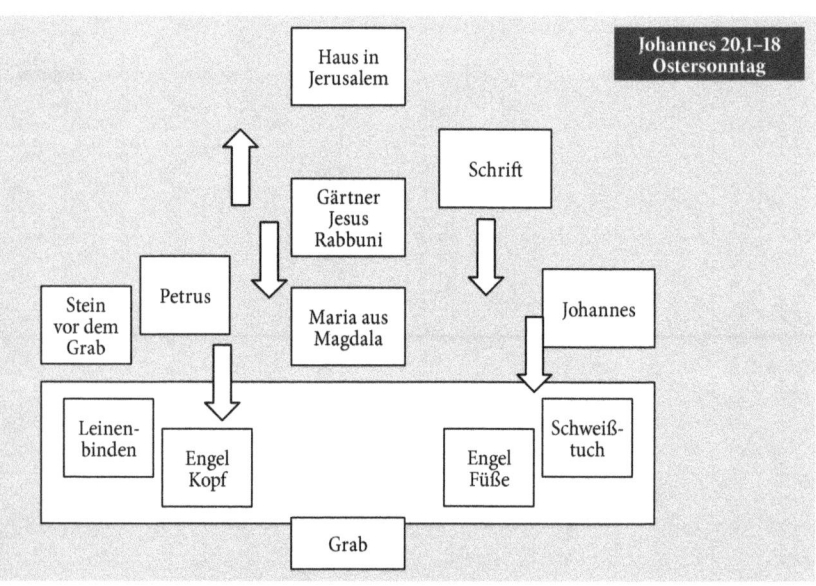

Bibliodramatische Kleinformen für den Glaubensweg, um religiöse Erfahrungsräume in Gruppen zu öffnen: Glaubenskommunikation, verbal und nonverbal

Ziel, Zielgruppen, Rahmenbedingungen, Lernziel

Ziel:
- Abwandlung der Vollform des Bibliodramas für kleine Zeitfenster (20 bis 30 Minuten)
- Sich beschäftigen mit dem Text
- Sich bewegen
- Sich äußern: verbal und nonverbal
- Bibliodramatische Kleinformen, weil es um innerliche und äußerliche Bewegung geht, im Unterschied zur anderen Bibelarbeit

Zielgruppen:
- Kirchenpflege
- Pfarreirat
- Lektorinnen und Lektoren
- Liturgiegruppen
- Besucherdienste
- Katechetinnen und Katecheten
- Elternabende
- Kommunionspende-Gruppen
- Sterbebegleitungs-Gruppen
- Freiwillige (Holen und Bringen von Patienten)

Rahmenbedingungen:
- Sitzungsraum mit Tischen
- Kein Stuhlkreis
- bei schlechten Rahmenbedingungen: Suche nach Alternativen
- Möglichkeit, in die Kirche zu gehen

Lernziel:
- Lernen, spielerisch mit diesen Kommunikationsformen umzugehen

Modell 1: Bibliodramatische Kleinform mit Tagestext

1. Text zweimal in aller Ruhe lesen:
   Markus 2,18–20: [18]Da die Jünger des Johannes und die Pharisäer zu fasten pflegten, kamen Leute zu Jesus und sagten: Warum fasten deine Jünger nicht, während die Jünger des Johannes und die Jünger der Pharisäer fasten? [19]Jesus antwortete ihnen: Können denn die Hochzeitsgäste fasten, solange der Bräutigam bei ihnen ist? Solange der Bräutigam bei ihnen ist, können sie nicht fasten. [20]Es werden aber Tage kommen, da wird ihnen der Bräutigam genommen sein; an jenem Tag werden sie fasten.
2. Vier Ecken vorstellen: vier Zettel mit vier Rollen und einer Frage auf der Rückseite:
   Bräutigam Jesus
   Hochzeitsgäste
   Jünger Jesu, die nicht fasten
   Jünger Johannes', die fasten
3. Einladung an alle: Besuche kurz alle Ecken und spür mal, welche Rolle dich am meisten anzieht, und entscheide dich für eine Ecke.
4. Kurzer Austausch in der Kleingruppe in der Ecke: Was zieht mich an diesen Ort, in diese Rolle?
5. Nach fünf Minuten jede Gruppe einladen, das Papier umzudrehen und sich mit der vertiefenden Frage auf der Rückseite zu beschäftigen.
   Beim Bräutigam Jesus: »Was erwartest du von deinem Fest?«
   Bei den Hochzeitsgästen dieselbe Frage: »Was erwartet ihr von diesem Hochzeitsfest?«
   Bei Johannes- und den Pharisäer-Jüngern: »Warum fastet ihr?«
   Bei Jesus' Jüngern: »Warum fastet ihr nicht?«
   Sie sprechen über die Fragen.
6. Dann kommt der Leiter dazu und stellt die Frage: »Was von eurem Gespräch möchtet ihr öffentlich machen?« Er wählt eine oder einen aus, sich zu äußern.
   Die alternative Möglichkeit ist: Vier Stühle in die Mitte stellen für diese vier Rollen, mit Zettel darauf. Einer aus jeder Gruppe nimmt Platz, und danach erfolgt ein kurzer Austausch mit den anderen darüber, was wichtig war in ihrem Gespräch.

7. Abschluss: den Text nochmal lesen.
8. Nachgespräch: »Was habt ihr erfahren? Wo entstand so etwas wie geistlicher Raum? Hat sich für dich ein geistlicher Raum geöffnet? Wo entstand Glaubenskommunikation? Was hat dazu beigetragen, welche Bedingungen haben es ermöglicht?«

Das Ganze kann man auch mit einem Lieblingstext machen. Dabei bitte auf Länge und Komplexität achten.

Modell 2: Bibliodramatische Kleinform mit einem Thematext und Verben

1. Arbeiten mit Bibeltext Markus 9,33–37 nach der »Bibel in gerechter Sprache«.
2. Der Leiter hat Verben auf einen Zettel geschrieben, diese liegen verdeckt in der Mitte des Bodens.
3. Einführung und Anleitung: »Glauben ist ein Tun-Wort. Spür mal, welches Tun-Wort, welches Verb heute zu dir kommt. Du darfst verdeckt ein Blatt ziehen. Lass das Wort bei dir ankommen. Wie nah, wie fern ist es dir? Was löst es aus? Welche Gefühle, welche Gedanken kommen dir zu deinem Wort? Wenn du magst, notiere etwas an den Rand. Fallen dir konkrete Situationen zu diesem Verb ein? Hat dieses Wort Bedeutung für deinen Glauben? Welche?«
Dauer: fünf Minuten.
4. »Lass uns dein Wort hören, und wenn du magst, sag kurz einen persönlichen Gedanken dazu.«
5. »Alle Worte sind nun hörbar im Raum – sie stehen hier und heute mit uns in Verbindung. Sie sind auch verbunden mit einem Text der Bibel – gibt es Ideen, welcher Text das sein könnte? Diesen Text möchte ich jetzt vorlesen. Hör mal, an welcher Textstelle dein Wort erscheint – dein Wort dich ruft.«
6. Markus 9,33–37
7. »Jetzt hast du dein Glaubens-Wort im biblischen Text gehört. Was hat das bewirkt?«
Bei kleineren Gruppen Erzählrunde – hier kurzer Austausch zum Text – mit deinem Nachbarn, deiner Nachbarin.
Fünf Minuten.

8. »Gibt es noch etwas, das alle wissen sollen?« Sonst:
9. »Der Text hat das letzte Wort.«
10. »Das Wort dürft ihr mitnehmen.«
11. Nachgespräch: »Was habt ihr erfahren? Wo entstand geistlicher Raum? Hat sich für dich ein geistlicher Raum geöffnet? Wo entstand Glaubenskommunikation? Was hat dazu beigetragen, welche Bedingungen haben es ermöglicht?«

Modell 3: Bibliodramatische Kleinform mit Bewegungs-Wörtern

1. Text aus Markus 10,46–52: Die Heilung eines Blinden bei Jericho.
   [46] Sie kamen nach Jericho. Als er mit seinen Jüngern und einer großen Menschenmenge Jericho wieder verließ, saß an der Straße ein blinder Bettler, Bartimäus, der Sohn des Timäus. [47] Sobald er hörte, dass es Jesus von Nazaret war, rief er laut: Jesus, Sohn Davids, hab Erbarmen mit mir! [48] Viele wurden ärgerlich und befahlen ihm zu schweigen. Er aber schrie noch viel lauter: Sohn Davids, hab Erbarmen mit mir! [49] Jesus blieb stehen und sagte: Ruft ihn her! Sie riefen den Blinden und sagten zu ihm: Hab nur Mut, steh auf, er ruft dich. [50] Da warf er seinen Mantel weg, sprang auf und lief auf Jesus zu. [51] Und Jesus fragte ihn: Was soll ich dir tun? Der Blinde antwortete: Rabbuni, ich möchte wieder sehen können. [52] Da sagte Jesus zu ihm: Geh! Dein Glaube hat dir geholfen. Im gleichen Augenblick konnte er wieder sehen, und er folgte Jesus auf seinem Weg.
2. Text wird zweimal gelesen, in aller Ruhe.
3. Dann werden die Verben im Text auf einem Flipchart gesammelt: Jede und jeder ist eingeladen zu sammeln. Es wird deutlich, dass es sehr viele Verben gibt in diesem Text: kommen, verlassen, sitzen, hören, rufen, Erbarmen haben, schreien, befehlen, schweigen, Mut haben, zurufen, Mantel wegwerfen, aufspringen, auf jemand zulaufen, fragen, tun, sagen, geholfen haben, sehen können, folgen.
4. Dann benennt der Leiter das Angebot der Rollen in diesem Text: der Blinde, Jesus, Jünger, Menschenmenge. Jede und jeder ist frei, nur eine oder mehrere Rollen zu wählen, um sich auszudrücken.
5. Der Leiter fängt an zu lesen und stoppt bei jedem Verb: Dann sind

die Teilnehmenden eingeladen, das mit Bewegungen oder im empathischen Sprechen (Klang der Stimme, laut/leise) auszudrücken. Sie nehmen sich Zeit. Wenn die Bewegungen und die Worte verklungen sind, liest der Leiter weiter. Das geht so bis zum Ende des Textes.
6. Am Ende wird den Text erneut gelesen.
7. Nachgespräch: »Was habt ihr erfahren? Wo entstand geistlicher Raum? Hat sich für dich ein geistlicher Raum geöffnet? Wo entstand Glaubenskommunikation? Was hat dazu beigetragen, welche Bedingungen haben es ermöglicht?«

Kriterien für die Textauswahl: Tagestext, Lieblingstext. Wichtige Themen anbieten – zum Beispiel inhaltliche Anklänge ans Arbeitsfeld der Teilnehmenden.

Modell 4: Bibliodramatische Kleinform mit Meditation mit einem Psalm

1. Es geht um ein Abendgebet.
Vorbereitung: Mit Tüchern und Symbolen vier Stationen im Raum gestalten. 1. Station: Grün und Blau, Wasserschale. 2. Station: Schwarz und Grau, Steine und Stock. 3. Station: Weiß mit Becher, Wein und Brot und Salböl. 4. Station: gelbes Haus mit rotem Dach und Kerze.
2. Einführung: Heute wollen wir unser Abendgebet mit den vertrauten Gebets-Worten des Volkes Israel halten. Hier formuliert ein Beter oder eine Beterin seine oder ihre Erfahrungen mit Gott in den Bildern von Hirtenschaft und Gastfreundschaft Gottes. Das Gebet ist eine Einladung an uns, einen eigenen Standort einzunehmen und in einen eigenen Dialog mit dem Text einzutreten.
Psalm 23: [1][Ein Psalm Davids.] Der Herr ist mein Hirte, nichts wird mir fehlen. [2] Er lässt mich lagern auf grünen Auen und führt mich zum Ruheplatz am Wasser. [3] Er stillt mein Verlangen; er leitet mich auf rechten Pfaden, treu seinem Namen. [4] Muss ich auch wandern in finsterer Schlucht, ich fürchte kein Unheil; denn du bist bei mir, dein Stock und dein Stab geben mir Zuversicht. [5] Du deckst mir den Tisch vor den Augen meiner Feinde. Du salbst mein Haupt mit

Öl, du füllst mir reichlich den Becher. ⁶Lauter Güte und Huld werden mir folgen mein Leben lang und im Haus des Herrn darf ich wohnen für lange Zeit. (1 im Haus... wohnen: Text korr. nach G, S und der aramäischen Übersetzung; H: ins Haus des Herrn kehre ich zurück.)

3. Text zweimal lesen. »Hör mal, wo du heute Abend mit deiner Aufmerksamkeit, mit deinen Gedanken hängenbleibst.«
Alle vier Stationen vorstellen und am Ort den entsprechenden Textteil lesen.
4. Einladung: »Besuche alle Orte, spür mal, wo es dich heute am meisten hinzieht. Suche eine Haltung, die stimmig ist, und meditiere fünf Minuten in Stille. Die Klangschale lässt uns eintauchen in die Stille und ruft uns wieder zurück. Spür mal in der Stille: Wie schmeckt dieser Ort für mich? Welche Erinnerungen, welche Sehnsüchte bewegen mich hier?«
5. Nach dem Ausklang der stillen Zeit geht der Leitende von Person zu Person und erbittet mit offener Hand ein Wort, einen Gedanken, den die Person mitteilen möchte. Nach jeder Station den Kanon singen: »Herr, bleibe bei uns, denn es will Abend werden und der Tag hat sich geneiget« (Alternativen: nicht singen, am Ende Segen sprechen).
6. Abschluss: Die Übersetzung von F. Stier wird vorgelesen.
7. Nachgespräch: »Was habt ihr erfahren? Wo entstand geistlicher Raum? Hat sich für dich ein geistlicher Raum geöffnet? Wo entstand Glaubenskommunikation? Was hat dazu beigetragen, welche Bedingungen haben es ermöglicht?«

Modell 5: Bibliodramatische Kleinform mit Bildmeditation

1. Bildmeditation zum Evangelium nach Matthäus 4,18–23. Alles steht bereit: Beamer, Stühle für eine Morgenmeditation von 15 bis 20 Minuten. Menschen kommen in einen dunklen Raum hinein, setzen sich und lassen das Bild auf sich wirken.
2. »Wir sehen jetzt ein Mosaik aus Ravenna mit dem Thema ›Berufung zum Menschenfischer‹.«

Bibliodramatische Kleinformen für den Glaubensweg 183

3. Beschreibung, was zu sehen ist: große Figur, Jesus, beinahe weiblich, zwei Menschen im Boot, Fischer: Petrus und Andreas. Der eine schaut erwartungsvoll, der andere ist eher ängstlich, erschrocken. Goldener, himmlischer Hintergrund. Das Boot ist auch golden, Würdigung ihrer Fischerarbeit. Ein volles Netz, sieht aus wie ein Fisch. Der Mosaikmeister hat Humor: Der Fisch sieht aus wie eine Kombination aus Delphin, Krebs und Neptuns Dreizack. Jesus wandelt am Rand, als ob seine Aufforderung eine Gratwanderung ist: »Kommt, werdet Menschenfischer.« Hinter Jesus steht noch ein Mensch, die Hand auf dem Herzen, er ist schon berührt, angerührt, er bewegt sich mit Jesus mit (siehe seine Füße). Das Ruder steckt schon im Wasser. Jesus mit drei und zwei Fingern: drei, immer Verweisung nach Vater, Sohn – Mensch und Gott – und Heiliger Geist. Auch Ausdruck vom Lehrer, Rabbi.

Dauer: sieben Minuten.
4. Der Leiter teilt den Raum ein. In der Mitte ist eine Schale mit Sand (oder ähnlichem) mit einer Kerze, Symbol für Jesus. Auf der einen Seite Menschen, die sich schon von Jesus haben berühren lassen und ihm folgen. Auf der anderen Seite Menschen, die gerufen werden mit der Frage: »Willst du mir folgen und Menschenfischer werden?«
5. Jede-r Teilnehmende wird eingeladen, sich auf der einen oder anderen Seite einen Platz zu suchen: erst mit Distanz zu Jesus, um dann zu ergründen, inwieweit er/sie Bewegung in sich spürt, näher an Jesus und die anderen Menschen heranzutreten. Nähe und Distanz zu Jesus und zu den anderen sollen ergründet werden, und ob ich mich unterbrechen lasse in meinem alltäglichen Tun.
Dauer: sieben Minuten.

Abschluss mit dem Bibeltext, einem Gebet oder einem Lied – zum Beispiel: »Nimm mich an, so wie ich bin, mach mich durchlässig für dich, leg dein Siegel auf mein Herz und leb in mir« (Kommunität von Iona).[14]

Anhang

Anmerkungen

1 Marco Ansaldo und Evelyn Finger, Der Abgeordnete Franziskus; Wolfgang Thierse, Was ist eure Seele?; Wolfgang Thielmann, Bestens befreundete Feinde, in: DIE ZEIT Nr. 49 vom 27. November 2014, S. 66.
2 Ich habe zum Thema Gewalt in der Bibel u. a. Ottmar Fuchs viel zu verdanken. Seine Literatur, die mich beeinflusst und die mir weitergeholfen hat, erscheint in der Literaturliste.
3 Dieses Kapitel ist bereits in anderer Form erschienen in: Herademing, Tijdschrift voor Spiritualiteit en Mystiek, NL, Juni 2014, unter dem Titel: Wonderverhalen als perspectief.
4 Siehe die Literatur über Bibliolog von Peter Pitzele und von Uta Pohl Patalong/Maria Elisabeth Aigner in der Literaturliste. Ich weise daraufhin, dass in der Wislikofer Schule für Bibliodrama und Seelsorge Peter Zürn und Claudia Mennen eine eigene Form von Bibliolog entwickelt haben, namentlich Bibliolog in Bewegung: eine Form, die sehr gut an unser Modell von Bibliodrama anschließt.
5 In: Friedhelm Mennekes und Kai Kullen (Hg.), Nicole Ahland: überRÄUME Sankt Cäcilien und Sankt Peter Köln, Wienand Verlag, Köln 2013. Er verweist auf den Künstler Eduardo Chillida (1924–2002) für diese Einteilung.
6 Minkowski, E., L'homme, artisan de sa destiné, in: Tijdschrift voor Philosophie, 20(1958) 3, S. 443–458.
7 TEXTRAUM, Bibliodrama-Information, hg. v. der Gesellschaft für Bibliodrama e.V., 21(2014) 40, S. 32. Diese Ausgabe hat uns inspiriert, noch genauer über die Bedeutung von Raum, Raumeinteilung und Raumwirkung in unserem Bibliodrama-Modell nachzudenken.
8 In TEXTRAUM, S. 32, ist zu lesen, dass Else Nathalie Warns Mühe mit unserem Model und am meisten mit dem Thema Raumeinteilung hat. »In anderen Fällen wird der Raum von den Leitern rigoros als Landkarte der biblischen Geschichte definiert. Alle ihre imaginären Orte werden genau bezeichnet. Man muss sich auf dieser Landkarte an eine selbst gewählte Stelle stellen. Im Interview durch die Leitung entsteht allenfalls eine innere Szene. Selten verbinden sich diese inneren Szenen zu einem großen Spiel, das seinen eigenen Raum bekommt.« Auch bei Helmut Kreller, Bibliodrama. Ein Lehr- und Praxisbuch, S. 87f., ist zu lesen, wie viel Mühe er mit unserem Model hat, weil es Leiter-zentriert sei, vorher festgelegte Schritte kennt, Voraussagen über die zu erwartende Dauer der einzelnen Schritte macht. Auch schreibt er: »Bibliodrama ist für mich – anders als bei Andriessen/Derksen – grundsätzlich zunächst keine Methode der Seelsorge. Es kann aber sehr seelsorglich wirken und Menschen in bester Weise seelsorglich trösten, ermuntern und ihnen Gottes Wort persönlich zusprechen … gerade durch die direkte Verknüpfung von eigener Biografie und biblischem Text wird das wesentliche Ziel meiner praktischen Seelsorge durch Bibliodrama erreicht. Als Ziel meiner Seelsorge würde ich die Versöhnung der Menschen mit ihrer je eigenen Biografie sowie die personale Zusage der Liebe Gottes »über den Tod hinaus nennen (S. 258)«.
Das alles ist Stoff für ein gutes praktisch-theologisches Gespräch. Außer, dass Seelsorge für uns sowohl »Comfort and Challenge« bedeutet, bleibt die Frage: Meint er de facto doch ebenfalls Seelsorge? Es gibt sehr viele Konzepte von Seelsorge!
9 Helga Schmitt hat in diesem TEXTRAUM einen kurzen Artikel geschrieben über unser Model der Raumeinteilung, S. 36.

10 Es geht hier um eine E-Mail-Korrespondenz zwischen Hans-Joachim Sander und Claudia Mennen.
11 Der Film von Marleen Gorris: »Antonias Welt«, ursprünglich »Antonia«, Niederlande, Vertrieb: Filmstudios Eurimages und Primetime.
12 Andy de Emmony, Hat Trick Productions 2008, United Kingdom.
13 Diese Meditation wurde in anderer Form im März 2014 gehalten in der römisch-katholischen Kirche in Waldkirch, Deutschland.
14 Dieses Kapitel bietet die Früchte aus einem Kursteil der Bibliodrama-Ausbildung 2013–2015.

Bildnachweis

Abbildung Seite 123: Schmerzensmann-Kreuz, um 1350, im Neumünster, Würzburg

Abbildung Seite 183: Berufung zum Menschenfischer, Mosaik in der Basilica Sant'Apollinare Nuovo, Ravenna, 6. Jh. – Nachbildung von 1925 mit dem Titel »The miraculous draught of fishes« im Metropolitan Museum of Art, New York. © bpk The Metropolitan Museum of Art

Anhang

Gespielte und zu den Spielen besprochene Bibeltexte

Erstes oder Altes Testament

Buch	Seite
Genesis 1,1–2,4	170
Genesis 22,1–19	154, 170
Genesis 27,1–28,9	83
Exodus 14,1–15,1	30, 171
Psalm 23	181
Psalm 88	148
Psalm 139	104
Jesaja 35,1–10	130
Jesaja 54,5–14	171
Jesaja 55,1–11	172
Baruch 3,9–4,5	172
Ezechiel 36,17–28	173
Amos 1–4	35
Amos 5	36
Amos 6	40
Amos 7	41
Amos 8	50
Amos 9	61

Zweites oder Neues Testament

Matthäus 28,1–10	174
Matthäus 4,18–23	182
Markus 2,18–20	178
Markus 5,21–43	25, 72
Markus 9,33–37	179
Markus 10,46–52	27, 180
Markus 16,1–8	174
Lukas 15,11–32	96
Lukas 24,1–12	175
Johannes 20,1–10	175
Johannes 20,11–18	176
Johannes 1–18	176
Römerbrief 6,3–11	173
1 Korinther 1,13–31	117

Literatur

Ahland, Nicole (Fotografie); Mennekes, Friedhelm, Überräume, Wienand Verlag, Köln 2014

Biberstein, Sabine; Kosch, Daniel, Paulus und die Anfänge der Kirche, Neues Testament Teil 2, Studiengang Theologie, Theologischer Verlag, Zürich 2012

Bongartz, Heinz Gunter; Steins, Georg, Österliche Lichtspuren. Alttestamentliche Wege in die Osternacht. Eine Lese- und Arbeitsbuch, Bernward bei Don Bosco, München 2002

Borgman, Erik, Ruimten waar het heilige aan het licht komt. Bespiegelingen van het religieuze van de hedendaagse kunst, in: God en kunst. Over het verdwijnen en het verschijnen van het religieuze in de kunst, Philip Verdult (red.), Lannoo-Verlag, B-Tielt 2009

Frettlöh, Magdalene L., Gott Gewicht geben. Ein Versuch, kavodologisch von Gott zu reden, in: Fama, 4/2008, S. 10–13

Fuchs, Ottmar, Macht und Gewalt in biblischen Texten, in Praktische Hermeneutik der Heiligen Schrift, Verlag W. Kohlhammer, Stuttgart, Berlin, Köln 2004, S. 438–461

Fuchs, Ottmar, Das Jüngste Gericht. Hoffnung auf Gerechtigkeit, Verlag Friedrich Pustet, Augsburg 2009

Fuchs, Ottmar; Odenthal, Andreas; Groß, Walter; Theobald, Michael; Holze, Andreas; Bormann, Franz-Josef, in: Theologische Quartalschrift (2011) Heft 4: Themenheft Christentum und Gewalt

Fuchs, Ottmar, Der zerrissene Gott. Das trinitarische Gottesbild in den Brüchen der Welt, Grünewald, Ostfildern 2014

Groß, Walter; Kuschel, Karl-Josef, Ich schaffe Finsternis und Unheil. Ist Gott verantwortlich für das Übel?, Grünewald, Ostfildern 1995

Kuschel, Karl-Josef, Jesus im Spiegel der Weltliteratur, Patmos, Ostfildern 2010

Kuschel, Karl-Josef, Im Ringen um den wahren Ring: Lessings »Nathan der Weise« – eine Herausforderung an die Religionen, Patmos, Ostfildern 2011

Lutz, Ulrich, Das Evangelium nach Matthäus, Teil 1, 2, 3 und 4, EKK, Neukirchner Verlag und Patmos Verlag, Neukirchen/Ostfildern

Pitzele, Peter, Die Brunnen unserer Väter. Midraschim und Bibliologe über Bereschit–Genesis, Kohlhammer, Stuttgart, Berlin, Köln 2012

Pohl-Patalong, Uta, Bibliolog. Impulse für Gottesdienst, Gemeinde und Schuld, Band 1, Grundformen, Verlag W. Kohlhammer, Stuttgart, Berlin, Köln 2. Auflage 2011

Pohl-Patalong, Uta; Aigner, Maria Elisabeth, Bibliolog. Impulse für Gottesdienst, Gemeinde und Schuld, Band 2: Aufbauformen, Verlag W. Kohlhammer, Stuttgart, Berlin, Köln 2009

Zvi, Kolitz, Jossel Rakovers Wendung zu Gott. Jiddisch – Deutsch, hg. v. Paul Badde, mit Zeichnungen von Tomi Ungerer, Diogenes Verlag, Zürich 2004

Richard, Rohr, Pure Präsenz. Sehen lernen wie die Mystiker, Claudius Verlag, München 2010

Sander, Hans Conrad, Als die Religion noch nicht langweilig war. Die Geschichte der Wüstenväter, Gütersloher Verlagshaus, Gütersloh 2011

Schroer, Silvia; Staubli, Thomas, Die Körpersymbolik der Bibel, Wissenschaftliche Buchgesellschaft, Darmstadt 1998
TEXTRAUM, Bibliodrama Information, hg. v. Gesellschaft für Bibliodrama e.V., 21. Jg. (2014), Ausgabe 40
Zenger, Erich; u. a., Einleitung in das Alte Testament, 3., neu bearbeitete und erweiterte Auflage, Verlag W. Kohlhammer, Stuttgart, Berlin, Köln 1998
Zenger, Erich, Ein Gott der Rache? Feindpsalmen verstehen, Herder, Freiburg, Basel, Wien 1998

Literatur über unser Modell

Andriessen, Herman; Derksen, Nicolaas, Lebendige Glaubensvermittlung im Bibliodrama. Eine Einführung, Grünewald, Mainz 1. Auflage 1989, 2. Auflage 1992. Niederländische Originalausgabe: Derksen, Nicolaas; Andriessen, Herman, Bibliodrama en pastoraat. De Schrift doen als weg tot dieper geloven. Voorhoeve, Den Haag 1985
Andriessen, Herman; Derksen, Nicolaas; Nolet, Maria, Ist Gott wirklich in unserer Mitte? Erfahrungen mit Bibliodrama, Grünewald, Mainz 1997. Niederländische Originalausgabe: Is Hij nu in ons midden of niet. Ervaringen met bibliodrama, Kok, Kampen 1995
Derksen, Nico, Bibliodrama. Impulse für ein neues Glaubensgespräch. Ein Praxisbuch, Patmos, Düsseldorf 2005. Niederländische Originalausgabe: Derksen, Nico, Woon hier onder mijn woord. Bibliodrama en andere vormen van pastoraal groepswerk, Kok, Kampen 2003
Derksen, Nicolaas; Andriessen, Herman, Den Glauben teilen wie das Brot. Glaubensgespräch als Weg zur lebendigen Gemeinde, Grünewald, Mainz 1993. Niederländische Originalausgabe: Geloofscommunicatie in de tijd. Diagnose en handelingsmodellen ten dienste van parochieontwikkeling, Kok, Kampen 1989
Andriessen, Herman, unter Mitwirkung von Nolet, Maria und Derksen, Nicolaas, Über die Bedeutung der Rolle im Bibliodrama. Veröffentlichungen des Theologischen Pastoralen Instituts der Bistümer Limburg, Mainz und Trier, 1997
Hecking, Detlef; Mennen, Claudia; Tscherner-Babl, Sabine; Zürn, Peter, Geh in das Land, das ich dir zeigen werde. Impulse aus dem Bibliodrama für Gruppen und Gemeinden, im Auftrag der Wislikofer Schule für Bibliodrama und Seelsorge, Schwabenverlag 2008
Mennen, Claudia, Bibliodrama – Religiöse Erfahrungen im Kontext der Lebensgeschichte. Eine qualitativ-empirische Studie, Academic Press, Fribourg 2004
Welzen, Huub, Öffne mir die Augen (Psalm 119,18). Bibliodrama und Exegese (Niederlande 1997 in Zusammenarbeit mit Andriessen, Herman; Derksen, Nicolaas; Nolet, Maria, Deutschland 2014), exklusive deutsche Übersetzung als PDF auf www.bibliodramaundseelsorge.ch
Welzen, Huub, Bibliodrama: Biblische Spiritualität und biblische Pastoral (Niederlande 2003, Deutschland 2014), exklusive Übersetzung einer Publikation zu Bibliodrama und Lectio Divina als PDF auf www.bibliodramaundseelsorge.ch
Jodlbauer, Veronica, Bibliodrama als Ignatianische Schriftbetrachtung in Gemein-

schaft (im Vergleich zu unserem Modell), in: Korrespondenz zur Spiritualität der Exerzitien, Halbjahresheft Juni 2014, hg. v. den Jesuiten und der GCL, München

Dittmann, Monica, Lukas 24,13-35, ein biblischer Trauerweg nutzbar gemacht für die Seelsorge mit der Methode des Bibliodrama, PDF auf www.bibliodramaundseelsorge.ch

Zwei Bücher über unser Modell sind nur in Niederländisch erschienen:

Andriessen, Herman; Nolet, Maria; Derksen, Nicolaas (Red.), Bibliodrama. Stem en tegenstem. Ontwikkeling van een model, Drukkerij Accuraat, Breda

Uitgave van Bibliodrama. Werkgroep voor opleiding en spiritualiteit, Warnsveld 1995

Nolet, Maria; Andriessen, Herman, Mijn leven staat steeds op het spel. De geestelijke weg in het leven van alledag, toegelicht aan het boek Tobit, Uitgeverij Kok, Kampen 1996

Wie es zum Bibliodrama kam

Die Entdeckung von Rollen und Raumeinteilung hat eine Vorgeschichte, die ich gerne erzählen möchte. In den 70er-Jahren des vorigen Jahrhunderts habe ich in der Gemeinde mehr und mehr Bibelarbeit gemacht. Das war nicht selbstverständlich, da in den Niederlanden bereits die Diskussion geführt wurde, ob der Glauben und die Gemeinden noch Zukunft hätten. Ich fühlte mich herausgefordert, mich diesen Fragen im Gespräch zu stellen. Ich suchte, wie ich auf neue Art und Weise ein Seelsorger dieser Zeit sein könnte. Das hieß für mich, Menschen mit ihren Lebensgeschichten, mit ihren Lebens- und Glaubens-Erfahrungen ernst zu nehmen. Diese Geschichten und Erfahrungen sollten und wollten zur Sprache gebracht werden. In der Bibelarbeit hatte ich bereits einen Weg gefunden, ein lebendiges Bibelgespräch unter Einbeziehung der biblischen Rollen zu führen. Ende der 70er-Jahre fand ich die Möglichkeit, einen Text in den Raum zu legen, sodass der Text begehbar und somit leiblich erfahrbar wurde. Dies führte zu einer ganz neuen Verdichtung der Texterfahrung. Menschen wählten von nun an eine Rolle und nahmen im vorgestellten Raum einen Platz ein. Sie wurden von mir befragt: »Wer bist du? Wo stehst du?« So wurde 1980 mein Modell von Bibliodrama geboren. Ich war begeistert, denn für mich war es ein Durchbruch, Glaubensentwicklung und Glaubenskommunikation ins Spiel zu bringen. Diese Entwicklung, Rollen, Text und Raum miteinander zu verbinden, hat sich in all den Jahren bewährt. Rollenwahl und Raumeinteilung sind damit die wichtigsten Bausteine für unser Modell geworden.

Damals hatte ich noch nicht so tief über Raum und Raumwirkung nachgedacht. Es wirkte alles ganz einfach. Im Winter 1982/1983 schrieb ich meine ersten Artikel über das Bibliodrama-Modell und entdeckte, dass andere auch schon etwas über ihre Form von Bibliodrama geschrieben hatten. Ich begriff, dass diese Form der Bibelarbeit sozusagen in der Luft lag als eine Folge der Erfahrungslosigkeit der historisch-kritischen Exegese. In den ersten Jahren habe ich mit Bibliodrama allein gearbeitet. 1983 stieß Herman Andriessen dazu – zusammen sind wir die Gründer dieses Modells. Jahre später begann die Zusammenarbeit mit Franz Sieben und Willi Bruners vom Theologisch-Pastoralen Institut in Mainz. Seit 1989 arbeiten wir mit Maria Nolet aus den Niederlanden, seit 1995 mit Maria Regina Pacis Meijer und Karl Jasbinscheck aus Münster zusammen. 2000 begann die Zusammenarbeit mit Claudia Mennen und Sabine Tscherner in der Wislikofer Schule für Bibliodrama und Seelsorge in der Propstei Wislikofen in der Schweiz, 2009 in Vallendar unter anderem mit Arthur Pfeiffer vom Geistlichen Zentrum im Haus Wasserburg. Und dieser Weg ist noch nicht zu Ende. Die Arbeitsgruppe für Bibliodrama und Spiritualität in den Niederlanden wird seit 2014 als »Centrum voor Bibliodrama« von Andries Govaart (unser Modell) und Bas van den Berg (De 7evende Hemel) weitergeführt.

Ausbildung zur Bibliodrama-Leitung

Die Ausbildung zur Bibliodrama-Leitung erstreckt sich über zwei Jahre und besteht aus mehreren Kurswochen und Supervisionstreffen. Folgende Institutionen bieten eine solche Ausbildung an:

In der Schweiz:
Wislikofer Schule für Bibliodrama und Seelsorge, CH-5463 Wislikofen, Kontakt: www.bibliodramaundseelsorge.ch, Telefon 0041 (0) 56 201 4040

In Deutschland:
Geistliches Zentrum im Haus Wasserburg, Pallottistraße 2, 56179 Vallendar, Telefon 0049 (0) 261 6408 406, www.haus-wasserburg.de
Geistliches Zentrum St. Peter, Klosterhof 2, 79271 St. Peter (Schwarzwald), Telefon 0049 (0) 7660 9101 12, www.geistliches-zentrum.org

In den Niederlanden:
Kontakt: www.bibliodrama-nederland.nl
Kontakt: www.centrumvoorbibliodrama.nl

In Italien:
Steyler Missionare SVD. Internationales Bildungscentrum »Centro ad Gentes«, Nemi bei Rom, Kontakt: pastorales biblisches Team München, Rudi Pöhl SVD, rudi.poehl@googlemail.com